项目管理/工程管理"十三五"系列规划教材

项目风险管理

第 3 版

主　编　沈建明

副主编　郑东良　惠晓滨

机械工业出版社

本书在对项目风险管理理论最新研究的基础上，结合大量的项目风险管理活动实例，系统地分析了项目风险的客观规律，研究了项目风险管理的产生、发展及其基本概念体系，提出并建立了项目风险的系统管理模型；阐述了项目风险规划、风险识别、风险估计、风险评价、风险应对、风险监控等过程管理的体系框架、科学方法和实用技术工具；并根据项目管理实践和发展需求，对工程技术风险管理、项目群风险管理和项目风险管理信息系统进行了专题研究，提供了不同领域的典型项目风险管理案例。

本书的特色在于结合中国的国情和特点，提出并建立了比较完善和科学的项目风险管理系统模型和技术方法，在保持内容完整性的基础上，突出重点；在保证理论完善性的基础上，注重与工程实践相结合；在发挥项目风险管理指导性、创新性作用的前提下，注重方法、技术和工具的实用性。

本书适合管理科学与工程、系统工程、工商管理、公共管理、工程管理等相关专业的本科生和硕士研究生学习，也可供企事业单位和政府部门有关人员阅读参考。

图书在版编目（CIP）数据

项目风险管理/沈建明主编 . —3 版 . —北京：机械工业出版社，2018. 8
（2025. 2 重印）

项目管理/工程管理"十三五"系列规划教材

ISBN 978-7-111-60530-0

Ⅰ.①项…　Ⅱ.①沈…　Ⅲ.①项目风险-风险管理-高等学校-教材

Ⅳ.①F224. 5

中国版本图书馆 CIP 数据核字（2018）第 163024 号

机械工业出版社（北京市百万庄大街 22 号　邮政编码 100037）

策划编辑：廖　岩　责任编辑：廖　岩

责任校对：李　伟　责任印制：张　博

三河市国英印务有限公司印刷

2025 年 2 月第 3 版第 11 次印刷

169mm×239mm · 20 印张 · 346 千字

标准书号：ISBN 978-7-111-60530-0

定价：59. 00 元

凡购本书，如有缺页、倒页、脱页，由本社发行部调换

电话服务　　　　　　　　　　网络服务

服务咨询热线：010-88379833　机工官网：www.cmpbook.com

读者购书热线：010-88379649　机工官博：weibo.com/cmp1952

　　　　　　　　　　　　　　教育服务网：www.cmpedu.com

封面无防伪标均为盗版　　金书网：www.golden-book.com

项目管理/工程管理"十三五"系列规划教材
编　委　会

名誉主任： 钱福培（西北工业大学教授，PMRC 创立者、名誉主任）

主　　任： 白思俊（西北工业大学教授，PMRC 副主任委员）

委　　员：（按姓氏笔画排序）

　　　　丁荣贵（山东大学教授，PMRC 副主任委员）

　　　　王祖和（山东科技大学教授，PMRC 常委、副秘书长）

　　　　卢向南（浙江大学教授，PMRC 副主任委员）

　　　　孙　慧（天津大学教授）

　　　　吴守荣（山东科技大学教授，PMRC 委员）

　　　　沈建明（国防项目管理培训认证中心主任，PMRC 副秘书长）

　　　　骆　珣（北京理工大学教授）

　　　　薛四新（清华大学档案馆研究馆员）

　　　　戚安邦（南开大学教授，PMRC 副主任委员）

　　　　谭术魁（华中科技大学教授）

　　　　戴大双（大连理工大学教授，PMRC 副主任委员）

丛书序一

这是一套作为项目管理教材使用的系列丛书，是一套历经 15 年，经过三版修订的丛书。第一版是 2003 年出版的，时隔 5 年于 2008 年出版第二版修订本，现在时隔 10 年又出版第三版修订本。

一套教材出现被出版、使用、修订再版的情况至少说明两点，一是市场的需求，二是作者和出版者的执着。市场需求是一定条件下时代发展情况的反映；作者和出版者的执着是行业内专业人员和出版机构成熟度的反映。

我国项目管理的发展是有目共睹的，特别是自 20 世纪 70 年代的改革开放以及 20 世纪 90 年代引进国际现代项目管理理论和工具方法以来，在实践和理论层面上都有了极大的提高。在项目管理领域国内外信息日益频繁交流的同时，也向教育、培训、出版业提出了需求。2003 年 14 本 "21 世纪项目管理系列规划教材" 的出版正是我国项目管理发展状态的反映，系列教材的及时出版很好地满足了市场的需求。

2003 年第一版系列丛书的出版虽然很好地满足了市场的需求，但由于国际现代项目管理的迅速发展，以及在第一版丛书中发现的问题，在征得作者同意后，出版社于 2008 年对原版丛书进行了修订。2003 年和 2008 年出版的丛书获得了市场的认可，有三本书列选为国家 "十一五" "十二五" 规划教材，在使用期间，诸多书籍还一再重印，有几本更是重印达 10 余次之多。根据国内外项目管理的最新发展情况，机械工业出版社再次决定于 2018 年修订出版第三版，这一决定得到了作者们的一致赞同，我想这是英明的决定。只有跟随时代的发展和学科专业的发展，在实践中不断努力，及时修订的教材，才能反映我们的水平，使之成为高质量的精品之作，也才能赢得业界的认同。据了解，我国引进并翻译出版的英国项目管理专家丹尼斯·洛克出版的《项目管理》，已经出版了第 10 版，被各国项目管理领域广泛选用就是一个很好的例子。

第三版的修订，除了在丛书的书目上有所变化外，鉴于项目管理和工程管理的专业设置现状，我们将丛书名修改为 "项目管理/工程管理 '十三五' 系列规划教材"，以便使本套教材更适合学科的发展。在章节内容上也做了一些横向的延伸，拓展到工程管理专业。在内容方面，增强了框架性知识结构的展示，强调并突出概念性的知识体系，具体知识点详略得当，适量减少了理论性知识的阐述，增加了案例的比重，以提高学生理论联系实际的能力。此外，为充分利用现代电子化条件，本套教材的配套课件比较完整、全面并且多样化，增加了教材使用的便利性。

为适应市场多元化的需求，继机械工业出版社出版的这套项目管理系列教材之后，适用于项目管理工程硕士的系列教材和适用于项目管理自考的系列教材也相继出版。这不仅是我国项目管理蓬勃发展的表现，也是我国出版界蓬勃发展的表现。这应该感谢中国项目管理专家们的努力，感谢出版界同仁们的努力！

随着VUCA时代的发展，丛书在实践应用中还会有新的变化，希望作者、读者、出版界同仁以及广大项目管理专业研究人员及专家们继续关注本套系列教材的使用，关注国内外项目学科的新发展、新变化。丛书集15年的使用经验以及后续的使用情况，在实践中将不断改进，不断完善。

祝愿这套丛书成为我国项目管理领域的一套精品教材！

钱福培

西北工业大学　教授

PMRC　名誉主任

中国优选法统筹法与经济数学研究会　终身会员

IPMA Honorary Fellow

IPMA　首席评估师

2017 年 12 月 15 日

丛书序二

"项目管理/工程管理'十三五'系列规划教材"是 2003 年陆续出版的"21 世纪项目管理系列规划教材"整体上的第三次再版，这套系列丛书也是我国最早出版的一套项目管理系列规划教材。机械工业出版社作为开拓者，让这套教材得到了众多高等院校师生的认可，并有两本教材被列入"普通高等教育'十一五'国家级规划教材"、一本教材被列入"'十二五'普通高等教育本科国家级规划教材"。

作为一种教给人们系统做事的方法，项目管理使人们做事的目标更加明确、工作更有条理性、过程管理更为科学。项目管理在越来越多的行业、企业及各种组织中得到了极为广泛的认可和应用，"项目化管理"和"按项目进行管理"逐渐成为组织管理的一种变革模式，"工作项目化，执行团队化"已经成为人们工作的基本范式。"当今社会，一切都是项目，一切也都将成为项目"，这种泛项目化的发展趋势正逐渐改变着组织的管理方式，使项目管理成为各行各业的热门话题，受到前所未有的关注。项目管理学科的发展，无论是在国内还是国外，都达到了一个超乎寻常的发展速度。

特别值得一提的是我国项目管理/工程管理学位教育的发展。目前，我国已经有 200 余所院校设立了工程管理本科专业，160 多所高校具有项目管理领域工程硕士培养权，100 多所高校具有工程管理专业硕士学位授予权。项目管理/工程管理教育的发展成了最为热门的人才培养专业之一，项目管理/工程管理的专业硕士招生成了招生与报名人数最多的领域。这一方面表明了社会和市场对项目管理人才的需求旺盛，另一方面也说明了项目管理学科的价值，同时也给相关培养单位和教育工作者提出了更高的要求，即如何在社会需求旺盛的情况下提高教学质量，以保持项目管理/工程管理学位教育的稳定和可持续发展。

提高教学质量，教材要先行。一套优秀的教材需要经历许多年的积累，国内项目管理领域的出版物增长极快，但真正适用于项目管理/工程管理学位教育的教材还不丰富。机械工业出版社策划和组织的本系列教材能够不断更新，目的就是打造一套项目管理/工程管理学位教育的精品教材。第三版系列教材在组织编写之前还广泛征求了各方面的意见，并得到了积极的响应。参加本系列教材编写的专家来自不同的院校和不同的学科领域，提高了教材在不同院校、不同领域和不同培养方向上的广泛适用性。在系列教材课程体系的设计上既有反映项目管理共性知识的专业主干课程，也有面向不同培养方向的专业应用课程。

本系列教材最突出的特点是与国际项目管理知识体系的融合性，体现了国际上两大项目管理组织——国际项目管理协会和美国项目管理协会的项目管理最新知识内容的发展。本系列教材的内容能体现IPMP/PMP培训与认证的思想和知识体系，也能够在与国际接轨的同时呈现有我国项目管理特色的内容。

编写一套优秀的项目管理学位教育系列教材是一项艰巨的任务，虽然编委会和机械工业出版社做出了很大的努力，但项目管理是一门快速发展的学科，其理论、方法、体系和实践应用还在不断发展和完善之中，加之专业局限性和受写作时间的限制，本系列教材肯定会有不尽如人意之处，衷心希望全国高等院校项目管理/工程管理专业师生在教学实践中积极提出意见和建议，以便对已经出版的教材不断修订、完善，让我们共同提高教材质量，完善教材体系，为社会奉献更好、更新、更切合我国项目管理/工程管理教育的高品质教材。

白思俊

西北工业大学管理学院教授、博导

中国（双法）项目管理研究委员会副主任委员

陕西省项目管理协会会长

中国优选法统筹法与经济数学研究会理事

中国建筑业协会理事兼工程项目管理委员会理事、专家

中国宇航学会理事兼系统工程与项目管理专业委员会副主任委员

前　　言

在接到本书第 3 版修订任务之际，我特地从书店又买了一本《项目风险管理（第 2 版)》来参阅，发现从 2010 年 9 月第 1 次印刷至今，已经重印了 13 次，我深感欣慰。感谢我的研究写作团队，感谢推介此书的单位和广大的读者，同时，我也感受到了项目风险管理在社会快速发展中的需求与作用，为我修订撰写第 3 版增加了责任与信心。

发展是当今世界的主题，要发展就要搞项目建设。随着以信息技术为核心的高新技术的飞速发展及其在社会经济各领域的广泛应用，项目所涉及的领域和范围越来越广；面临的风险日益复杂，对项目风险管理的要求也越来越高，项目风险管理业已成为推动社会经济科学发展、确保项目成功的关键因素和重要支撑。

作为人类历史发展长河中始终存在的一种客观现象，风险无时不在，无处不在。由于人的有限理性，项目活动主体对风险往往不能进行有效控制，各类事故时有发生，这些事故既引起了人们对风险的重视，也逐步深化了人们对风险的认识。风险管理问题，最早起源于第一次世界大战后的德国，1931 年美国管理协会首先倡导风险管理，到 20 世纪 50 年代，风险管理受到了欧美各国的普遍重视和广泛应用，逐步形成了项目风险管理这一新兴的交叉学科。20 世纪 80 年代以来，随着高新技术的快速发展，世界经济的全球化，人们对项目风险管理的认识越来越深刻，实践越来越深入。一方面，项目风险管理研究逐步向系统化、专业化的方向发展；另一方面，项目风险管理范围和应用实践领域不断扩展，特别是在工程领域、金融领域、国防领域得到了快速发展。从 1986 年起美国项目管理协会（PMI）出版发行的项目管理知识体系指南（PMBOK）第 1～5 版，都将项目风险管理列入项目管理的知识领域中。国际标准化组织 ISO 发布的 ISO10006：2003《质量管理体系项目质量管理指南》以及 ISO 21500：2012《项目管理指南》的标准，也把风险管理作为项目的要素，并明确了管理过程组的具体内容。在我国，随着改革开放的不断深化和社会主义市场经济体制的逐步建立，项目管理环境发生了根本性变化，项目风险管理水平显著提高，项目管理模式的应用越来越广泛，项目招投标制、项目业主责任制和风险投资机制的逐步推行，都要求各项目组织加强自身的风险管理。但在实践中，仍然存在着风险意识不强、风险管理机制不健全等问题，特别是重大项目的风险管理能力还比较薄弱，没有真正形成项目动态风险管理的机制和模式。因此，项目风险管理的研究、教育与实践，对促进我国经济稳定、持续、快速发展具有重大的现实意义。

目前，我国已经在风险管理方面开展了卓有成效的工作，中国（双法）项目管理研究委员会（PMRC）发起并组织开展了中国项目管理知识体系研究，于 2001 年 5 月正式推出了《中国项目管理知识体系与国际项目管理专业资质认证标准》，2006 年 10 月正式出版了《中国项目管理知识体系》（C-PMBOK），2008 年 9 月又出版了修订版，每个版本都对项目风险管理进行了详细规范，明确了项目风险管理的框架结构。2006 年 6 月，国务院国有资产监督管理委员会颁布了《中央企业全面风险管理指引》，正式开始在央企推行全面风险管理工作，经过十多年的运行，目前国内所有国企已经纳入了正常的工作机制；2008 年 5 月，财政部会同证监会、审计署、银监会、保监会颁布了《企业内部风险控制基本规范》，自 2009 年 7 月 1 日起在上市公司范围内施行，鼓励非上市的大中型企业执行。2009 年，我国注册会计师考试新增了《公司战略与风险管理》科目。自 2012 年以来，顶层在国家和行业治理中引入风险管控的理念，并出台了一系列举措，使风险管理更进一步得到重视，在传统的风险管理做得比较好的金融、保险、国防等领域，在建设领域的 PPP 项目、工程总承包项目、国防军工的型号研制项目、IT 领域项目、大数据智能机器人项目等，项目风险管理已经向精细化、标准化、常态化的方向发展。目前在国内许多高等院校在本科、研究生等层次上都开设了有关风险管理的主修课程和相关课程。由此可见，学术理论界和产业界对项目风险管理日益重视，研究与实践日益深入，社会发展对风险管理人才的需求也日益增强。为了吸收国内外项目风险管理的研究成果和有益经验，更好地推动项目风险管理的知识传播、应用实践和人才培养，我们于 2004 年 1 月和 2010 年 9 月编著和修订了第 1、2 版《项目风险管理》，均由机械工业出版社出版，受到广大读者欢迎。此次决定修订出版第 3 版，意在吸纳项目风险管理研究与实践的最新成果，以适应项目风险管理发展的需要。

此次修订的第 3 版由沈建明任主编，郑东良、惠晓滨任副主编。惠晓滨负责修订了第 9、10 章，其余各章节均由沈建明、郑东良负责修订，杨来生参与了部分修订工作，沈建明进行全书统稿。第 3 版保留了第 2 版的体系框架和各章的基本内容，吸收了国内外最新的有关项目风险管理的思想理论、技术方法与应用实践；重点对项目风险管理的概念内涵、演进发展，项目风险规划、识别、估计、评价、应对和监控的过程、活动与技术方法等内容进行了优化完善，根据工程硕士课程的要求，新增了工程技术风险管理章节以及应用案例。第3版更好地适应了项目风险管理发展的新趋势，反映了项目风险管理实践的新需求。

本书既可作为本科、MBA、MPA、硕士研究生相关专业以及项目经理培训的教材，也可作为政府机关、企业各类管理人员和工程技术人员的参考书。由于风险管理在我国相对来说还是一个新课题、新专业，无论是理论研究还是工程实践，都处在探索和发展中；同时，由于编著人员水平有限，书中不当之处敬请读者不吝指正。

本书在编著过程中，吸收了相关研究成果，借鉴了风险管理实践经验，已尽可能详细地列出了各位专家、学者的研究成果和工作，在此对他们的工作、贡献表示深深的谢意。

本书的编写，得到了原国际项目管理协会（IPMA）副主席钱福培教授，西北工业大学白思俊教授，西安交通大学李怀祖教授，空军工程大学张凤鸣教授，以及政府和军队机关领导、项目管理专家和业内同志们的大力支持，在此一并致谢。

为方便读者使用，本书配有PPT课件，可在http://www.cmpedu.com或http://www.mth.com.cn下载。

沈建明
E-mail：sjm@mth.com.cn
http://www.mth.com.cn
2018年5月于北京

目　　录

第 1 章

绪　　论

随着新一轮以智能化为特征的科技革命的蓬勃发展，人类社会工程实践综合化、大型化趋势显著增强，项目成为 21 世纪的显著标志，项目管理的地位和作用更加突出、重要。项目和任何事物一样，有其自身的特点规律，特别是随着社会发展，项目内外部环境动态变化，各类风险因素难以被有效识别，因而迫切需要加强项目风险管理研究和实践。开展项目管理研究与应用，首先必须建立在对项目、项目管理科学理解认识的基础之上。本章从项目和项目管理的基本含义入手，在阐述项目、项目管理概念内涵、主要特征的基础上，系统阐述了风险及项目风险的基本概念及分类。项目风险管理的内涵、范畴、过程、方法、组织、作用及意义等，这些内容，是开展项目风险管理学习研究和应用实践的前提基础。

1.1　项目与项目管理

1.1.1　项目的概念内涵

1. 项目的定义

当今社会，一切都是项目，一切也都将成为项目，大到神舟飞船飞天、高铁建设、奥运会举办、新产品的开发和投资，小到住房建造、装修。"项目"一词，经常见于报纸杂志，广泛应用于我们的日常工作和生活中。但项目作为一个专业术语，如何正确认识其内涵呢？

关于项目的含义，不同的组织、不同的专家学者从不同的角度给出了对项目的不同阐述。

美国项目管理协会项目管理知识体系指南第 5 版对项目的定义是：项目是为创造独特的产品、服务或成果而进行的临时性工作。

国际项目管理协会 ICB3.0 中对项目的定义是：项目是受时间和成本约束的、用以实现一系列既定的可交付物（达到项目目标的范围）、同时满足质量标准和需求的一次性活动。

国际知名项目管理专家、《国际项目管理杂志》主编罗德尼·特纳（Rodney Turner）认为：项目是一种一次性的努力，它以一种新的方式将人力、财力和物资进行组织，完成有独特范围定义的工作，使工作结果符合特定的规格要求，同时满足时间和成本的约束条件。项目具有定量和定性的目标，实现项目目标就是能够实现有利的变化。

美国著名的项目管理专家詹姆斯·刘易斯（James Lewis）博士认为：项目是指一种一次性的复合任务，有明确的开始时间、明确的结束时间、明确的规模与预算，通常还有一个临时性的项目组织。

综上所述，所谓项目，就是有一定时间、费用和技术性能目标的非日常性、非重复性、一次性的任务，即项目要在一定时间内，在预算规定范围内，由一定的组织完成的，并达到预定质量水平的一项一次性任务。

项目包括的范围很广，如核电站的建造、卫星的发射、大型水利工程的修建、新产品的开发等都是一个个项目。项目一词在美国等国家被称为"Project"，它与汉语中"项目"一词的含义并非完全一样，在应用时应注意其差别。有不少人将"Project"译为"工程""计划"，其翻译依据主要是英汉词典的解释，而不是基于对该学科的全面了解，如著名的超大型航天项目阿波罗登月计划中的"计划"一词就是"Project"。这种理解与我国的项目管理最初以工程计划管理为主这一特征有关，工程项目管理也几乎成为我国建设工程领域项目管理的代名词。为有效理解项目的含义，应科学地把握项目的基本要素和特征。

2. 项目的基本要素

（1）项目的属性。从根本上说，项目实质上是一系列的工作活动，是系统过程活动作用的结果。尽管项目是有组织地进行的，但它并不是组织本身；尽管项目的结果是某种产品，但项目也不全是产品。例如，一个新产品的开发项目，不能把它简单地理解为交付用户使用的产品，而应当从产品的寿命周期过程出发，把它理解为论证、研制、安装调试、交付使用相互作用的结果。

（2）项目的过程。项目是必须完成的、临时性的、一次性的、有限的任务，这是项目过程区别于其他常规"活动和任务"的基本标志，也是识别项目的主要依据。如研制开发一种新型程控交换机是一个项目，但程控交换机定型后批量生产就不是项目了，也就是说，项目在内容、形式和环境上不是某一存在物的简单重复，而是多少与先前的工作有些差别。

（3）项目的结果。项目都有一个特定的目标，或称独特的产品或服务。任何项目都有一个与以往、与其他任务不完全相同的目标（结果），它通常是一项独特的产品或服务。这一特定的目标一般应在项目初期设计出来，并在其后的项目活动中一步一步地实现。有时尽管一个项目中包含部分的重复内容，但在总体上仍然是独特的，如果任务或其结构是完全重复的，那它就不是项目。

（4）项目的共性。项目也和其他任务一样，有人力、物力、财力、进度等诸多约束条件，项目只能在一定的约束条件下进行。这些约束条件既是完成项目的制约因素，同时也应当是管理项目的条件。有些文献用"目标"一词表达这些内容，例如把时间、费用、质量称为项目的"三大目标"，用以提出对项目特定的管理要求。从管理项目的角度看，这样要求是十分必要的，管理项目的结果应该符合项目目标。

3. 项目的基本特征

作为运用各种资源以达成特定目标的一种复杂的系统工程活动，项目通常具备如下基本特征：

（1）项目实施的一次性和非重复性。项目必须是一项一次性的任务，有投入也有产出，而不是简单的重复。例如，建设一家钢铁厂可以当作一个大项目，但建成投产后的日常生产过程则不能视为项目。在建筑行业，即使采用同样型号的标准图纸建造两个住宅区，但由于建设时间、地点、周围环境等条件不可能完全相同，因此，这就属于两个不同的项目。世界上有完全相同的产品，组织批量生产，统一管理，但不可能有完全相同的项目批量实施。项目实施都是一次性的，每个项目都有自身独特的个性需求，应根据具体条件进行系统管理。随着"一切皆项目"的观点逐步得到认可，出现了把不同时间的批产产品作为一个项目来管理，这无疑是成立的。

（2）项目目标的明确性。项目要建成何种规模，达到什么技术水平，满足哪些性能质量标准，建成后的服务年限等都应明确而详细。这些目标是具体的、可检查的，因而实现目标的措施也应是明确的、可操作的。

（3）项目组织的整体性。项目通常由若干相对独立的子项目或工作包组成，这些子项目或工作包含若干具有逻辑顺序关系的工作单元，各工作单元构成子项目或工作包等子系统，而相互制约和相互依存的子系统共同构成了完整的项目系统。这一特点表明，对项目进行有效的管理，必须采用系统管理的思想和技术方法。

（4）项目的多目标性。尽管项目的任务是明确的，但项目的具体目标，如性能、质量、时间、成本等则是多方面的。这些具体目标既可能是协调的，或者说是相辅相成的；也可能是不协调的，或者说是互相制约、相互矛盾的。如新产品的研制，有的可能是以功能要求为第一位的，不太强调成本；有的为尽快占领市场，则以时间进度要求为主，因而对功能要求不太注重；有的为保持产品竞争优势则更为注重经济指标，要求在成本允许的范围内完成任务。由于项目具体目标的明确性和任务的单一性，要求对项目实施全系统、全寿命管理，应力图把多种目标协调起来，实现项目系统优化而不是局部优化。

（5）项目的不确定性。项目多少会包含某种新的、从未做过的事情。因此，项目"从摇篮到坟墓"通常包含若干不确定因素，即达到项目目标的途径并不完全可控。因此，项目目标虽然明确，但项目完成后的确切状态却不一定能完全确定，从而达到这种不完全确定状态的过程本身也经常是不完全确定的。例如，研制新一代歼击机，其起飞重量、飞行速度、作战半径、火力控制等事先可明确确定，但采用何种工艺，应用何种材料，以及如何制造等还需要在实施过程中不断研究和探索，不能事先完全确定。这一特点表明，项目的实施不是一帆风顺的，常常会遇到风险，因此，必须进行项目风险管理。

（6）项目资源的有限性。任何一个组织，其资源都是有限的，因此，对于某一具体项目而言，其投资总额、项目各阶段的资金需求、各工作环节的完成时间以及重要事件的里程碑等都要通过计划严格地确定下来。在确定的时间和预算内，通过不完全确定的过程，提交出状态不完全确定的成果，就是项目管理学科要解决的中心课题。

（7）项目的临时性。由于项目只在一定时间内存在，因而项目一般是由一支临时组建起来的队伍实施和管理，参与项目实施和管理的人员是一种临时性的组合，人员、材料和设备等之间的组合也是临时性的。这里，临时并不意味着短暂，如大型水利工程、地铁、高铁等工程项目，项目持续时间往往会有若干年。项目的临时性对项目的科学管理提出了更高的要求。

（8）项目的开放性。由于项目是由一系列活动或任务所组成的，因此，应将项目理解为一种系统，将项目活动视为一种系统工程活动。绝大多数项目都是一个开放系统，项目的实施要跨越若干部门的界限。这就要求项目经理协调好项目组内外的各种关系，团结项目组内成员齐心协力一起干，并寻求与项目有关的项目组外人员的大力支持。

1.1.2 项目管理的概念内涵

项目作为一种复杂的系统工程活动，往往需要耗费大量的人力、物力和财力，为了在预定的时间内实现特定的目标，必须推行项目科学管理。项目管理，从字面上理解应是对项目进行管理，即项目管理属于管理的大范畴，同时也指明了项目管理的对象应是项目。正确理解项目管理，首先必须对管理的概念内涵有正确的认识。

由于管理主体、管理对象、管理环境等的动态性，因而不同的人对管理有不同的认识。如科学管理之父泰勒认为，管理就是"确切地知道你要别人去干什么，并使他用最好的方法去干"；诺贝尔经济学奖获得者赫伯特·西蒙认为，管理就是决策，决策贯穿管理的全过程；组织管理之父法约尔认为，管理是所有的人类组织（不论家庭、企业或政府）都有的一种活动，这种活动由五项要素组成：计划、组织、指挥、协调和控制。现代管理观点认为，管理是对组织资源进行有效整合以达成组织既定目标与责任的动态创造性活动，现代管理的核心在于对组织资源的有效整合。

项目管理既有一般管理共有的内涵，又有自身的个性需求。目前，项目管理一般有两种不同的含义：一是指一种管理活动，即一种有意识地按照项目规律特点，对项目进行组织管理的活动；二是指一种管理学科专业，即以项目管理活动为研究对象的一门学科专业，是探求项目活动科学管理的理论与方法。前者是一种客观实践活动，后者是前者的理论总结和经验升华；前者以后者为指导，后者以前者为基础。就其本质而言，两者是辩证统一的。

基于上述的认识，所谓**项目管理就是以项目为对象的系统管理方法，通过一个临时性的、专门的柔性组织，对项目进行高效率的计划、组织、指导和控制，以实现项目全过程的动态管理和项目目标的综合协调与优化。**

项目管理贯穿于项目的整个寿命周期，对项目的整个过程进行管理。它是一种运用既规律又经济的方法对项目进行高效率的计划、组织、指导和控制的手段，并在时间、费用和质量效果上达到预定目标。

项目的特点也表明它所需要的管理及其管理技术方法与一般作业管理不同。一般的作业管理只需对效率和质量进行考核，并注重将当前的执行情况与前期进行比较；而在典型的项目管理中，尽管一般的管理技术方法也适用，但项目管理是以项目经理负责制为基础的目标管理，是以项目任务（活动）为基础来建立，以便实施对时间、费用和质量的控制，并对项目风险进行管理。

一般而言，项目管理的对象通常是指技术上比较复杂，工作量比较繁重，不确定性因素多的任务和项目。由于项目的一次性、临时性特点，因此，项目管理的一个主要方面就是要对项目中的不确定性和风险因素进行科学管理。

1.2　风险与项目风险

1.2.1　风险的概念内涵

1. 风险的含义

风险（Risk）一词，我们在日常生活中经常谈论，在工作中经常涉及，可以说风险是一种普遍的社会现象，无处不在。风险是外来语，源于法文，最早出现在保险交易中。风险一词在字典中的解释是"损失或伤害的可能性"，人们对风险的理解是"可能发生的问题"。一般而言，风险的基本含义是损失的不确定性，但对这一基本概念，在经济学家、统计学家、决策理论家和保险学者中尚无一个适用于他们各个领域的一致公认的定义。目前，关于风险的定义主要有以下几种代表性观点：

以研究风险问题著称的美国学者 A. H. 威利特认为："风险是关于不愿发生的事件发生的不确定性的客观体现。"

美国经济学家 F. H. 奈特认为："风险是可测定的不确定性。"

日本学者武井勋认为："风险是在特定环境中和特定期间内自然存在的导致经济损失的变化。"

比较经典的风险定义来自韦氏词典："风险是遭受损失的一种可能性。"在一个项目中，损失可能有各种不同的后果形式，如质量的降低、费用的增加或项目完成的推迟等。

还有的人认为，风险是有害后果发生的可能性，是对潜在的、未来可能发生损害的一种度量；风险是在一定的时间和空间、在冒险和弱点交互过程中产生的一种预期损失；风险是一个统计概念，用于描述在给定的时间和空间中消极事件和状态影响人或事件的可能性，等等。综上所述，对风险的认识大致可以归纳为以下三种观点：

一是损害可能说与损害不确定说。美国学者海恩斯（Haynes）将风险定义为损失的可能性，而威利特则将风险与保险相联系，认为风险是客观存在的，其发生具有不确定性。

二是损失概率说。这种观点认为风险是指经济主体能够为每一个可能出现的结果确定一个概率值的非确定情况，可以量化损失的可能性大小。

三是预期结果与实际结果差异说。威廉姆斯（C. Arthur Williams Jr.）等学者认为，风险是在风险状态下，预期结果与实际结果之间的差异，差异越小则风险越小，差异越大则风险越大。

综上所述，风险包括两方面的内涵：一是指风险意味着出现了损失，或者是未实现预期的目标；二是指这种损失出现与否是不确定的，可以用概率表示出现的可能程度，但不能对出现与否作出确定性判断。

因此，对于风险这一复杂概念，单纯从范畴的角度去界定是不够的，有学者尝试从风险要素的交互角度去解释风险的本质，以下是其中较具代表性的两种：

（1）美国人奇肯（Chicken）和波斯纳（Posner）在 1998 年提出，风险应是损害（Hazard）和暴露度（Exposure）两种因素的综合，并给出了表达式：

$$Risk = Hazard \times Exposure \tag{1-1}$$

式中 Exposure 是指风险承受者对风险的暴露程度，它包含了风险发生的频率和可能性。

（2）我国的杜端甫教授认为，风险是指损失发生的不确定性，是人们因对未来行为的决策及客观条件的不确定性而可能引起的后果与预定目标发生多种负偏离的综合，并给出了如下数学公式：

$$R = f(P, C) \tag{1-2}$$

式中　R——风险；

　　　　P——不利事件发生的概率；

　　　　C——不利事件发生的后果。

对风险的这些不同形式的认识从不同的角度对风险进行了描述，要全面理解风险的含义，应注意以下几点：

第一，风险是与人们的行为相联系的，这种行为既包括个人的行为，也包括群体或组织的行为。不与行为联系的风险只是一种危险。而行为受决策左右，因此风险与人们的决策有关。

第二，客观条件的变化是风险的重要成因，尽管人们无力控制客观状态，却可以认识并掌握客观状态变化的规律性，对相关的客观状态作出科学的预测，这也是风险管理的重要前提。

第三，风险是指可能的后果与目标发生的负偏离，负偏离是多种多样的，且重要程度不同，而在复杂的现实经济生活中，"好"与"坏"有时很难分开，需要根据具体情况加以分析。

第四，尽管风险强调负偏离，但实际上也存在正偏离。由于正偏离是人们的渴求，属于风险收益的范畴，因此在风险管理中也应予以重视，它激励人们勇于承担风险，获得高风险收益。

2. 风险的特征

风险作为项目中存在的普遍现象，它具有以下特征：

（1）**客观性**。风险的存在取决于决定风险的各种因素的存在。也就是说，不管人们是否意识到风险，只要决定风险的各种因素出现了，风险就会出现，它是不以人们的主观意志为转移的。因此，要减少和避免风险，就必须及时发现可能导致风险的因素，并进行有效管理。从另一方面看，在项目活动过程中，产生风险的因素又是多种多样的，要完全消除或有效控制风险也是不可能的，很多因素本身就具有不确定性，如技术、环境、汇率、通胀率等。因此，风险总是客观存在于项目活动的各个方面。风险的客观性要求人们应充分认识风险、承认风险，采取相应的管理措施，以尽可能降低或化解风险。

（2）**突发性**。风险的产生往往给人一种突发的感觉。当人们面临突然产生的风险，往往不知所措，其结果是加剧了风险的破坏性。风险的这一特点，要求我们加强对风险的预警和防范研究，建立风险预警系统和防范机制，完善风险管理系统。

（3）**多变性**。风险的多变性是指风险会受到各种因素的影响，在风险性质、破坏程度等方面呈现动态变化的特征。例如，企业在生产经营管理中面临的市场就是一种处在不断变化过程之中的风险。当市场容量、消费者偏好、竞争结构、技术资金等环境要素发生变化时，风险的性质和程度也将随之改变，因而要求实施动态、柔性的风险管理。

（4）**相对性**。一方面，人们对于风险都有一定的承受能力，这种能力往往因活动、人和时间而异。一般而言，人们的风险承受能力受到收益的大小、投入的大小、拥有财富的状况等因素的影响，如收益的大小，收益总是与损失的可能性相伴，损失的可能性和数额越大，人们希望为弥补损失而得到的收益也越大；反之，收益越大，人们愿意承担的风险也越大。另一方面，风险和任何事物一样也是矛盾的统一体，一定的条件会引起风险的变化，风险性质、风险后果等都存在可变性，如随着科学技术的发展，某些风险可以较为准确地预测和估计，如天气预报。

（5）**无形性**。风险不像一般的物质实体，能够非常确切地描绘和刻画出来。因此，在分析风险中，要应用系统理论、概率、弹性、模糊等概念和方法进行界定或估计、测定，从定性和定量两个方面进行综合分析。虽然风险的无形性增加了人们认识和把握风险的难度，但只要掌握了风险管理的科学理论，系统分析产生风险的内外因素，恰当地运用技术方法和工具手段，就能有效管控风险。

（6）**多样性**。随着项目和项目环境的复杂化、规模化，在一个项目中往往存在着许多不同种类的风险，如政治风险、经济风险、技术风险、社会风险、组织风险等，而且这些风险之间存在着交错复杂的内在联系，它们相互影响，交互作用。因此，必须对项目风险进行系统识别和综合考虑。

1.2.2 项目风险的概念内涵

项目的一次性使其不确定性要比其他一些社会经济活动大许多，因而项目风险的识别和管理也就困难和迫切得多。项目多种多样，每一项目都有各自的具体问题，但项目中也存在如下共性问题：

（1）对于项目各组成部分的复杂关系，任何个人或组织都不可能了如指掌。

（2）项目各组成部分之间不是简单的线性关系。例如，当项目进度拖延时，有时可以通过增加人力夺回失去的时间，但也存在另外一种可能，增加人力不但不能加快进度，反而会拖延进度。

（3）项目总是处于变化之中，难得出现平衡，即使偶尔出现，也只能短时间维持。

（4）项目处于一种复杂的环境之中，不但有技术、经济性问题，还有一些非常复杂、非线性极强的非技术、非经济性问题，因而项目结果往往是综合权衡或折中的结果。

结合项目特点和项目管理的基本含义，根据风险的基本含义，**作者认为，项目风险就是为实现项目目标的活动或事件的不确定性和可能发生的危险。**为消除或有效控制项目风险，必须对项目风险进行科学的认识和理解。

1.2.3　项目风险的分类

不同项目有不同的风险，不同阶段的风险有不同的表现形式。为了深入而全面地认识项目风险，以采取有针对性的措施加以科学管理，有必要从系统的角度科学认识项目风险。不同的需要，不同的角度，不同的标准，项目风险有不同的分类。综合来看，项目风险主要有以下几种分类：

1. 按风险后果划分

按照风险后果的不同，风险可划分为纯粹风险和投机风险。

（1）纯粹风险。不能带来机会、无获得利益可能的风险，叫纯粹风险。纯粹风险只有两种可能的后果：造成损失和不造成损失。纯粹风险造成的损失是绝对的损失。活动主体蒙受了损失，全社会也跟着受损失。例如某建设项目空气压缩机房在施工过程中失火，产生了损失。该损失不但是这个工程的，也是全社会的，没有人从中获得好处。纯粹风险总是和威胁、损失、不幸相联系。

（2）投机风险。既可能带来机会、获得利益，又隐含威胁、造成损失的风险，叫投机风险。投机风险有三种可能的后果：造成损失、不造成损失和获得利益。投机风险如果使活动主体蒙受了损失，全社会不一定也跟着受损失；反之，其他人有可能因此而获得利益。例如，私人投资的房地产开发项目如果失败，投资者要蒙受损失，但是发放贷款的银行却可将抵押的土地和房屋收回，等待时机转手高价卖出，不但可收回贷款，而且还有可能获得高额利润。

纯粹风险和投机风险在一定条件下可以相互转化，项目管理人员必须避免投机风险转化为纯粹风险。风险不是零和游戏。在许多情况下，涉及风险的各有关方面都要蒙受损失，无一幸免。

2. 按风险来源划分

按项目风险来源或损失产生的原因，可分为自然风险和人为风险。

（1）自然风险。由于自然力的作用，造成财产毁损或人员伤亡的风险属于自然风险。例如，水利工程施工过程中因突发洪水或地震而造成的工程损害、材料和器材损失。

（2）人为风险。人为风险是指由于人的活动而带来的风险。人为风险又可以细分为行为、经济、技术、政治和组织风险等。

1）行为风险是指由于个人或组织的过失、疏忽、侥幸、恶意等不当行为造成财产毁损、人员伤亡的风险。

2）经济风险是指人们在从事经济活动时，由于经营管理不善、市场预测失误、价格波动、供求关系发生变化、通货膨胀汇率变动等因素所导致经济损失的风险。

3）技术风险是指伴随科学技术的发展而来的风险。如核燃料泄漏之后产生核辐射风险。

4）政治风险是指由于政局变化、政权更迭、罢工、战争等引起社会动荡而造成财产损失和损害以及人员伤亡的风险。

5）组织风险是指由于项目有关各方关系不协调以及其他不确定性而引起的风险。现在的许多合资、合营或合作项目组织形式非常复杂。有的单位既是项目的发起者，又是投资者，还是承包商。由于项目有关各方参与项目的动机和目标不一致，在项目进行过程中常常出现一些不愉快的事情，影响合作者之间的关系、项目进展和项目目标的实现。组织风险还包括项目发起组织内部的不同部门由于对项目的理解、态度和行动不一致而产生的风险。例如，我国的一些项目管理组织各部门意见分歧，长时间推诿，严重地影响了项目的准备和进展。

3. 按风险发生的形态划分

按风险发生的形态可分为静态风险和动态风险。所谓静态风险是指社会经济正常情况下的风险，即静态风险是由于自然力的不规则作用和人的错误判断、错误行为而导致的风险。动态风险是以社会经济的变动为直接原因的风险，即动态风险是由于社会环境、生产方式、工程技术、管理组织以及人们偏好的变化等导致的风险。特别是在当今时代环境下，由于社会经济、工程实践等影响因素的交互复合影响，应高度重视动态风险研究。

4. 按风险是否可管理划分

按项目风险是否可管理来划分，可分为可管理风险和不可管理风险。可管理的风险是指可以预测，并可采取相应措施加以控制的风险，反之，则为不可管理的风险。风险能否管理取决于风险不确定性是否可以消除以及活动主体的管理水平。要消除风险的不确定性，就必须掌握有关的数据、资料和其他信息，随着数据、资料和其他信息的积累以及管理水平的提高，有些不可管理的风险可以变为可管理的风险。

5. 按风险影响范围划分

风险按影响范围划分，可以分为局部风险和总体风险。局部风险影响的范围小，总体风险影响范围大。局部风险和总体风险也是相对的，但项目管理组织应特别注意总体风险。例如，项目所有的活动都有拖延的风险，但是处在关键路线上的活动一旦延误，就要推迟整个项目的完成日期，形成总体风险，而非关键路线上活动的延误在许多情况下是局部风险。

6. 按风险后果的承担者划分

按项目风险后果的承担者来划分，有项目业主风险、政府风险、承包商风险、投资方风险、设计单位风险、监理单位风险、供应商风险、担保方风险和保险公司风险等，这样划分有助于合理分配风险，提高项目对风险的承受能力。

7. 按风险的可预测性划分

按项目风险的可预测性划分，可分为已知风险、可预测风险和不可预测风险。

（1）已知风险，是在认真、严格地分析项目及其计划之后就能够明确的那些经常发生的，而且其后果亦可预见的风险。已知风险发生概率高，但一般损失不严重。项目管理中典型的已知风险有：项目目标不明确、过分乐观的进度计划、设计或施工变更、材料价格波动等。

（2）可预测风险，是根据经验，可以预见其发生，但不可预见其后果的风险，这类风险的后果有时可能相当严重。项目管理中典型的可预测风险有：业主不能及时审查批准、分包商不能及时交工、仪器设备出现故障等。

（3）不可预测风险，就是有可能发生，但其发生的可能性即使是最有经验的人也不能预见的风险。不可预测风险有时也称未知风险或未识别的风险。它们是新的、以前未观察到或很晚才显现出来的风险。这些风险一般是外部因素作用的结果，例如地震、战争、通货膨胀、政策变化等。

项目风险分类，为从项目风险外延的角度考察风险提供了一个有利条件。当然，由于项目的复杂性、多样性，项目风险分类可从不同角度进行，还可以从经济风险与非经济风险、重大风险与特定风险、纯粹风险与投机风险等几个方面对项目风险进行分类。为了进一步更好地把握项目风险的范畴，下面对项目风险进行归类分析。

首先，项目风险归属于基本风险。基本风险是相对于特定风险而言的一种风险，它是指存在于群体行为之中的、风险结果会直接影响整个群体的风险，而不是指仅与某个特定的个人行为相关的、风险结果仅会直接影响有关特定个人的风险。作为项目风险的风险因素，一定时间内的项目运行活动是由相当广泛的人所从事的群体行为；项目风险的风险后果是项目运行中与项目有关的经济因素、技术因素、组织因素以及环境因素等在一定时间内发生意想不到的变化，其直接影响在该时间内与项目有关的人的利益，所产生的风险后果也是由这些与项目有关的人组成的群体来承担的，即项目风险属于基本风险的范畴。

其次，项目风险归属于纯粹风险。纯粹风险是相对于投机风险而言的一种风险，它是指风险后果单纯是使有关主体蒙受损失的风险，其后果只有两种：一种是损失，一种是无损失，而不像投机风险那样有三种后果：损失、无损失、获利。项目风险大都是纯粹风险，纯粹风险是项目风险管理的主要对象，也是本书的重点内容。纯粹风险主要有四类：人身风险、财产风险、责任风险和他人过失风险。

最后，项目风险归属于经济、组织和技术风险。经济、组织和技术风险，是相对于自然风险、社会风险而言的风险，它是以经济、组织、技术因素发生意想不到的变化为风险事故的风险。在项目风险中，有些是自然风险和社会风险，如自然界中的不规则运动所造成的风险和环境污染风险等，而本书侧重于考察那些与项目有关的经济因素、组织因素、技术因素等发生意想不到的变化而产生的风险，因此，经济风险、组织风险和技术风险是本书研究的重点。

1.3 项目风险管理

1.3.1 项目风险管理的概念内涵

1. 项目风险管理的含义

对于项目风险管理，不同的组织、专家有不同的认识。

德国早在 20 世纪初第一次世界大战结束后，就为重建提出了风险管理，他们强调风险的控制、风险的分散、风险的补偿、风险的转嫁、风险的预防、风险的回避与抵消等，而美国在 20 世纪 50 年代开始全面的风险管理，欧洲一些发达国家直到 20 世纪 70 年代才接受这一概念。美国国防部认为，风险管理是指应对风险的行动或实际作法，它包括制定风险问题规划、评估风险、拟定风险处理备选方案、监控风险变化情况和记录所有风险管理情况。

从系统和过程的角度来看，项目风险管理是一种系统过程活动，是项目管理过程中的有机组成部分，涉及诸多因素，应用到许多系统工程的管理技术方法。根据美国项目管理学会的报告，风险管理有三个定义：

（1）风险管理是系统识别和评估风险因素的形式化过程；

（2）风险管理是识别和控制能够引起不希望的变化的潜在领域和事件的形式、系统的方法；

（3）风险管理是在项目期间识别、分析风险因素，采取必要对策的决策科学与艺术的结合。

综上所述，项目风险管理是指项目管理组织对项目可能遇到的风险进行规划、识别、估计、评价、应对、监控的过程，是以科学的管理方法实现最大安全保障的实践活动的总称。

项目风险管理的目标是控制和处理项目风险，防止和减少损失，减轻或消除风险的不利影响，以最低成本取得对项目保障的满意结果，保障项目的顺利进行。项目风险管理的目标通常分为两部分：一是损失发生前的目标，二是损失发生后的目标，两者构成了风险管理的系统目标。

项目的风险来源、风险的形成过程、风险潜在的破坏机制、风险的影响范围以及风险的破坏力错综复杂，单一的管理技术或单一的工程技术、财务、组织、教育和程序措施都有局限性，不能完全奏效。因此，风险管理是识别和评估风险，建立、选择、管理和解决风险的可选方案的组织方法，项目管理组织综合运用多种方法、手段和工具辅助项目管理者管理项目风险、理解项目出现偏差的危险信号，尽可能早地采取正确的行动，以最低的成本将各种不利后果减到最少。所以，项目风险管理是一种综合性的管理活动，其理论和实践涉及自然科学、社会科学、工程技术、系统科学、管理科学等多种学科，项目风险管理在风险估计和风险评价中使用概率论、数理统计甚至随机过程的理论和方法。

管理项目风险的主体是项目管理组织，特别是项目经理。项目风险管理要求项目管理组织采取主动行动，而不应在风险事件发生之后被动地应付。项目管理人员在认识和处理错综复杂、性质各异的多种风险时，要统观全局抓主要矛盾，创造条件，因势利导，将不利转化为有利，将威胁转化为机会。

项目风险管理的基础是调查研究，调查和收集资料，必要时还要进行实验或试验。只有认真地研究项目本身和环境以及两者之间的关系、相互影响和相互作用，才能识别项目面临的风险。

项目风险管理是由风险规划、识别、估计、评价、应对、监控等环节组成的，通过计划、组织、协调、控制等过程，综合、合理地运用各种科学方法对风险进行识别、估计和评价，提出应对办法，随时监视项目的进展，注视风险的动态，妥善地处理风险事件造成的不利后果。

2. 项目风险管理的相关概念

风险规划（Risk Planning），指确定一套完整、全面、有机配合、协调一致的策略和方法，并将其形成文件的过程，这套策略和方法用于辨识和跟踪风险区；拟定风险缓解方案；进行持续的风险评估，从而确定风险变化情况并配置充足的资源。

风险事件（Risk Event），指可能导致某个项目或系统发生问题，需要作为项目要素加以评估以确定风险水平的大事。对风险事件所下的定义应使人们易于理解其潜在影响和致因。例如，涡轮发动机的潜在风险事件有可能是叶片振动。当然，也可能会有一系列潜在的风险事件，需由有关专家进行筛选、考察和评估。

风险评估（Risk Assessment），指对项目各个方面的风险和关键性技术过程的风险进行辨识和分析的过程，其目的是促进项目更有把握地实现其性能、进度和费用目标。风险辨识指对项目各个方面和各个关键性技术过程进行考察研究，从而辨识并记录有关风险的过程。风险分析则指对辨识出的风险区或风险技术过程进行考察研究，以进一步细化风险描述，从而找出风险致因并确定影响。风险大小的次序由风险的发生概率、后果以及与其他风险区或技术过程的相互关系确定。

风险处理（Risk Handling），指对风险进行辨识、评价、选定并实施应对方案的过程，目的是在给定项目约束条件和目标下使风险保持在可接受水平上。风险处理包括确定应当做些什么，应于何时完成，由谁负责，需要多少费用等一些具体问题。要从应对方案中选取最恰当的策略。风险处理是一个包罗万象的术语，而风险缓解和风险控制则是它的子集。

风险监控（Risk Monitoring），指在整个项目管理过程中，按既定的衡量标准对风险处理活动进行系统跟踪和评价的过程，必要时还包括进一步提出风险处理备选方案。

风险文档（Risk Documentation），指记录、维护和报告风险的评估、处理分析方案以及监控结果的文件，包括所有的计划、给项目主管和决策者的报告以及项目管理办公室的内部报表。

3. 风险管理的基本原则

项目风险管理的首要目标是避免或减少项目损失的发生，进行项目风险管理主要遵循以下原则：

（1）经济性原则。风险管理人员在制订风险管理计划时应以总成本最低为总目标，即风险管理也要考虑成本。以最合理、经济的处置方式把控制损失的费用降到最低，通过尽可能低的成本，达到项目的安全保障目标，这就要求风险管理人员对各种效益和费用进行科学的分析和严格核算。

（2）"二战"原则。即战略上蔑视而战术上重视的原则。对于一些风险较大的项目，在风险发生之前，对风险的恐惧往往会造成人们心理和精神上的紧张不安，这种忧虑心理会严重影响工作效率并阻碍积极性，这时应通过有效的风险管理，让大家确信项目虽然具有一定的风险，但风险管理部门已经识别了全部不确定因素，并且已经妥善地做出了安排和处理，这是战略上的蔑视。而作为项目风险管理部门，则要坚持战术上重视的原则，即认真对待每一个风险因素，杜绝松懈麻痹。

（3）满意原则。不管采用什么方法，投入多少资源，项目的不确定性是绝对的，而确定性是相对的。因此，在风险管理过程中要允许一定的不确定性，只要能达到要求，满意就行了。

（4）社会性原则。项目风险管理计划和措施必须考虑周围地区及一切与项目有关并受其影响的单位、个人等对该项目风险影响的要求；同时风险管理还应充分注意有关方面的各种法律、法规，使项目风险管理的每一步骤都具有合法性。

1.3.2　项目风险管理的发展概况

虽然风险是无形的，但人们在一切社会经济和其他活动中时刻面临着各种各样的风险，风险作为一种客观存在，是不可避免的，而且在一定条件下也带有某些规律性。因此，人们只能把风险影响降低到某种可接受的程度，而不可能将其完全消除。风险是无形的，对这种抽象的概念进行管理是颇具挑战性的，而正是这种挑战性，使人们在与风险的斗争过程中不断深化风险认识，逐渐形成了相对完善的风险系统管理思想和理论。

风险管理是当今理论研究和企业管理的热点问题。与其他事物一样，风险管理也有一个发展过程。在风险管理的发展过程中，一些大事件更是风险管理发展的直接催化剂，依据大事件所带来的风险管理的变化，以及学术界对风险管理发展的研究，风险管理的发展大致可以划分为三个阶段。

1. 传统风险管理阶段

学术界一般认为，风险管理理论始于美国。1931 年，美国管理协会保险部开始倡导风险管理，并进行风险管理及保险问题研究。美国早期的风险管理研究比较狭窄，他们以费用管理为出发点，把风险管理作为经营合理化的手段。在 20 世纪 50 年代早期和中期，美国一些大公司发生的重大损失使高层决策者认识到了风险管理的重要性，其中 1953 年通用汽车公司的一场火灾更是震惊了美国企业界和学术界，这也成了风险管理发展的契机。同时，在社会、法律和经济的压力下，风险管理在美国迅速发展起来。1956 年，施耐德（Snider）提出了风险管理的概念，并得到了美国管理协会（AMA）和美国保险管理协会（ASIM）的承认和大力支持。1962 年，AMA 出版了第一部风险管理方面的专著《风险管理之崛起》，有力推动了风险管理的发展；概率论和数理统计的广泛应用，推动了风险管理从经验向科学的跨越。自此以后，风险管理的研究趋于系统化、专业化，使风险管理成为管理领域中一门独立的学科专业，企业界和学术界对风险管理的功能及其重要性有了全新的认识，风险管理成为现代管理科学的一个重要分支，被视为一种广泛的管理职能，其目标是科学地确定、评估及监控组织内因业务活动而必须承受的所有风险，采取经济有效的应对策略，趋利避害，使组织可靠、高效地达成预定目标。

在 20 世纪 60 年代到 70 年代，许多美国主要大学的工商管理学院都开设了风险管理课程，传统的保险系也将教学重点转移到风险管理方面，保险仅作为一种风险筹资的工具被加以研究，有的工商管理学院把保险系改名为风险管理和保险系。越来越多的大学开设风险管理的主修课程及相关的科目，这些课程和科目不单包括在工商管理学士（BBA）的学习中，部分相当著名的学府更将其列入工商管理硕士（MBA）以及金融工程学（Financial Engineering）的学习。随着风险管理研究和应用的深入，风险管理日益受到了学术界的广泛重视，逐渐发展为一门比较成熟的专业学科。

在 20 世纪 70 年代，风险管理的概念、原理和实践已传播到加拿大和欧洲、亚洲、拉丁美洲的一些国家。在欧洲，日内瓦协会（又名保险经济学国际协会）协助建立了"欧洲风险和保险经济学家团体"，该学术团体的会员都是英国和欧洲其他国家大学的教授，讨论风险管理和保险学术问题。美国的风险与保险管理协会（RIMS）和美国风险与保险协会（ARIS）是美国最重要的两个风险管理协会。1978 年日本风险管理协会（JRMS）成立，英国则有工商企业风险管理与保险协会（AIRMIC）。20 世纪 70 年代中期，全美大多数大学的工商管理学院均普遍开设了风险管理课，美国还设立了 ARM（Associate in Risk Management）证书，授予通过风险管理资格考试者。风险管理协会等组织的建立及其卓有成效的活动，为风险管理在工商企业界的推广、风险管理教育的普及和专业人才培养诸方面做出了突出的贡献，促进了全球性风险管理运动的发展，风险管理研究也取得了许多有影响力的理论成果。如 1952 年，马科维茨（Markowitz）发表了"组合选择"理论，这为金融风险研究开辟了一条全新的思路方法；1965 年夏普（Sharp）在马科维茨证券组合理论的基础上，研究提出了资本资产定价模型（CAPM）；罗斯（Ross）突破性地发展了资本资产定价模型，建立套利定价理论；1973 年，布莱克（Black）和斯科尔斯（Scholes）发表了期权定价模型，这些理论成果大大提升了风险管理的能力水平。

在传统风险管理阶段，风险管理的内容主要是针对信用风险和财务风险，因而这一时期信用风险和财务风险测量方法发展较快，但风险管理的研究还局限在某些单一、局部或分立的层面，并未涉及复杂层面的风险管理问题，风险管理方法缺乏系统性、全局性。虽然在这一时期，美国等国家的许多大企业都设置了一个专职部门进行风险管理，但其风险管理尚处于分离状态，开展的是一种纯粹的风险管理，而且还是一种事后被动管理模式，只有管理者认为风险存在才对风险进行处理和管理。

2. 现代风险管理阶段

20 世纪 80 年代末 90 年代初，随着科技、国家金融和工商业的不断发展，公司企业所处的环境个更加发展化、动态化，从墨西哥金融危机、亚洲金融危机到巴林银行、爱尔兰银行等事件，从中可以看到，这些事件导致的损失不是由单一风险造成的，而是由信用风险、市场风险和操作风险等多种风险因素交织作用而导致的，从而使人们充分认识到，在动态变化的复杂环境条件下，一个组织或企业，不同部门或不同业务的风险，其不再是单纯的单向作用，而是多项的复合影响作用。因此，必须从风险复合影响作用、企业寿命周期的角度来看待风险，于是形成了全面风险管理的思想理论。全面风险管理形成和发展的主要标志如下：

一是，1993 年"首席风险官"（CRO，Chief Risk Officer）第一次得到了使用，这就意味着在传统风险管理阶段分散零散方式管理企业风险的管理者被高级风险管理专业人士所取代。CRO 的诞生，是风险管理由传统风险管理向现代风险管理发展的转折点，标志着现代风险管理的诞生。

二是，全球第一个企业风险管理标准的制定和出版。1995 年，由澳大利亚标准委员会和新西兰标准委员会成立的联合技术委员会，在充分论证研究的基础上，制定和出版了全球第一个企业风险管理标准（AS/NZS4360）。该标准的特点是使用范围广，为各行业各部门的风险管理提供了一个共同框架，受到了全世界国家和地区的欢迎。

三是，全球风险管理协会（GARP）成立。1996 年，由于一些重大金融风险事件所造成的重大损失，以及企业所面临环境的复杂化，欧美等国家的银行业对风险管理日渐重视，于是全球风险管理协会（GARP）应运而生。GARP 最大的贡献在于在风险管理界推动了金融风险师认证资格考试制度的制定和完善，该制度得到了许多国家金融业的认可，已成为衡量其从业人员是否具备风险管理能力的主要标准。

四是整体风险管理（TRM）思想的形成与成熟。针对 1998 年 10 月美国长期资本管理公司（LTCM）在金融衍生交易中造成的多达 40 多亿美元的巨额损失，学术界、金融界对金融风险开展了深入而规范的论证研究，认为风险管理不能仅对传统的单个业务的单个风险进行管理，而应从整个系统的角度对所有风险进行综合管理，进而诞生了整体风险管理理论。1998 年之后，理论界提出了全面风险管理（ERM）和全面综合的风险管理（GRM，Global risk management）。由于 TRM、GRM 一般只适用于金融界，并不适用于企业的风险管理。在理论与实践的双重驱动下，具有更大适用性的全面风险管理理论逐步形成。

3. 全面风险管理阶段

1999 年，《巴塞尔新资本协议》将市场风险、操作风险纳入资本约束范畴，提出了资本充足率、监管部门监督检查和市场纪律三大监管支柱，蕴含了全面风险管理的理念。进入 21 世纪，2001 年的 9·11 恐怖袭击、2002 年安然公司倒闭等重大事件的发生，使人们进一步认识到风险的复杂性、多元性，全面风险管理的思想理念得到了广泛认同。2004 年，COSO 适应时代要求，出台了《企业风险管理——整合框架》。COSO 的风险管理整合框架中的风险管理概念、内容、框架构成了现代全面风险管理理论的核心。ERM 框架定义全面风险管理，阐述了全面风险管理的原则、模式、标准，为企业和其他类型的组织评价和加强全面风险管理提供了基础，并引入了风险偏好、风险容忍度、风险度量等概念和方法技术，为衡量企业全面风险管理的有效性提供了指导。全面风险管理科概括为"六全"，即全球的风险管理体系、全面的风险管理范围、全员的风险管理文化、全程的风险管理过程、全新的风险管理方法、全额的风险计量。全面风险管理框架有三个维度，即风险管理目标维度、风险管理要素维度和企业组织层级维度，这三个维度的关系是，全面风险管理的八个要素是为组织的四个目标服务的；组织各个层级都要坚持同样的四个目标，每个层级都必须从以上八个方面进行风险管理，该框架为各种类型的企业或组织机构实施全面风险管理提供了方法指导。COSO 的全面风险管理框架的出台，对学术界、企业界的风险管理研究与实践产生了巨大影响，促进了全面风险管理发展。

风险管理和项目管理的日益普及，迫切需要更为规范的项目管理学科体系作为理论基础，于是世界各国的项目管理专业组织纷纷建立各自国家的项目管理知识体系（Project Management Body of Knowledge，简称 PMBOK），各国在项目管理知识体系中都把风险管理作为重要的管理内容之一。美国项目管理学会项目管理知识体系把项目管理划分为 10 个知识领域，风险管理是其中的一个知识领域。国际标准化组织 ISO 发布了 ISO 10006：2003《质量管理体系项目质量管理指南》以及 ISO 21500：2012《项目管理指南》的标准，都把风险管理作为项目的要素管理，并明确了管理过程组的具体内容。我国也于 2001 年 5 月由中国优选法统筹法与经济数学研究会项目管理研究委员会正式推出了中国的项目管理知识体系文件《中国项目管理知识体系》，对风险管理也进行了详细规范，以作为项目管理规范化运作的理论基础和技术指南。

近年来，随着以信息技术为核心的高新技术的快速发展、经济全球化以及项目管理理论与方法的进展，一些领域涉及项目风险管理的理论技术不断推出并得到了深化应用，如国防领域基于仿真的采办（SBA）、挣值管理、渐进式采办（EA）、一体化项目管理、精明采办等，有效提高了国防工程项目风险管理的能力水平。

1.3.3 项目风险管理范畴

通过上述对项目、项目风险以及项目风险管理的分析可以看出，项目风险管理，无论是从不同种类的项目出发，还是从不同种类的风险着手，其研究内容都将是非常丰富且十分繁杂的。因此，有必要对项目风险管理进行一定的范围界定。

首先是项目的限制。由于风险是普遍存在的，项目风险管理是普遍适用的，可应用于军事、工业、高新技术、建筑等各个不同领域中，下面从不同角度阐述适合风险管理的项目。

从项目分类角度，风险管理尤其适用于以下一些项目：

（1）研发项目。诸如军方型号研制项目，由于其研制与生产规模大、周期长、技术复杂性和生产的小批量性等特点，在实施过程中存在着诸多不确定的因素，比一般项目具有更大的风险，进行风险管理尤为重要；

（2）现代大型工程项目。这些项目往往投资大、施工环境复杂，进行过程中不确定因素很多；同时，传统风险管理的一些手段如保险应用到这些大型工程项目时是有局限性的，这些都促使现代大型项目需要更多的风险管理。

（3）国际承包工程项目。由于国际承包工程项目是一项跨国的经济活动，涉及多个国家或参与单位的经济利益，因而合同中各方不容易互相理解，容易产生矛盾和纠纷，与国内工程相比，风险要大得多，尤其在政治和管理方面都有巨大的风险。

从项目性质角度，对具备下列特征的项目尤其应该进行风险管理：创新多、使用新技术多的项目；预研不充分、不确定因素多的项目；项目目标没有最终确定的项目；投资数额大的项目；边设计、边施工、边科研的项目；合作关系复杂的项目；受多种因素制约和受业主严格要求的项目；具有重要政治、军事、经济、社会意义的项目；国家行为的项目，等等。

其次是项目风险的限制。项目风险，按产生的原因可分为自然风险（Natural Risk）、社会风险（Social Risk）、经济风险（Economic Risk）、技术风险（Technological Risk）和组织风险（Organizational Risk）。系统分析这几类项目风险，对自然风险和社会风险而言，作为风险核心要素的风险后果分别是自然灾害等意外事故和战争、种族冲突等社会政治事故，涉及保险学、精算学和社会学、政治学的知识、观点和方法，这些都有专门的书籍资料介绍。因此，项目风险管理侧重研究项目中的经济风险、技术风险和组织风险，本书并将对技术风险进行专门讨论。

第三是项目风险管理措施的限制。项目风险管理领域和管理措施，它与保险有显著的区别：风险管理着重识别和衡量纯粹风险，而保险只是对付纯粹风险的一种方法。项目风险处置的手段有多种，如风险回避、风险自留、风险损失控制、风险转移等，保险无疑是风险转移的最重要方式之一，但保险精算理论已成为一门独立的学科，所以本文只考虑非保险型的风险处置手段，而不研究保险精算理论的具体内容。同时，风险管理与安全管理也有显著的区别，虽然安全管理或损失管理是风险管理的重要组成部分，但风险管理过程包括在识别和衡量风险之后对风险管理方法进行选择和决策，因此项目风险管理的范围大于保险和安全管理。还要说明的是项目风险管理不等同于应急管理，风险管理的目的是对未来可能发生的不确定事件及危险的主动识别与控制管理，应急管理是事件一旦发生后的处理和管控。

1.3.4 项目风险管理过程

项目风险管理发展的一个主要标志是建立了风险管理的系统过程，从系统的角度来认识和理解项目风险，从系统过程的角度来管理风险。项目风险管理过程，一般由若干主要阶段组成，这些阶段不仅相互作用，而且与项目管理其他管理区域也互相影响，每个风险管理阶段的完成都可能需要项目风险管理人员的努力。

对于风险管理过程的认识，不同的组织或个人的划分方法是不一样的，美国系统工程研究所（SEI）把风险管理的过程主要分成若干个环节：识别（Identify）、分析（Analyze）、计划（Plan）、跟踪（Track）、控制（Control）和沟通（Communicate），如图1-1所示。

图1-1　SEI的风险管理过程框架

美国项目管理协会制定的PMBOK（第5版）中的项目风险管理包括规划风险管理、识别风险、实施风险分析、规划风险应对和控制风险等各个过程。项目风险管理的目标在于提高项目中积极事件的概率和影响，降低项目中消极事件的概率和影响。项目风险管理的各个过程，包括：

规划风险管理——定义如何实施项目风险管理活动的过程。

识别风险——判断哪些风险可能影响项目并记录其特征的过程。

实施定性风险分析——评估并综合分析风险的发生概率和影响，对风险进行优先排序，从而为后续分析或行动提供基础的过程。

实施定量风险分析——就已识别风险对项目整体目标的影响进行定量分析的过程。

规划风险应对——针对项目目标，制定提高机会、降低威胁的方案和措施的过程。

控制风险——在整个项目中实施风险应对计划、跟踪已识别风险、监督残余风险、识别新风险，以及评估风险过程有效性的过程。

我国毕星、翟丽主编的《项目管理》把项目风险管理的阶段划分为风险识别、风险分析与评估、风险处理、风险监督四个阶段，并将风险管理的方法总结如图1-2所示。

风险识别 →	风险分析与评估 →	风险处理 →	风险监督 →
• 风险识别询问法	• 风险的概率分布	• 风险控制与对策	• 保险经纪人
• 财务报表法	• 历史资料统计	• 回避	• 项目风险经理
• 流程分析法	• 理论分布分析	• 损失控制	• 项目风险机构
• 现场勘察法	• 外推方法	• 分离	• 项目风险管理制度
• 相关部门配合法	• 项目风险量确定	• 分散	
• 索赔统计记录法	• 项目风险费用分析	• 转移	
• 环境分析法	• 项目风险评价准则	• 风险财务对策	
	• SAVE方法	• 自留	
	• AHP方法	• 转移（有偿）	
		• 保险	

图1-2　四阶段的风险管理过程

根据我国项目管理的情况，特别是结合大型高风险项目的实践，本书将项目风险管理过程分为风险规划、风险识别、风险估计、风险评价、风险应对、风险监控六个阶段和环节，如图1-3所示。

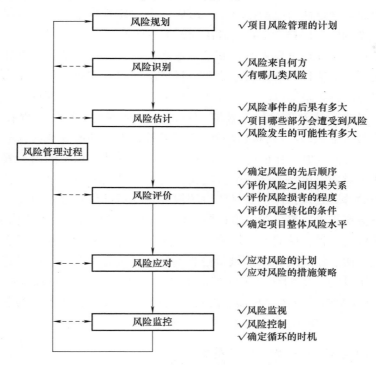

图 1-3 项目风险管理过程示意图

1.3.5 项目风险管理方法

方法是解决问题的桥梁。由于项目管理活动的复杂性和不确定性，在项目风险管理中，有效解决风险对项目组织实施的困扰必须依赖于合适的风险管理方法。

由于项目管理与生产管理、组织管理等密不可分，是组织管理的重要组成部分，因而已有的组织管理方法在项目管理中都有所反映，并且随着项目风险管理研究与实践的深入，已衍生出了许多的项目风险管理方法，如PERT、VERT、PDM、PMSS等。

从项目风险管理方法本身来看，可分为定性、定量、定性与定量相结合三大类。定性分析是一种系统性、综合性较强的系统分析方法，擅长把握事物整体及发展演变动态，侧重解决面上问题。定量分析是相对定性分析而言的一种方法，通过建模仿真，建立数学模型、搭建评估系统等，深化对事物的认识，侧重解决点上问题。但对于充满复杂性、不确定性的项目管理领域，许多因素难以用数字、模型来量化，如人员的心理活动、行为习惯、决策方式等，因而必须定性与定量相结合，形成一个"定性描述—定量分析—定性描述"完整的闭合回路，以提高解决问题的有效性。

从项目风险处理过程来看，如果不考虑保险，项目风险管理方法可以归纳为两大类，即项目风险控制方法和项目风险的财务安排。项目风险控制方法是直接对项目风险加以改变。改变项目风险的途径一般有两种，一是通过对损失加以改变达到项目风险控制的目的，二是不改变损失（保持损失不变）而直接改变风险。项目风险的财务安排是指不试图改变风险，只是在项目风险的损失发生时，保证有足够的项目资源来补偿。风险的财务安排是以财务方式应对项目风险，这一类方法又称为损失补偿的筹资措施，其关键是要有恰当的筹资方式，保证项目风险的损失发生后补偿资金的可得性。项目风险的财务安排，一般包括风险自担的筹资安排、利用合同的筹资措施等。

保险作为一种特殊的项目风险管理方法，也是一种应用非常广泛的项目风险管理方法。保险既有项目风险控制的特征，也有财务安排的思想，为避免混淆，所以将一般的项目风险控制方法称为非保险的项目风险控制方法（特别是非保险的项目风险转移方法），一般的财务安排方法也称为非保险的财务安排。

1.3.6　项目风险管理与项目管理

风险管理是项目管理的一个有机组成部分，目的是保证项目目标的顺利实现。风险管理与项目管理的关系如下：

1. 风险管理是项目管理的一种手段

风险管理应是整个项目管理的有机组成部分。项目主管必须在项目管理过程中发挥积极作用，保证其所采用的管理方法能够均衡利用项目资源，反映其整体管理思路。传统上，一般是把风险管理作为工程费用估算的技术处理，有时也作为一项独立的工作处理，以区别于项目的其他职能。目前，人们已经认识到，风险管理是项目综合管理的一种极其重要的手段，其任务是要弄清费用风险、进度风险和性能风险的相互关系，其目的是使参与项目工作的一切人员都能建立风险意识，在设计、研制和部署系统时考虑风险问题，人人都应负起处理风险的责任。

2. 风险管理是一个系统管理的过程

正规风险管理是使风险识别、分析和控制活动系统化的一个有组织的系统过程。一个有组织的风险管理过程，一旦得到及早、持续而严格的执行，就会给决策和有效地使用项目资源创造一种秩序井然的环境。通过这个有序的过程，项目主管就可能发现那些不易发现的风险以及较低层级的风险，以免它们累积成重大风险。

风险的多样性和复杂性越来越需要采用系统的风险管理过程。项目的许多风险，往往相互关联，不易弄清，而且将随项目进展发生变化。只有采用系统的管理过程，才能有效划分风险类别，辨识这些风险及其相互关系并从中找出关键风险，找到有效控制风险的方法并始终保持与整个项目目标一致。

3. 风险管理的前瞻性

实现有效风险管理的先决条件是项目主管必须要在潜在问题（风险事件）可能发生前就辨识它们并制定策略，提高其向有利方面转化的概率。实现这一原则的基本点是利用系统分析技术以得到前瞻性的评估结果。

早期辨识潜在问题一般涉及两类事件：一类是与当前项目阶段有关的事件，如怎样满足下一个里程碑审查的技术放行准则；另一类是涉及项目未来阶段的事件，如某项目从研制向生产过渡有关的风险事件，通过分析关键事件，一些风险即可以确定。要做到这一点，必须考虑未来潜在结果的范围以及决定这些结果的因素，通过风险处理，项目经理就可以找到尽量减少风险因素的途径。

4. 风险管理的目标性

从项目的时间、成本和质量目标来看，风险管理与项目管理目标一致。只有通过风险管理降低项目的风险成本，项目的总成本才能降下来。项目风险管理把风险导致的各种不利后果减少到最低程度正符合项目各有关方在时间和质量方面的要求。

5. 风险管理的范围性

项目范围管理主要内容之一是审查项目和项目变更的必要性。一个项目之所以必要、被批准并付诸实施，无非是市场和社会对项目的产品和服务有需求。风险管理通过风险分析，对这种需求进行预测，指出市场和社会需求的可能变动范围，并计算出需要变动时项目的盈亏大小，这就为项目的财务可行性研究提供了重要依据。项目在进行过程中，各种各样的变更是不可避免的。变更之后，会带来某些新的不确定性，风险管理正是通过风险分析来识别、估计和评价这些不确定性，为项目范围管理提出任务。

6. 风险管理的计划性

从项目管理的计划职能来看，风险管理为项目计划的制定提供了依据。项目计划考虑的是未来，而未来充满着不确定因素。项目风险管理的职能之一恰恰是减少项目整个过程中的不确定性，这一工作显然对提高项目计划的准确性和可行性有极大的帮助。

7. 风险管理的经济性

从项目的成本管理职能来看，项目风险管理通过风险分析，指出有哪些可能的意外费用，并估计出意外费用的多少。对于不能避免但是能够接受的损失也计算出数量，列为一项成本。这就为在项目预算中列入必要的应急费用提供了重要依据。从而增强了项目成本预算的准确性和现实性，能够避免因项目超支而造成项目各有关方的不安，有利于坚定人们对项目的信心。因此，风险管理是项目成本管理的一部分，没有风险管理，项目成本管理就不完整。

8. 风险管理的可达性

从项目的实施过程来看，许多风险都在项目实施过程中由潜在变成现实。无论是机会还是威胁，都在实施中见分晓。风险管理就是在认真的风险分析基础上，拟定出各种具体的风险应对措施，以备风险事件发生时采用；项目风险管理的另一个部分是对风险实行有效的控制。

项目实行风险管理有诸多的益处，主要体现在：

（1）通过风险分析，可加深对项目和风险的认识和理解，澄清各备选方案的利弊，了解风险对项目的影响，以便减少或分散风险；

（2）通过检查和考虑所有现有的信息、数据和资料，可明确项目的各有关前提和假设；

（3）通过风险分析不仅可提高项目各种计划的可信度，还有利于改善项目执行组织内部和外部之间的沟通；

（4）编制应急计划时更有针对性；

（5）能够将处理风险后果的各种方式更灵活地组合起来，在项目管理中减少被动，增加主动；

（6）有利于抓住机会，利用机会；

（7）为以后规划和设计工作提供反馈，以便在规划和设计阶段采取措施防止和避免风险损失；

（8）即使是无法避免的风险，也能够明确项目到底应该承受多少损失或损害；

（9）为项目施工、运营选择合同形式和制订应急计划提供依据；

（10）通过深入的研究和情况了解，可以使决策更有把握，更符合项目的方针和目标，从总体上使项目减少风险，保证项目目标的实现；

（11）可推动项目执行组织和管理班子积累有关风险的资料和数据以便改进将来的项目管理。

1.3.7 项目风险管理的组织

项目风险管理的组织主要指为实现风险管理目标而建立的组织结构，即组织机构、管理体制和领导人员。没有一个健全、合理和稳定的组织结构，项目风险管理活动就不能有效地进行。

项目风险的管理组织具体如何设立、采取何种方式、需要多大的规模，取决于多种因素，其中决定性的因素是项目风险在时空上的分布特点。项目风险存在于项目的所有阶段和方面，因此项目风险管理职能必然是分散于项目管理的所有方面，管理班子的所有成员都负有一定的风险管理责任。但是如果因此而无专人专职对项目风险管理负起责任，那么项目的风险管理就要落空。因此，项目风险管理职能的履行在组织上具有集中和分散相结合的特点。图 1-4 和图 1-5 是美国国防部进行项目风险管理的两种典型的组织结构。

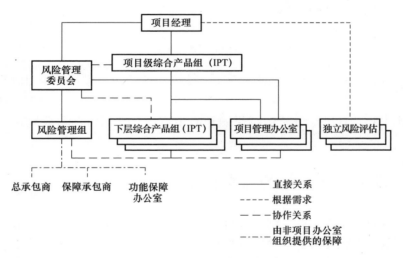

图 1-4　集中式项目风险管理组织（理想的）

此外，项目的规模、技术和组织上的复杂程度、风险的复杂和严重程度、风险成本的大小、项目执行组织最高管理层对风险的重视程度、国家和政府法律法规和规章的要求等因素都对项目风险管理的组织有影响。

项目风险管理组织结构的最上层应该是项目经理。项目经理应该负起项目风险管理的全面责任。项目经理之下可设一名风险管理专职人员，帮助项目经理组织协调整个项目管理组织的风险管理活动。

至于项目风险分析人员，应由具有技术经济知识、计算机操作能力和项目管理经验的权威人士来担任。若无合适人选，可以从外面聘请。从外面聘

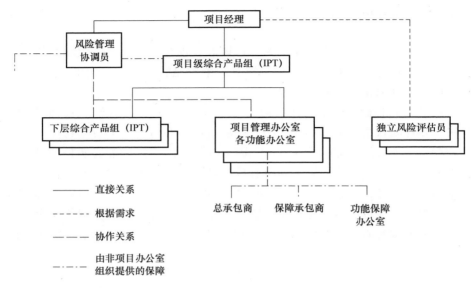

图 1-5　分散式项目风险管理组织（理想的）

请的优点是容易使风险分析做得客观、公正。无论何种情况，项目管理组织都要参与风险分析过程，这样既可保证风险分析做得合理，又能够了解问题的来龙去脉，对风险分析的结果做到心中有数，从而对项目风险进行有效管理。

1.4　项目风险管理的意义和作用

随着科学技术和社会生产力的大发展，项目活动的规模化以及技术和组织管理的复杂化突出了项目管理的复杂性和艰巨性。作为项目管理的重要一环，项目风险管理对保证项目实施的成功具有重要作用和意义。项目风险管理的研究和推广应用，对于项目组织具有重要的现实指导意义，能以最经济的资源消耗将项目风险损失降低到最低程度，可靠高效地保障项目预定目标的达成。其作用主要体现在以下几个方面：

（1）项目风险管理能促进项目实施决策的科学化、合理化，降低决策的风险水平。项目风险管理利用科学系统的方法，管理和处置各种项目风险，有利于承担该项目的项目组织减少或消除各种经济风险、技术风险、决策失误风险等，这对项目科学决策、正常经营具有重大意义。

（2）项目风险管理能为项目组织提供安全的经营环境，项目风险管理为处置项目风险提供了各种措施，从而消除了项目组织的后顾之忧，使其全身心地投入到各种项目活动中去，保证了项目的稳定发展。

（3）项目风险管理能够保障项目组织经营目标的顺利实现，项目风险管理的实施可以使项目组织面临的风险损失减少到最低限度，并能在损失发生后及时合理地提供补偿，从而能促使项目组织增加收入和减少支出，并获取稳定的、不断增长的盈利，保障组织目标的实现。

（4）项目风险管理能促进项目组织经营效益的提高，项目风险管理是一种以最小成本达到最大安全保障的管理方法，它将有关处置风险管理的各种费用合理地分摊到产品、劳务之中，减少了费用支出，同时项目风险管理的各种监督措施也要求各职能部门提高管理效率，减少风险损失，这也促使项目组织经营效益得到提高。

项目风险管理的研究和推广应用不仅对单个组织有重要意义，而且对整个社会的发展都有积极的作用：

（1）项目风险管理有利于社会经济的健康发展。环境的剧变，竞争的加剧，资源的稀缺，我国的社会经济建设充满了风险。特别是随着我国经济与世界经济的接轨，经济建设需要更为科学而全面的风险管理。项目风险管理，对于消除和控制社会经济建设中的不确定性，规范社会经济行为，对于我国社会主义市场经济的健康发展具有积极意义和重要作用。

（2）项目风险管理有利于资源分配达到最佳组合，有利于提高全社会的资金使用效益，从而促进国民经济产业结构的优化。项目风险管理不是消极地承担风险，而是积极地预防和控制风险。它可以在很大程度上减少风险损失，并为风险损失提供补偿，促使更多的社会资源和资金合理地向所需产业部门流动。因此，它有利于消除或减少风险存在所带来的社会资源和资金的浪费，从而促进社会资源和资金的良性运转和国民经济产业结构的优化。

（3）项目风险管理有利于经济社会的稳定发展。项目风险管理的实施有助于消除风险给经济、社会带来的损失及由此而产生的各种不良后果，有利于社会生产的顺利进行，促进经济稳定发展和经济效益提高，而各组织通过项目风险管理对整个经济、社会的正常运转和不断发展起到了重要的稳定作用。

（4）项目风险管理有利于创造一个保障经济发展和人民生活安定的社会经济环境。项目风险管理通过对项目风险的各种处置方式，为项目提供最大安全保障，从而消除了人们对项目风险的忧虑，使人们生活在一个安定的社会经济环境中，有助于经济的发展和人民生活水平的提高。

小结

项目风险是影响项目目标实现的所有不确定因素的集合。项目风险管理是在项目过程中识别、评估各种风险因素，并采取必要对策消除或有效控制能够引起不希望的变化的潜在领域和事件。项目风险管理的目的就是把有利事件的积极结果尽量扩大，把不利事件的后果降低到最低程度。

本章从系统和过程的角度对项目、项目风险和项目风险管理进行了简要介绍，阐述了项目风险管理过程，构建了项目风险管理过程模式，包括规划、识别、估计、评价、应对、监控等过程活动。

目前，风险管理已成为项目管理的有机组成部分，通过项目风险管理，项目管理人员能有效地确定项目实施的关键因素，保证目标控制的顺利进行，最终使项目的总目标可靠高效地实现。

复习思考题

1. 项目的基本要素有哪些？
2. 如何正确理解项目的临时性这一特征？
3. 如何认识项目是一个系统？
4. 如何界定和认识项目风险规律。
5. 比较分析风险和风险管理。
6. "项目风险是独立于我们个人能力而存在的"，你同意这一观点吗？请说明原因。
7. 静态风险和动态风险有什么差异？
8. 为什么要实施风险管理？指出项目中实施风险管理的好处，并讨论你现在的工作需要哪种程度的风险管理。
9. 风险和机会有何不同？请阐述你的观点。
10. 如何科学认识项目风险管理过程？并简述项目风险管理的基本过程。

第 2 章

项目风险规划管理

规划是一项重要的管理职能，组织中的各项活动几乎都离不开规划，规划工作的质量也集中体现了一个组织管理水平的高低。掌握必要的规划工作的方法与技能，是项目风险管理人员的必备技能，也是提高项目风险管理效能的基本保证。本章主要介绍项目风险规划管理的概念内涵、规划过程、管理计划以及规划技术和工具等。

2.1 概念内涵

2.1.1 风险规划的含义

项目风险规划，是在项目正式启动前或启动初期，对项目风险的一个统筹考虑、系统规划和顶层设计的过程，开展项目风险规划是进行项目风险管理的基本要求，也是进行项目风险管理的首要职能。

项目风险规划是规划和设计如何进行项目风险管理的动态创造性过程，该过程主要包括定义项目组织及成员风险管理的行动方案与方式，选择合适的风险管理方法，确定风险判断的依据等。对于一般的项目而言，项目风险规划就是项目风险管理的一整套计划。

2.1.2 风险规划的需求与目的

在人类的大多数活动中，风险都以不同形式和程度出现。风险一般有下列基本特征：

（1）一般至少是部分未知的；

（2）随时间而变化；

（3）是可管理的，即可以通过人为活动来改变它的形式和程度。

风险管理规划就是通过下述活动过程，提出风险管理行动的详细计划：

（1）制定一份结构完备、内容全面且相互协调的风险管理策略并形成文件；

（2）确定项目实施风险管理策略方法；

（3）规划资源。

风险规划是一个迭代过程，包括评估、控制、监控和记录项目风险的各种活动，其结果就是风险管理计划（RMP，Risk Management Plan）。通过制定风险规划，实现下列目的：

（1）尽可能消除风险；

（2）隔离风险并使之尽量降低；

（3）制定若干备选行动方案；

（4）建立时间和经费储备以应付不可避免的风险。

风险管理规划的目的，简单地说，就是强化有组织、有目的的风险管理思路和途径，以消除、尽量减轻或遏制不希望发生事件的不良影响。

2.1.3 风险规划的任务

风险规划是指确定一套系统全面的、有机配合的、协调一致的策略和方法并将其形成文件的过程，这套策略和方法可用于辨识和跟踪风险区，拟定风险缓解方案，进行持续的风险评估，从而确定风险变化情况并配置充足的资源。

风险规划阶段主要考虑的问题有：第一，风险管理策略是否正确、可行？第二，实施的管理策略和手段是否符合总目标？因此，风险规划主要工作包括以下两方面：一是决策者针对项目面对的形势选定行动方案。一经选定，就要制定执行这一行动方案的计划。为了使计划切实可行，常常还需要进行再分析，特别是要检查计划是否与其他已做出的或将要做出的决策冲突，为以后留出灵活余地。一般只有在获得了关于将来潜在风险以及防止其他风险足够多的信息之后才能做出决策，应当避免过早的决策。二是选择适合于已选定行动路线的风险规避策略。选定的风险规避策略要写入风险管理计划和风险规避策略计划中。

2.1.4 风险规划的主要内容

风险管理规划主要包括：

1. 方法。确定风险管理使用的方法、工具和数据资源，这些内容可随项目阶段及风险评估情况做适当的调整。

2. 人员。明确风险管理活动中领导者、支持者及参与者的角色定位、任务分工及其各自的责任、能力要求。个人管理风险的能力各不相同，但为了有效地管理风险，项目管理人员必须至少具备一定的管理能力和技术水平。

3. 时间周期。界定项目生命周期中风险管理过程的各运行阶段及过程评价、控制和变更的周期或频率。

4. 类型级别及说明。定义并说明风险评估和风险量化的类型级别。

5. 基准。明确定义由谁以何种方式采取风险应对行动。合理的定义可作为基准衡量项目团队实施风险应对计划的有效性，避免发生项目的利益相关方对项目内容理解的二义性。

6. 沟通方式。规定风险管理各过程中应沟通的内容、范围、渠道及方式。

7. 动态跟踪。规定以何种方式记录项目进行中风险及风险管理的过程，这些动态数据可有效用于对当前项目的管理、项目的监控、经验教训的总结及日后项目的指导等。

2.2 规划过程

风险规划标识了与项目相关的风险，所采取的风险评估、分析手段，制定了风险规避策略以及具体的实施措施和手段。可以从内部和外部两种视角来看待风险规划过程：外部视角详细说明过程控制、输入、输出和机制；内部视角详细说明用机制将输入转变为输出的过程活动。

2.2.1 风险规划过程目标

当风险规划过程满足下列目标时，就说明它是充分的：
（1）能看出主要事件和风险演化为问题的条件；
（2）重用成功的风险应对策略；
（3）优化选择标准（如风险倍率或风险多样化）；
（4）能理解为每一个严重的风险采取的下一步行动；
（5）建立自动触发机制。

2.2.2 风险规划过程定义

风险规划过程定义如图 2-1 所示。项目风险规划过程（IDEFO）是一个标准过程定义的符号表示法，用于为可预见的风险行动计划描述可重用的过程组件。该图描述了管理过程的输入、机制、控制和输出。风险规划实现了将输入转变为输出这一过程的所有活动。输入（位于左侧）进入过程，控制（位于顶部）调节过程，机制（位于底部）支持过程，输出（位于右侧）退出过程。

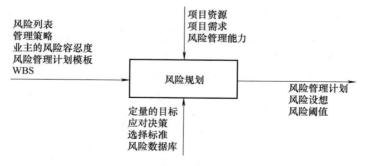

图 2-1 项目风险规划过程

1. 过程输入

风险列表、管理策略、业主的风险容忍度、风险管理计划模板、WBS 等组成了风险规划过程的输入。风险管理规划的依据主要有：

（1）项目规划中所包含或涉及的有关内容。如项目目标、项目规模、项目利益相关者情况、项目复杂程度、所需资源、项目时间段、约束条件及假设前提等。

（2）项目组织及个人所经历和积累的风险管理经验及实践。

（3）决策者、责任方及授权情况。

（4）项目利益相关者对项目风险的敏感程度及可承受能力。

（5）可获取的数据及管理系统情况。丰富的数据和严密的系统基础，将有助于风险识别、估计、评价及对应策略的制定。

（6）风险管理模板。项目经理及项目组织将利用风险管理模板对项目进行管理，从而使风险管理标准化、程序化。模板应在管理的应用中得到不断改进。

2. 过程机制

机制是为风险管理过程活动提供方法、技巧、工具或其他手段。定量的目标、应对策略、选择标准和风险数据库是风险管理过程中需要用到的机制。

定量的目标表示了量化的目标；应对策略（如接受、避免、保护、减少、研究、储备和转移等）有助于确定应对风险的可选择方式；选择标准指在风险管理过程中制定策略；风险数据库包含风险行动计划等。

3. 过程控制

项目资源、项目需求和风险管理能力约束着风险规划过程。项目资源涉及人、财、物、时间、信息等，项目资源的有限性决定了项目风险规划的必要性，同时也给项目带来了一定的风险性。例如，时间不够时，项目管理决策人员往往倾向采用加快进度的方法。项目需求对项目风险规划也有一定的影响，如需求不明确使项目风险规划的有效性大打折扣。风险管理能力直接影响到风险规划的科学性和可操作性。

4. 过程输出

风险设想、阈值和风险管理计划是风险规划过程的输出。风险设想是对导致不尽如人意的结果的事件和情况的估计。事件描述导致风险发生时必然导致的后果，情况描述使未来事件成为可能的环境。阈值定义为风险发生的征兆，预先确定的阈值是表明需要执行风险行动计划的警告。

风险管理计划是风险管理的导航图，告诉项目管理组织，项目怎样从当前所处的状态到达所希望的未来状态。做好风险管理计划，关键是要掌握必要的信息，使项目组织能够了解目标、目的和项目风险管理过程。风险管理计划有些方面可以规定得很具体，如政府和承包商参与者的职责、定义等，而另一些领域则可以规定得笼统一些，使用者可以选择最有效的实施方法，例如，关于评估方法，就可以提出几种建议，供评价者在评估风险时选用。这样做比较恰当，因为每一种方法都有其所长，亦有其所短，要视具体情况而定。

风险管理计划规定了风险记录所选的途径、所需的资源和风险应对的批准权力。

2.2.3　风险规划的过程活动

风险规划的过程活动是将按优先级排列的风险列表转变为风险应对计划所需的任务，是一种系统活动过程。风险规划的早期工作是确定项目风险管理目的和目标，明确具体区域的职责，明确需要补充的技术专业，规定评估过程和需要考虑的区域，规定选择处理方案的程序，规定评级图，确定报告和文档需求，规定报告要求和监控衡量标准等。风险规划过程活动包括以下内容：

（1）设定可能出现的严重风险；
（2）制定风险应对备用方案；
（3）选择风险应对途径；
（4）制订风险行动计划；
（5）确定风险模板；
（6）确定风险数据库模式。

下面简要分析风险规划的过程活动，这些步骤可以重复使用，也可同时使用。

1. 设定可能出现的严重风险

风险设想是对可能导致风险发生的事件和情况的设想。应针对所有对项目成功有关键作用的风险来进行风险设想。确定风险设想一般有三个步骤：

（1）假设风险已经发生，考虑如何应对风险；
（2）假设风险将要发生，说明风险设想；
（3）列出风险发生之前的事件和情况。

2. 制定风险应对备用方案

风险应对备用方案是指，应对风险的一套选择方案。风险应对策略用接受、避免、保护、减少、研究、储备和转移来制定风险应对备用方案。每种策略应包括目标、约束和备用方案。风险应对策略的定义和示例具体参见第6 章。

3. 选择风险应对途径

风险应对途径缩小了选择范围，并将选择集中在应对风险的最佳备用方案上。可将几种风险应对策略结合为一条综合途径。例如，你可能决定通过市场调查来获得统计数据，根据调查结果，可能会将风险转移到第三方，也可能使用风险储备，开发新的内部技术。选择标准有助于确定应对风险的最佳备用方案。

4. 制订风险管理计划

风险管理计划详细说明了所选择的风险应对途径，它将途径、所需的资源和批准权力编写为文档，一般应包含下列因素：

（1）批准权力；

（2）负责人；

（3）所需资源；

（4）开始日期；

（5）活动；

（6）预计结束日期；

（7）采取的行动；

（8）取得的结果。

5. 建立风险管理模板

风险管理模板规定了风险管理的基本程序、风险的量化目标、风险告警级别、风险的控制标准等，从而使风险管理标准化、程序化和科学化。表2-1显示了美国国防部签订的软件项目合同的量化目标。

表2-1　软件产品的量化目标

项 目 类 别	目　标	标　准
去除缺陷率	>95%	<85%
进度落后或成本超出风险储备的范围	0%	10%
总需求增长	每个月 <1%	每年 >50%
总软件项目文档	每功能点的单词数 <1 000	每功能点的单词数 <2 000
员工每年的自愿流动	1% ~3%	10%

6. 确定项目风险数据库模式

项目风险数据库设计一般包括数据库结构和数据文件两部分，包含了项目生命周期过程所有的相关活动。一个项目风险数据库至少应包括下列数据字段：

- 存入号码
- 日期
- 状态
- 识别者
- 风险类型
- 风险标题
- 可能性
- 后果
- 时间框架

- 项目
- 阶段
- 功能
- WBS 元素
- 风险陈述
- 风险场景
- 风险分析
- 现在的优先级
- 以前的优先级

- 风险应对
- 决策
- 风险行动计划
- 定量的目标
- 指标
- 阈值
- 触发器
- 成本
- 节省的成本

2.3 管理计划

风险管理规划的成果是形成一份风险管理计划文件。在制订风险管理计划时，应当避免用高层管理人员的愿望代替项目现有的实际能力。风险管理规划文件中应当包括项目风险形势估计、风险管理计划和风险规避计划。

在风险管理规划阶段，应该根据风险分析的结果对项目风险形势估计进行修改。修改时应对已经选定的风险规避策略的有效性进行评价，重点放在这些策略会取得哪些成果上。项目风险形势估计将最后敲定风险规避策略的目标，找出必要的策略、措施和手段，并对任何必要的应急和后备措施进行评价。项目风险形势估计还应当确定为实施风险规避策略而使用的资金的效果和效率。

2.3.1 风险管理计划的基本内容

风险管理计划在三个风险管理规划文件中起控制作用。风险管理计划要说明如何把风险分析和管理步骤应用于项目之中。该文件详细地说明了风险识别、风险估计、风险评价和风险控制过程的所有方面。风险管理计划还要说明项目整体风险评价的基准是什么，应当使用什么方法以及如何参照这些风险评价基准对项目整体风险进行评价。风险管理计划的一般格式参见表 2-2。

表 2-2　风险管理计划

1　描述	3.3.2　执行
1.1　任务	4　应用
1.2　系统	4.1　风险辨识
1.2.1　系统描述	4.2　风险估计
1.2.2　关键功能	4.3　风险评价
1.3　要求达到的使用特性	4.4　风险监控
1.4　要求达到的技术特性	4.5　风险应对
2　工程项目提要	4.6　风险预算编制
2.1　总要求	4.7　偶发事件规则
2.2　管理	5　总结
2.3　总体进度	5.1　风险过程总结
3　风险管理途径	5.2　技术风险总结
3.1　定义	5.3　计划风险总结
3.1.1　技术风险	5.4　保障性风险总结
3.1.2　计划风险	5.5　进度风险总结
3.1.3　保障性风险	5.6　费用风险总结
3.1.4　费用风险	5.7　结论
3.1.5　进度风险	6　参考文献
3.2　机制	7　批准事项
3.3　方法综述	
3.3.1　适用的技术	

2.3.2　风险规避计划

项目风险规避计划是在风险分析工作完成之后制订的详细计划。不同的项目，风险规避计划内容不同，但是，至少应当包含如下内容：

（1）所有风险来源的识别，以及每一来源中的风险因素；

（2）关键风险的识别，以及关于这些风险对于实现项目目标影响的说明；

（3）对于已识别出的关键风险因素的评估，包括从风险估计中摘录出来的发生概率以及潜在的破坏力；

（4）已经考虑过的风险规避方案及其代价；

（5）建议的风险规避策略，包括解决每一风险的实施计划；

（6）各单独规避计划的总体综合，以及分析过风险耦合作用可能性之后制订出的其他风险规避计划；

（7）项目风险形势估计、风险管理计划和风险规避计划三者综合之后的总策略；

（8）实施规避策略所需资源的分配，包括关于费用、时间进度及技术考虑的说明；

（9）风险管理的组织及其责任，在项目中安排风险管理组织、使之与整个项目协调的方式以及负责实施风险规避策略的人员；

（10）开始实施风险管理的日期、时间安排和关键的里程碑；

（11）成功的标准，即何时可以认为风险已被规避，以及待使用的监控办法；

（12）跟踪、决策以及反馈的时间，包括不断修改、更新需优先考虑的风险一览表、计划和各自的结果；

（13）应急计划，就是预先计划好的、一旦风险事件发生就付诸实施的行动步骤和应急措施；

（14）对应急行动和应急措施提出的要求；

（15）项目执行组织高层领导对风险规避计划的认同和签字。

风险管理和规避计划是整个项目管理计划的一部分，其实并无特殊之处。按照计划取得所需的资源，实施时要满足计划中确定的目标，事先把项目不同部门之间在取得所需资源时可能发生的冲突寻找出来，任何与原计划不同的决策都要记录在案，落实风险管理和规避计划，行动要坚决。如果在执行过程中发现项目风险水平上升或未像预期的那样降下来，则须重新规划。

2.4　规划技术和工具

风险管理规划主要通过召开风险规划会议进行，参加人员包括项目经理和负责项目风险管理的团队成员，会议决定风险管理的方法、工具、报告和跟踪形式以及具体的时间计划等。有效的风险规划有赖于建立科学的风险管理机制，充分利用风险规划技术、工具，如项目分解结构等。

2.4.1　建立风险管理图表

风险管理图表是将输入转变为输出的过程中所用的技巧和工具，它包含在风险管理计划中，以帮助人们清楚地看到风险信息的组织方式。风险管理的三个重要图表是风险核对表、风险管理表格和风险数据库模式。

1. 风险核对表

风险核对表将各个侧重点进行分类以理解风险的特点。风险核对表可帮助人们彻底识别特定领域的风险，例如，在关键路径上的项目便可组成一个亟待管理的进度风险核对清单，可以选用项目风险分类系统或项目工作分解结构作为核对清单，项目风险分类系统参见表2-3。

表2-3 为一软件分类系统，系统主要分为三类，各类又分为若干元素，每个元素通过其属性来体现特征。项目工作分解结构内容将在随后介绍。

表2-3 软件风险分类系统

产 品 工 程	开 发 环 境	项 目 约 束
1. 需求	2. 开发过程	3. 资源
a. 稳定性	a. 正规性	a. 进度
b. 完整性	b. 适宜性	b. 人员
c. 清晰	c. 过程控制	c. 预算
d. 有效性	d. 熟悉程度	d. 设施

软件风险分类系统是一个结构化的核对清单，它将已知软件开发风险按通用的种类和具体的风险属性组织起来。

2. 风险管理表格

风险管理表格记录着管理风险的基本风险信息。风险管理表格是一种系统地记录风险信息并跟踪到底的方式。任何人在任何时候都可用风险管理识别表，也可匿名评阅。

3. 风险数据库模式

风险数据库表明了识别风险和相关的信息组织方式，它将风险信息组织起来供人们查询、跟踪状态、产生排序和报告。一个简单的电子表格可作为风险数据库的一种实现，因为它能将排序、报告等自动化完成。风险数据库的实际内容不是计划的一部分，因为风险是动态的，随着时间的变化而改变。

2.4.2 项目工作分解结构

工作分解结构图（WBS，Work Breakdown Structure）是将项目按照其内在结构或实施过程的顺序进行逐层分解而形成的结构示意图，它可以将项目分解到相对独立的、内容单一的、易于成本核算与检查的工作单元，并把各工作单元在项目中的地位与构成直观地表示出来。

1. WBS 单元的级别

WBS 单元是指构成分解结构的每一独立组成部分。WBS 单元应按所处的层次划分级别，从顶层开始，依次为1级、2级、3级，一般可分为6级或更多级别。

工作分解既可按项目的内在结构，也可按项目的实施顺序进行。同时，由于项目本身复杂程度、规模大小也各不相同，从而形成了WBS 的不同层次。根据项目的相关术语定义，WBS 的基本层次如图2-2所示。

在实际的项目分解中，有时层次较少，有时层次较多，不同类型的项目会有不同的项目分解结构图，如房屋建筑的 WBS 图与飞机制造的 WBS 图将完全不一样。

2. WBS 的制定

运用 WBS 对项目进行分解时，一般应遵循以下步骤。

（1）根据项目的规模及其复杂程度，确定工作分解的详细程度。

如果分解过粗，可能难体现计划内容；分解过细，会增加计划制订的工作量。因此在工作分解时要考虑下列因素：

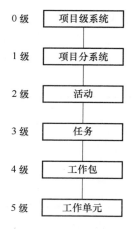

图 2-2　6 级 WBS 示意图

① 分解对象。若分解的是大而复杂的项目，则可分层次分解，对于最高层次的分解可粗略，再逐级往下，层次越低，可越详细；若需分解的是相对小而简单的项目，则可详细一些。

② 使用者。对于项目经理分解不必过细，只需让他们从总体上掌握和控制计划即可；对于计划执行者，则应分解得较细。

③ 编制者。编制者对项目的专业知识、信息、经验掌握得越多，则越可能使计划的编制粗细程度符合实际的要求；反之则有可能失当。

（2）根据工作分解的详细程度，对项目进行分解，分至确定的、相对独立的工作单元。

（3）根据收集的信息，对于每一个工作单元，尽可能详细的说明其性质、特点、工作内容、资源输出（人、财、物等），进行成本和时间估算，并确定负责人及相应的组织机构。

（4）责任者对该工作单元的预算、时间进度、资源需求、人员分配等进行复核，并形成初步文件上报上级机关或管理人员。

（5）逐级汇总以上信息并明确各工作单元实施的先后次序，即逻辑关系。

（6）项目最高层将各项成本汇总成项目的初步概算，并作为项目预算的基础。

（7）时间估算及工作单元之间的逻辑关系的信息汇总为"项目总进度计划"，这是项目网络图的基础，也是项目详细工作计划的基础。

（8）各工作单元的资源使用汇总成"资源使用计划"。

（9）项目经理对 WBS 的输出结果进行系统综合评价，拟定项目的实施方案。

（10）形成项目计划，上报审批。

（11）严格按项目计划实施，并按实践的要求，不断修改、补充、完善项目计划。

3. WBS 在项目风险管理中的应用

WBS 文件一般包括单元明细表和单元说明两部分。单元明细表按级别列出各单元的名称；单元说明详细规定各单元的各种内容及相关单元的工作界面关系。

在项目早期应及早建立 WBS，以便为项目的技术和管理活动提供支持。在项目的寿命周期过程中，使用部门应将项目的 WBS 作为规划未来的系统工程、分配资源、预算经费、签订合同和完成工作的协调工具，应依据项目WBS 报告工程进展、运行效能、项目评估和费用数据，以控制项目风险。

WBS 是实施项目、创造最终产品或服务所必须进行的全部活动的一张清单，是进度计划、人员分配、预算计划的基础，是对项目风险实施系统工程管理的有效工具。

2.4.3 网络计划评审技术

网络计划技术是利用图论和网络分析的方法编制和优化实施项目计划的一种艺术，是以缩短工期、提高效能、节省劳力、降低成本消耗为目标，通过网络图来表示预定计划任务的进度安排及其各个环节之间的相互关系，并在此基础上进行系统分析，计算时间参数，找出关键线路，然后利用时差，进一步改进实施方案，以求得工期、资源、成本等的优化。

网络计划技术的兴起和发展是从第二次世界大战开始的，目前世界上广泛运用的最常见的方法有：甘特图（横道图）法；关键线路法（CPM）；计划评审技术（PERT）；决策关键线路法（DCPM）；图解评审技术（GERT）。在相对新的技术中，运用比较广泛也深受欢迎的是关键线路法（CPM，Critical Path Method）和计划评审技术（PERT，Program Evaluation and Review Technique）。

CPM 是美国杜邦公司为建造新工厂进行计划与管理的研究而提出的，并在其 1958 年的建厂工作中初步显示其优越性，而后美国加泰迪克公司在 47 项大小工程中使用 CPM，平均节约时间 22%，节约资金 15%，效果显著。该方法以网络图的形式表示各工序之间在时间和空间上的相互关系以及各工序的工期，并通过时间参数的计算，确定关键线路和总工期，从而制订出系统计划并指示出系统管理的关键所在。

PERT 的产生相对独立，是由美国海军特种计划局、洛克希德公司和汉密尔顿公司于 1958 年 1 月联合开发的一种新的计划管理方法。其首次运用使得美国"北极星"导弹潜艇工程的工期由原计划的十年缩短为八年，PERT 与 CPM 并无根本性的区别。由于 PERT 是军事部门所创，CPM 是由民用部门所创，所以前者偏重于时间控制，后者偏重于成本控制。此外，后者各工序的执行时间一般是确定的，而前者各工序的执行时间往往受各种因素影响，是随机的。从这点上看，如果认为确定性问题是随机问题的特例的话，CPM 网络是 PERT 网络在工期不受随机因素干扰时的特例。但 PERT 也有其相应的缺点。PERT 的复杂性增加了实施的难度。一个以 PERT 组织的优化工作需要庞大的数据支持，因此，PERT 要求昂贵的花费来维护，经常在大的复杂计划中被采用。许多公司已经在努力寻找 PERT 在小项目中的应用方法，也在不少著作中出现了将 PERT 应用到大的、复杂的项目之外的多样化的方法。

网络计划技术产生以来得到了广泛应用，并取得了良好效益。在我国，网络计划技术也得到了应用和推广。1963 年，在我国著名科学家钱学森等先生的主持与倡导下，某部首先推广和应用了网络计划技术，为我国导弹技术的迅速发展起到了一定的促进作用，做出了重要贡献。多年来，网络计划技术的实际应用表明，它是一个十分有效的科学管理方法。在组织现代化的生产中，如何做到全面规划、统筹安排，使各个环节互相配合、协调一致，使完成任务的效率和效益都得到提高，这不是单凭经验或稍加分析可以解决的，而必须运用网络计划技术。

应用网络计划技术的一般步骤是：

（1）确定目标，进行计划的准备工作；任务分解，列出全部工作逻辑关系明细表；确定各个工序的持续时间（工期）、先后顺序和相互关系，绘制网络草图。

（2）通过手算（图算法，表算法，矩阵法）或电算，计算各个工序最早开始、最早结束的时间以及总时差和局部时差，并判断出关键工序和关键线路。

（3）在满足既定的要求下，按某一衡量指标（时间、成本、资源等）寻求最优方案，保证在计划规定的时间内用最少的人力、物力和财力完成任务，或在人力物力和财力限制的条件下，用最短的时间完成计划。

（4）在计划执行过程中，不断收集、传送、加工、分析信息，使决策者可能实现最优抉择，及时对计划进行必要的调整。

2.4.4　关键风险指标管理法

一个项目风险事件发生，可能有多种成因，但关键成因往往只有几种。

关键风险指标管理是对引起风险事件发生的关键成因指标进行管理的方法。具体操作步骤如下：

1. 分析风险成因，从中找出关键成因。

2. 将关键成因量化，确定其度量，分析确定导致风险事件发生（或极有可能发生）时该成因的具体数值。

3. 以该具体数值为基础，以发出风险预警信息为目的，加上或减去一定数值后形成新的数值，该数值即为关键风险指标。

4. 建立风险预警系统，即当关键成因数值达到关键风险指标时，发出风险预警信息。

5. 制定出现风险预警信息时应采取的风险控制措施。

6. 跟踪监测关键成因数值的变化，一旦出现预警，即实施风险控制措施。

以易燃易爆危险品储存容器泄漏引发爆炸的风险管理为例。容器泄漏的成因有：使用时间过长、日常维护不够、人为破坏、气候变化等因素，但容器使用时间过长是关键成因。如容器使用最高期限为 50 年，人们发现当使用时间超过 45 年后，则易发生泄漏。该"45 年"即为关键风险指标。为此，制定使用时间超过"45 年"后需采取的风险控制措施，一旦使用时间接近或达到"45 年"时，发出预警信息，即采取相应措施。

该方法既可以管理单项风险的多个关键成因指标，也可以管理影响项目主要目标的多个主要风险。使用该方法时，要求风险关键成因分析准确，且易量化、易统计、易跟踪监测，通过对项目关键风险指标的分析，可以统筹项目风险，有利于制订科学合理的项目风险管理计划。

小结

风险规划是项目风险管理的有机组成部分，是实施项目风险管理的基本依据。本章首先从系统的角度论述了风险规划过程，介绍了风险规划的过程活动，主要包括：首先，为严重风险确定风险设想，制订风险管理计划和风险规避计划，建立风险预防的阈值等；其次，描述了风险管理计划、风险规避计划的基本内容及基本要求。项目风险规划至少应包括：项目的功能需求、项目资源需求、项目管理要求、项目风险的管理过程活动、管理措施和应对策略等；最后，介绍了风险规划技术和工具，其关键是应建立有效的风险规划管理机制，保证风险管理计划、风险规避计划的有效性。同时，要善于利用组织学习功能，诸如召开风险管理规划会议等，集思广益，科学决策，确定风险管理的方法、工具、报告和跟踪形式以及具体的时间计划等主要内容，绘好项目风险管理的蓝图。

复习思考题

1. 阐述风险规划过程的目标。为什么每个目标都重要？请为每个目标定义量化的成功标准。

2. 只有重要风险才需要制定风险设想，你同意这一观点吗？请说明原因。

3. 描述以下风险设想中的事件和情况：开发过程被忽略，产品缺陷层出不穷。

4. 项目风险计划为什么重要？

5. 项目风险规划的基本任务和内容有哪些？

6. 讨论下列适用于处理不确定性的人性特点：态度、信仰、信心、勇气、忠实和想象力。你认为哪一点最重要？请说明原因。

7. 风险管理计划与风险规避计划有何区别？其详细内容具体有哪些？

8. 阐述网络计划技术的特点及其在项目风险管理规划（计划）中的应用范畴与适用性。

9. 简述关键风险指标管理方法的适用性与重要性。

10. 举例说明项目风险计划的重要性。

第 3 章

项目风险识别管理

项目风险管理的前提和基础是有效地识别项目风险。本章主要介绍项目风险设别的含义、作用、特点和依据，了解项目风险识别基本概念；通过介绍项目风险识别的过程管理，构建了一个项目风险识别的管理过程体系；通过介绍风险识别的技术、工具及应用案例，掌握项目风险识别管理的基本技能。

3.1 概念内涵

3.1.1 风险识别的含义

项目风险识别（Risk Identification）是项目风险管理的基础和重要组成部分，是对存在于项目中的各类风险源或不确定性因素，按其产生的背景、表现特征和预期后果进行界定和识别，对项目风险因素进行科学分类。简而言之，项目风险识别就是确定哪些风险事件可能影响项目，并将这些风险的特性整理成文档，进行合理分类。

风险识别是项目管理者识别风险来源、确定风险发生条件、描述风险特征并评价风险影响的过程。风险识别需要确定三个相互关联的因素：

（1）风险来源：时间、费用、技术、法律等；

（2）风险事件（Risk Event）：给项目带来积极或消极影响的事件；

（3）风险征兆（Risk Symptoms）：风险征兆又称为触发器（Triggers），是指实际的风险事件的间接表现。

3.1.2 风险识别的作用

风险识别是风险管理的基础，没有风险识别的风险管理是盲目的。通过风险识别，才能使理论联系实际，把风险管理的注意力集中到具体的项目上来。通过风险识别，可以将那些可能给项目带来危害和机遇的风险因素识别出来。风险识别是制定风险应对计划的依据，其作用主要有以下几点：

（1）风险识别可以帮助找出最重要的合作伙伴，为项目风险管理打下基础；

（2）风险识别是进行风险分析的第一步，为风险分析提供必要的信息，是风险分析的基础性工作；

（3）通过风险识别可以确定被研究的体系或项目的工作量；

（4）风险识别是系统理论在项目管理中的具体体现，是项目计划与控制的重要基础性工作；

（5）通过风险识别，有助于项目组成员树立项目成功的信心。

3.1.3 风险识别的特点

项目风险识别具有如下一些特点：

（1）全员性。项目风险的识别不只是项目经理或项目组个别人的工作，而是项目组全体成员参与并共同完成的任务。因为每个项目组成员的工作都会有风险，每个项目组成员都有各自的项目经历和项目风险管理经验。

（2）系统性。项目风险无处不在，无时不有，这决定了风险识别的全寿命性。即项目系统寿命周期过程中的风险都属于风险识别的范围。

（3）动态性。风险识别并不是一次性的，在项目计划、实施甚至收尾阶段都要进行风险识别。根据项目内部条件、外部环境以及项目范围的变化情况适时、定期进行项目风险识别是非常必要和重要的。因此风险识别在项目开始、每个项目阶段中间、主要范围变更批准之前进行。它必须贯穿于项目全过程。

（4）信息性。风险识别需要做许多基础性工作，其中重要的一项工作是收集相关的项目信息。信息的全面性、及时性、准确性和动态性决定了项目风险识别工作的质量和结果的可靠性和精确性，项目风险识别具有信息依赖性。

（5）综合性。风险识别是一项综合性较强的工作，除了在人员参与上、信息收集上和范围上具有综合性特点外，风险识别的工具和技术也具有综合性，即风险识别过程中要综合应用各种风险识别的技术和工具。

3.1.4 风险识别的依据

项目风险识别主要依据环境、项目范围说明书、风险管理计划、项目管理计划等因素进行，具体包括风险管理规划、项目规划、风险种类、历史资料、制约因素和假设条件等。

1. 风险管理规划

项目风险管理规划是规划和设计如何进行项目风险管理的过程，它定义了项目组织及成员风险管理的行动方案及方式，指导项目组织如何选择风险管理方法。项目风险管理规划针对整个项目生命周期制定如何组织和进行风险识别、风险评估、风险量化、风险应对及风险监控的规划。从项目风险管理规划中可以确定：

（1）风险识别的范围；

（2）信息获取的渠道和方式；

（3）项目组成员在项目风险识别中的分工和责任分配；

（4）重点调查的项目相关方；

（5）项目组在识别风险过程中可以应用的方法及其规范；

（6）在风险管理过程中应该何时由谁进行哪些风险重新识别；

（7）风险识别结果的形式、信息通报和处理程序。

因此项目风险管理计划是项目组进行风险识别的首要依据。

2. 项目规划

项目规划中的项目目标、任务、范围、进度计划、费用计划、资源计划、采购计划及项目承包商、业主方和其他利益相关方对项目的期望值等都是项目风险识别的依据。

3. 历史资料

项目风险识别的重要依据之一就是历史资料。即从本项目或其他相关项目的档案文件中、从公共信息渠道中获取对本项目有借鉴作用的风险信息。

以前做过的，同本项目类似的项目及其经验教训对于识别本项目的风险非常有用。项目管理人员可以翻阅过去项目的档案，向曾参与该项目的有关各方征集有关资料，这些人手头保存的档案中常常有详细的记录，记载着一些事故的来龙去脉，这对本项目的风险识别极有帮助。任何可能显示潜在问题的资料都可用于风险的识别，这些资料包括：工程系统的文件记录、生命周期成本分析、计划或工作分解结构的分解、进度计划、文件规定、文件记录的事件教训、假想分析、产业分析或研究、技术绩效测评计划或分析、模型（影响图）、决策驱动者、专家判断、估计成本底线等。

4. 风险种类

风险种类指那些可能对项目产生正面或负面影响的风险源。一般的风险类型有技术风险、质量风险、过程风险、管理风险、组织风险、市场风险及法律法规变更等。项目的风险种类应能反映出项目所在行业及应用领域的特征，掌握了各风险种类的特征规律，也就掌握了风险辨识的钥匙。

5. 制约因素与假设条件

项目建议书、可行性研究报告、设计等项目计划和规划性文件一般都是在若干假设、前提条件下估计或预测出来的。这些前提和假设在项目实施期间可能成立，也可能不成立。因此，项目的前提和假设之中隐藏着风险。

项目必然处于一定的环境之中，受到内外许多因素的制约，其中国家的法律、法规和规章等因素都是项目活动主体无法控制的，这些构成了项目的制约因素，是项目管理人员所不能控制的，这些制约因素中隐藏着风险。

为了明确项目计划和规划的前提、假设和限制，应当对项目的所有管理计划进行审查。例如：

（1）范围管理计划中的范围说明书能揭示项目的成本、进度目标是否定得太高，而审查其中的工作分解结构，可以发现以前未曾注意到的机会或威胁。

（2）审查人力资源与沟通管理计划中的人员安排计划，能够发现对项目的顺利进展有重大影响的人，可判断这些人员是否能够在项目过程中发挥其应有的作用。这样就会发现该项目潜在的威胁。

（3）审查项目采购与合同管理计划中有关合同类型的规定和说明。不同形式的合同，规定了项目各方承担不同的风险。外汇汇率对项目预算的影响，项目相关方的各种改革、购并及战略调整给项目带来直接和间接的影响。

3.2　识别过程

风险识别过程描述发现风险、确认风险的主要活动和方法。风险识别过程可以看作是一个系统，我们可以从两个视角来描述风险识别过程：外部视角详细说明过程输入、控制、机制和输出；内部视角详细说明用机制将输入转变为输出的过程活动。

3.2.1　风险识别过程目标

当风险识别过程满足下列目标时，那就说明它是充分的：

（1）鼓励利益相关方输入已经发现的风险；

（2）有时间采取行动时，及时识别风险；

（3）揭示风险和风险来源；

（4）捕捉风险，并以文档方式记录它们。

3.2.2　风险识别过程定义

项目风险识别过程定义，如图 3-1 所示。

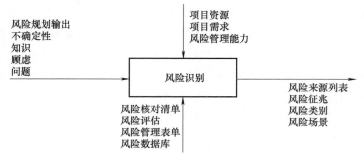

图 3-1　项目风险识别过程

1. 过程输入

风险识别过程包括不确定性、知识、顾虑和问题。不确定性是指人们所不知道的事，项目的一次性特点决定了项目包含着一定程度的不确定性。知识是已知的事，项目管理者必须利用自身以前在工程系统方面的经验和当前项目的知识来识别项目风险。顾虑是指是项目管理者忧虑的事，它们会引起担心、不安或担忧，这些经常会与风险发生关系。问题是对指尚未解决的事，需要项目管理者协同工作来解决，出现多种折中方案难以抉择时，问题就有可能演变成风险。

2. 过程机制

机制是为风险识别过程活动提供结构的方法、技巧、工具或其他手段，风险核对清单、风险评估、风险管理表和风险数据库构成了风险识别过程的机制。

（1）风险核对清单包括与风险核对主题相关的典型风险区域。风险核对清单能通过各种形式组织风险，如合同类型、成熟度级别、生命周期模型、开发阶段、组织结构、项目大小、应用域或技术，它们可以帮助在指定区域里完全识别风险。

（2）风险评估是风险识别的一种严格方法，它在类似面试性质的会议上使用结构化的风险核对清单。

（3）风险管理表单是一个通过填空的模板系统地处理风险的机制。

（4）风险数据库是一个已知风险和相关信息的仓库，它将风险输入计算机，并分配下一个连续的号码给这个风险，同时维持所有已识别风险的历史记录。

3. 过程控制

项目资源、项目需求和风险管理能力调节风险识别过程。成本、时间和人员等项目资源将限制风险识别的范围。成本有限时，可用更便宜的方法来识别风险；时间不够时，可以使用更快的方法；人员不够时，可以邀请更少的人参与风险识别。如果因为项目资源不足而采取了缩减措施后，就会有危及过程效果的风险。合同的需求和组织标准对项目需要在何时实施风险识别有一定的影响。组织标准要求在评审项目时报告风险，故可从组织标准中定义风险识别的需求。合同的需求能直接说明风险评估的需求，风险管理计划则详细说明了谁有责任和权力进行风险管理活动。

4. 过程输出

风险识别过程的输出是风险描述和与之相关的风险场景。风险描述是用标准的表示法对风险进行简要说明，如项目风险来源、项目风险征兆、项目风险类别，以及项目风险发生的可能性、将会产生的后果和影响等，风险描述的价值就在于建立了对风险认识的基础。风险场景提供了与风险描述相关的间接信息，如事件、条件、约束、假定、环境、有影响的因素和相关问题等。

（1）项目风险来源表。风险来源表中将所有已识别的项目风险罗列出来并对每个风险来源加以说明。内容至少要包括如下说明：风险事件的可能后果、风险事件的预期、风险事件发生频数等。

（2）风险征兆。有时也被称为触发器或预警信号，是指示风险已经发生或即将发生的外在表现，是风险发生的苗头和前兆。比如项目管理没有按照计划程序去执行或项目组成员矛盾重重，沟通欠缺，施工组织混乱，关键资源没有应急获取措施等都是项目风险的触发器。

（3）项目风险的类别。为了便于进行风险分析、量化、评价和管理，还应该对识别出来的风险进行分组或分类。分组或分类有多种角度，一般可以按项目阶段进行划分，也可以按管理者来划分。

3.2.3 风险识别过程活动

项目风险识别过程活动的基本任务是将项目的不确定性转变为可理解的风险描述，作为一种系统过程，风险识别有其自身的过程活动。识别项目风险过程一般分为五步：

第一步，确定目标；

第二步，明确最重要的参与者；

第三步，收集资料；

第四步，估计项目风险形势；

第五步，根据直接或间接的症状将潜在的项目风险识别出来。

下面对风险识别的主要过程活动进行阐述。

1. 项目风险识别过程图

项目风险识别过程可以归纳为图 3-2 所示的项目风险识别过程示意图。需要强调的是，项目风险识别不是一次性的工作，它需要更多系统的、横向的思考。质量管理工具和沟通工具都可以有效应用在风险识别过程中。

2. 搜集资料

在收集资料之前，一般还要明确项目风险识别的目标，并确定参与项目风险识别的人员，这是项目风险识别首先要进行的组织工作。

风险识别是风险管理的基础工作，这个目标是明确的。然而依据项目组性质的不同、项目类型的差别，项目组风险管理应该是各有侧重的。依据项

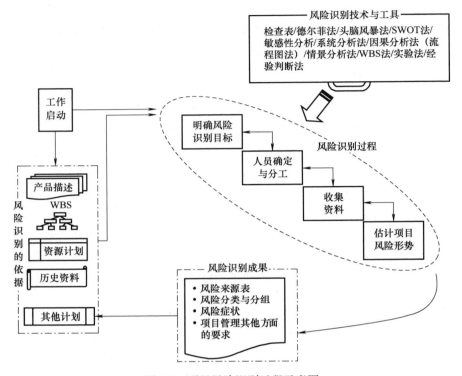

图 3-2　项目风险识别过程示意图

目管理规划，项目发起人、项目组、设计项目组、监理项目组、施工项目组、承包商项目组要分别确定本项目组项目风险管理的范围和重点。根据项目组风险管理的范围和重点，确定参与项目风险识别的人员。项目经理不仅要了解项目的信息，更要了解项目组的人，包括项目组的核心人员、高层管理人员、职员以及为项目风险识别提供信息的每个人。项目经理确定的人员应具有经营及技术方面的知识，了解项目的目标及面临的风险。项目组成员必须有沟通技巧和团队合作精神，要善于分享信息，这对项目风险识别非常重要。广义地说，项目风险识别需要项目组集体共同参与。

　　项目风险识别应该收集的资料大致有以下几类：

　　（1）项目产品或服务的说明书。项目产品或服务的性质具有多种不确定性，在某种程度上决定了项目可能遇到什么风险。例如，项目产品投入物市场的不确定性，项目产品市场需求的不确定性。因此，识别项目风险可以从识别产品或服务的不确定性入手，而项目产品或服务的说明书正可以为我们提供大量风险识别所需的信息。通常情况下，应用较新技术的产品或服务可能遇到的风险要比应用成熟技术的产品或服务要多。

项目产品或服务的说明书可以从项目章程、项目合同中得到，也可以参考用户的需求建议书。

（2）项目的前提、假设和制约因素。可从审查项目其他方面的管理计划来得到项目所有的前提、假设和制约因素：

1）项目范围管理计划：审查项目成本、进度目标是否定得太高等；

2）人力资源与沟通管理计划：审查人员安排计划，确定哪些人对项目的顺利完成有重大影响；

3）项目资源需求计划：除了人力资源外，项目所需的其他资源，比如物种设备或设施的获取、维护、操作等对项目的顺利完成是否可能造成影响；

4）项目采购与合同管理计划：审查项目合同采取的计价形式，不同形式的合同对项目组承担的风险有很大影响。通常情况下，成本加酬金类合同对业主是不利的，然而如果项目所在地的人工费、材料价格预期会下降，则成本加酬金合同也可能给业主带来利益。

（3）与本项目类似的案例。借鉴过去类似项目的经验和教训是识别项目风险的重要手段。一般的项目公司会积累和保存所有项目的档案，其中有项目的原始记录等。通常可以通过如下渠道来获得经验和教训：

1）查看项目档案——可能包括经过整理的吸取的教训，其中说明了问题和解决的办法，或者可以通过项目利害关系者或组织中其他人的经验获得；

2）阅读公开出版的资料——对于许多应用领域可以利用商用数据库、学术研究结果、基准测试和其他公开出版的研究成果。

3）采访项目参与者——向曾经参与项目的有关各方调查、征集有关资料。

3. 项目风险形势估计

（1）风险形势估计的目的。风险形势估计就是要明确项目的目标、战略、战术以及实现项目目标的手段和资源，以确定项目及其环境的变数。项目风险估计还要明确项目的前提和假设。通过项目风险形势估计可以将项目规划时没有被意识到的前提和假设找出来。明确项目的前提和假设可以减少许多不必要的风险分析工作。

（2）风险形势估计的内容。

通过项目风险形势估计，判断和确定项目目标是否明确，是否具有可测性，是否具有现实性，有多大不确定性；分析保证项目目标实现的战略方针、战略步骤和战略方法；根据项目资源状况分析实现战略目标的战术方案存在多少不确定性，彻底弄清项目有多少可以动用的资源对于实施战术，进而实现战略意图和项目目标是非常重要的。表 3-1 列出了项目风险形势估计的内容。

表 3-1 项目风险形势估计的内容

依据：项目计划、项目预算、项目进度等	
1. 项目及其分析	（1）为什么要搞这个项目？本项目的积极性来自何方？ （2）本项目的目标说明 （3）将本项目的目的同项目执行组织的目的进行比较 （4）研究本项目的目的 ◆ 明确项目目标，包括经济的、非经济的 ◆ 说明本项目对项目执行组织的目标的贡献 ◆ 说明本项目的主要组成部分 ◆ 约束、机会和假设 （5）说明本项目同其他项目或项目有关方面的关系 （6）说明总的竞争形势 （7）归纳项目分析要点
2. 对行动路线有影响的各方面考虑 （对于每一个因素都应该说明它对项目的进行产生怎样的影响）	（1）总的形势 （2）项目执行过程的特点 ◆ 一般因素：政治的、经济的、组织的 ◆ 不变因素：设施、人员、其他资源 （3）研究项目的要求 ◆ 比较已有资源量和对资源的需求 ◆ 比较项目的质量要求和复杂性 ◆ 比较组织的现有能力 ◆ 比较时间和预算因素 （4）对外部因素进行评价 ◆ 查明缺乏哪些信息资料 ◆ 列出优势和劣势 ◆ 初步判定已有资源是否足够
3. 分析阻碍项目的行动路线	（1）阻碍项目成功的因素 ◆ 列出并衡量妨碍项目实现其目标的因素 ◆ 衡量妨碍因素发生的相对概率 ◆ 如果妨碍目标实现的因素发生作用的话，估计其严重程度 （2）项目的行动路线 ◆ 列出项目的初步行动路线 ◆ 列出项目行动路线的初步方案 ◆ 检查项目行动路线和初步方案是否合适，是否可行，能否被人接受 ◆ 列出保留的项目行动路线和初步方案 （3）分析阻碍项目的行动路线 以下步骤可反复进行，每次反复都经过这四步： ◆ 可能会促进上述阻碍项目成功的因素出现的行动 ◆ 当上述阻碍项目成功的因素出现时，为了实施上述行动路线，仍然必须采取行动 ◆ 因上述两种行动而发生的行动 ◆ 针对上述行动的可能后果做出结论，以此为基础判断上述行动路线是否可行，能否被人接受，并将其优点与其他行动路线相比较。
4. 项目行动路线的比较	（1）列出并考虑各行动路线的优点和缺点 （2）最后检查行动路线和初步方案是否合适、可行，能否被人接受 （3）衡量各相对优点并选定项目的行动路线 （4）列出项目的最后目标、战略、战术和手段

3.3 识别技术和工具

项目风险识别一般要借助一些技术和工具，这样不但识别风险的效率高而且操作规范，也不容易产生遗漏。项目风险识别的方法主要有检查表法、预先分析法、情景分析法、SWOT 分析法、德尔菲法、头脑风暴法、故障树分析法、流程图法和敏感性分析法等，在具体应用过程中要结合项目的具体情况，组合应用这些工具。

3.3.1 检查表

检查表（Checklist），是管理中用来记录和整理数据的常用工具。用它进行风险识别时，将项目可能发生的许多潜在风险列于一个表上，供识别人员进行检查核对，用来判别某项目是否存在表中所列或类似的风险。检查表中所列都是历史上类似项目曾发生过的风险，是项目风险管理经验的结晶，对项目管理人员具有开阔思路、启发联想、抛砖引玉的作用，一个成熟的项目公司或项目组织要掌握丰富的风险识别检查表工具。检查表可以包含多种内容，如：

（1）项目成功或失败的原因，见表 3-2；

表 3-2　项目管理成功与失败原因检查表

项目管理成功的原因	项目管理失败的原因
项目目标清楚，风险措施切实可行： （1）与项目各参与方共同决策 （2）项目各方的责任和承担的风险明确划定 （3）项目所有的采购和设计、实施都进行了多方案比较论证 （4）对项目规划阶段进行了潜在问题分析（包括组织和合同问题） （5）委派了非常敬业的项目经理并给予了充分的授权 （6）项目团队精心组织，能力、沟通和协作好，集体讨论项目重大风险问题 （7）制定了针对外部环境的变化的预案并及时采取了行动 （8）进行了项目组织建设，表彰和奖励及时、有度 （9）对项目组成员进行了有计划和针对性的培训	项目决策前未进行可行性研究或论证： （1）项目提出非正常程序，从而导致项目业主缺乏动力 （2）沟通不够，决策者远离项目现场，项目各有关方责任界定不清 （3）规划工作做得不细，计划无弹性或缺少灵活性 （4）项目分包层次太多 （5）把工作交给了不称职的人同时又缺少检查、指导 （6）变更不规范、无程序，或负责人的责任、项目范围或项目计划频繁变更 （7）决策前的沟通和信息收集不够，未征求各方意见 （8）未能对经验教训进行分析 （9）其他错误

（2）项目其他方面规划的结果（范围、融资、成本、质量、进度、采购与合同、人力资源与沟通等计划成果）；

（3）项目产品或服务的说明书；

（4）项目组成员的技能；

（5）项目可用的资源。

下面是制定检查表的过程：

（1）对问题有个准确的表述，确保达到意见统一。

（2）确定资料搜集者和资料来源。

1）资料搜集者由具体项目而定，资料来源可以是个体样本或总体；

2）资料搜集者要有一定的耐心、时间和专业知识，以保证资料的真实可靠；

3）搜集时间要足够长，以保证搜集的数据能够体现项目风险规律；

4）如果在总体中有不同性质的样本，在抽样调查时要进行分类。

（3）设计一个方便实用的检查表。

经过系统地搜集资料，并进行初步的整理、分类和分析，即可着手制作检查表。

在复杂工作中，为避免出现重复或遗漏，采取工作核对表，每完成一项任务就要在核对表上标出记号，表示任务已结束。

表 3-3、表 3-4、表 3-5 给出了一些项目风险检查表。在实际工作中还要结合具体项目实际情况，制作专业化的项目风险检查表。

表 3-3 项目融资风险检查表

项目融资成功的条件	项目融资风险
项目融资只涉及信贷风险，不涉及资本金： （1）切实地进行了可行性研究，编制了财务计划 （2）项目使用的产品或材料费用要有保障 （3）价格合理的能源供应要有保障 （4）项目产品或服务要有市场 （5）能够以合理的运输成本将项目产品运往市场 （6）要有便捷、通畅的通信手段 （7）能够以预想的价格采购到建筑材料 （8）承包商富有经验且诚实可信 （9）项目管理人员富有经验且诚实可靠 （10）不需要未经考验的新技术 （11）合营各方签有各方皆满意的协议书 （12）稳定、友善的政治环境、已办妥有关的执照和许可证 （13）不存在被政府没收的风险 （14）国家风险令人满意 （15）主权风险令人满意 （16）对于货币、外汇风险事先已有考虑 （17）主要的项目发起者已投入足够的资本金 （18）项目本身的价值足以充当担保物 （19）对资源和资产已进行了满意的评估	（1）工期延误，因而利息增加，收益推迟 （2）成本费用超支 （3）技术失败 （4）承包商财务失败 （5）政府干涉过多 （6）未向保险公司投保人身伤害险 （7）原材料涨价或供应短缺、供应不及时 （8）项目技术陈旧 （9）项目产品或服务在市场上没有竞争力 （10）项目产品或服务寿命期比预期缩短 （11）项目管理不善 （12）对于担保物的估计过于乐观 （13）项目所在国政府无财务清偿力

（续）

项目融资成功的条件	项目融资风险
（20）已向保险公司交纳了足够的保险费、取得了保险单 （21）以不可抗力已采取了措施 （22）成本超支的问题已经考虑过 （23）投资者可以获得足够高的资本金收益率、投资收益率和资产收益率 （24）对通货膨胀率已进行了预测 （25）利率变化预测现实可靠	

表 3-4 项目演变过程中可能出现的风险因素检查表

生命周期	可能的风险因素
全过程	（1）对一个或更多阶段的投入时间不够 （2）没有记录下重要信息 （3）尚未结束一个或更多前期阶段就进入了下一阶段
概念	（1）没能书面记录下所有的背景信息与计划 （2）没有进行正式的成本—收益分析 （3）没有进行正式的可行性分析 （4）你不知道是谁首先提出了项目创意
计划	（1）准备计划的人过去没有承担过类似项目 （2）没有写下项目计划 （3）遗漏了项目计划的某些部分 （4）项目计划的部分或全部方面没有得到所有关键成员的批准 （5）指定完成项目的人不是准备计划的人 （6）未参与制定项目计划的人没有审查项目计划也未提出任何疑问
执行	（1）主要客户的需要发生了变化 （2）搜集到的有关进度情况和资源消耗的信息不够完整或不够准确 （3）项目进展报告不一致 （4）一个或更多重要的项目支持者有了新的分配任务 （5）在实施期间替换了项目团队成员 （6）市场特征或需求发生了变化 （7）做了些非正式变更，并且没有对它们带给整个项目的影响进行一致分析
结束	（1）一个或更多项目驱动者没有正式批准项目成果 （2）在所有项目工作尚未完成的情况下，人员就被分配到了新的项目组织中

表 3-5 合营或合资项目的组织风险检查表

风险	防范措施
（1）合作各方目标不一致 合伙人对于合资或合营的目的有不同的理解或解释	在组成合资或合营体时，所有各方就应该把为什么建立合资或合营体的原因和理由弄清楚，并取得一致的看法

59

（续）

风　　险	防　范　措　施
（2）要求发生变化 在项目进行过程中，合伙人的需要和风险发生变化。为了完成项目，合伙人之间的合作关系会变得越来越复杂	在各合伙人未明确各自的管理责任和就管理系统取得一致意见之前不要签订合同或开始项目。在组成合资或合营体时，所有各方就应该商量好当合伙人之间的关系变得越来越复杂时，合资或合营体的组织结构应该怎样做出相应的变动
（3）合伙人之间的利益分歧 合资或合营体建立容易，持久难。如果组成合资或合营体的目的是分担项目费用或风险时，合伙人之间出现利益分歧的风险越大	建立一个由各合伙方负责人组成的领导小组。领导小组制定合资或名副其实体的计划，并任命一个单独的管理班子，使其有权监督各方履行义务和责任
（4）风险资金的准备 各合伙方往往对合资或合营体的风险估计不足，各合伙方在合资或合营体中要承担的风险比一般业务要大。但无经验的合伙人不能正确地估计这些风险	各合伙人应共同对费用风险进行估计，避免重复考虑风险费用。合资或合营体的风险应当划分为两类，合伙方的共同的风险应由合资或合营体的管理班子考虑，而各合伙人的风险应由各合伙人自己考虑
（5）合资或合营体的利益平衡 合资或合营体项目只是各合伙人利益的一部分。各合伙人在合资或合营体中的利益不相同，合伙人的一些或全部利益可能会发生变化，例如当他们看到其他市场上的新机会时，就会如此	当各合伙人者是同行时，在制定合资或合营体的经营规划时就必须预计到利益的冲突。合伙人同行，彼此之间容易理解，易于共同克服困难。如果各合伙人不同行，彼此之间的依赖性就大，但彼此之间的理解就不如同行的情况，在这种情况下，需要建立一个表达式的规划和控制系统
（6）对待项目的态度不同 各合伙人在合资或合营项目和风险方面所拥有的经验不同，因此合伙人在向他们的代表授权不尽相同，而被授权的代表对项目的态度也各不相同	对于不同行的合资或合营体，各合伙人应派一人参加合资或合营体的领导小组

3.3.2　预先分析法

预先分析法（PHA，Preliminary Hazard Analysis），是指在每一项目活动（如设计、生产等）开始以前，对项目所在的风险因素类型、产生的条件、风险的后果预先进行概略分析。其优点在于，对项目风险因素的预测和识别是在活动开始以前，若发现风险因素，可立即采取防范措施，以避免由于考虑不周而造成的损失。这一分析方法，特别适合于新开发项目。一般来说，人们往往对新开发项目存在的风险因素缺乏足够的认识。因此，项目风险管理者必须重视对其风险因素的预先分析。做好风险因素预先分析的关键在于：对生产目的、工艺过程、原材料、操作条件和环境条件要有充分的了解，通过预先分析，要力图找出可能造成损失的所有风险因素。为了使风险因素不致遗漏，而且预测和识别工作又能有条不紊地进行，必须按系统、子系统一步一步地进行分析。预先分析法的运用过程如下：

（1）分析项目发生风险的可能类型。通过对国内外相关项目风险进行广泛的调查研究，了解与本项目相关的、曾经出现过的风险事故；听取工程技术人员、操作人员讲述经验、教训和建议；深入调查系统的外部环境（如地理位置、气候条件、社会环境等），以了解外部环境可能给项目带来的风险事故；仅凭经验还不可能发现潜在的风险（特别是对新材料、新工艺等），还必须对所用原材料和成品的物化性质、工艺流程等，从理论上进行深入分析，了解其可能出现的风险事故应属于哪一种类型。

所有项目风险都具有潜在的性质，为了迅速而又不遗漏地找出项目可能存在的风险，可从以下几个方面进行：

1）有害物质，若项目中使用的原材料、半成品、成品具有毒性，则当毒物泄漏时，就可能造成生命、财产受损和环境污染的风险；

2）外力作用，外力是指自然力或项目系统发生的事故波及项目而对系统产生的作用力，外力作用所造成的事故取决于系统所处的地理位置和外部环境，要分析因外力作用而可能产生的风险，如环境变化；

3）能量失控，能量是人类赖以生存的条件，能量失控通常有化学形式和物理形式两种，由能量失控而造成的事故主要有火灾和爆炸。

（2）深入调查项目风险源。弄清风险因素存在于哪些地方，其目的是确定项目风险源。在进行风险源调查时，风险管理者应具有广泛的知识，如必须了解物质的毒性、腐蚀性、可燃性、爆炸性以及爆炸条件、安全规程等。因此，风险源的调查必须系统、规范，不致有所遗漏，一般需要采用风险因素核对表。表3-6是波音飞机公司为调查风险源而设计的风险源校核表。

表3-6　波音公司确定项目风险源的核对表

风 险 源	风 险 对 象		
燃料	推进器	点火剂	炸药
充电后的电容器	蓄电池	静电电荷	压力容器
弹簧装置	悬挂系统	气体发生器	发电机
射频电源	放射性能源	落体	弹射体
加热装置、核装置等	泵、风机等	旋转机械	执行机械

（续）

风　险　源	风　险　对　象		
危险的工艺及事件	腐蚀	化学分解	爆炸
	着火	泄漏	氧化
	化学置换	机械震动	
	湿气（高湿度、低湿度）		
	热与温度（高温、低温、温度变化）		
	压力（高压、低压、压力迅速变化）		
	电过程（电击、电热、错误通电、电源切断、电磁）		
	辐射（热辐射、电磁辐射、致电离辐射、紫外线）		

（3）系统识别风险转化条件。项目风险只是一种危害或损失的可能性，风险源转变为危险状态或风险事故还需要特定的条件。风险源转化的条件，有些可能是单一的，有些可能是多样的，而这些条件的产生原因有可能是多种多样的。因此，在明确项目风险源的基础上，还必须系统分析风险源转化的内部、外部的各种条件，准确掌握风险事故发生的机理，以便有针对性地采取防范措施。

（4）合理划分风险等级。为了有效实施风险管理，合理采取相应的防范或控制措施，在确定风险源，掌握风险事故发生机理的基础上，还必须确定风险等级。划分型号项目风险等级，一般可按风险事故后果的严重程度来确定，共分为四级：

一级，后果可以忽略，可不采取控制措施；

二级，后果轻微，暂时还不会造成人员伤亡和系统破坏，可考虑采取控制措施；

三级，后果严重，会造成人员伤亡和系统破坏，需立即采取控制措施；

四级，灾难性后果，必须彻底消除或采取措施缓解风险事故严重后果。

预先分析法，是一种有效的项目风险分析方法，上述步骤给出了其基本分析过程，在型号项目风险识别过程中可根据需要灵活运用，适当加以裁剪。风险预先分析法，一般以表格的形式来描述其分析结果。表3-7是波音公司使用的项目风险因素分析表格，以供在实际应用中参考。

表3-7　波音公司使用的项目风险因素分析表格

风险源	转化条件	危险状态	触发条件	潜在故障	风险事故	防范措施
强氧化剂	碱金属的过氧化物被润滑油污染	可能导致强烈的氧化还原反应	有足够的能量触发此种反应	爆炸	人员伤亡、财产损坏	过氧化物的存放地点应与一切可能污染源保持相当距离

（续）

风险源	转化条件	危险状态	触发条件	潜在故障	风险事故	防范措施
腐蚀	钢罐内物质被水蒸气污染	耐压钢罐内部生锈	进行施压，没有降压	耐压钢罐破裂	人员伤亡、财产损坏	采用不锈钢耐压罐或将钢罐存放在远离人群和其他设备处

3.3.3 情景分析法

情景分析法就是通过有关数字、图表和曲线等，对项目未来的某个状态或某种情况进行详细的描绘和分析，从而识别引起项目风险的关键因素及其影响程度的一种风险识别方法。它注重说明某些事件出现风险的条件和因素，并且还要说明当某些因素发生变化时，又会出现什么风险，会产生什么后果等。

情景分析法在识别项目风险时主要表现为以下四个方面的功能：（1）识别项目可能引起的风险性后果，并报告提醒决策者；（2）对项目风险的范围提出合理的建议；（3）就某些主要风险因素对项目的影响进行分析研究；（4）对各种情况进行比较分析，选择最佳结果。

情景分析法可以通过筛选、监测和诊断，给出某些关键因素对于项目风险的影响。情景分析法的主要过程如下：

（1）筛选。所谓筛选，就是按一定的程序将具有潜在风险的产品过程、事件、现象和人员进行分类选择的风险识别过程。

（2）监测。监测是在风险出现后对事件、过程、现象、后果进行观测，记录和分析的过程。

（3）诊断。诊断是对项目风险及损失的前兆、风险后果与各种起因进行评价与判断，找出主要原因并进行仔细检查。

图 3-3 是一个描述筛选、监测和诊断关系的风险识别元素图。该图表述了风险因素识别的情景分析法中的三个过程使用的相似的工作元素，即疑因

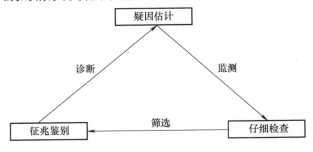

图 3-3　情景分析法工作示意图

估计、仔细检查和征兆鉴别三种工作，只是在筛选、监测和诊断这三种过程中，这三项工作的顺序不同。具体顺序如下：

筛选：仔细检查→征兆鉴别→疑因估计；

监测：疑因估计→仔细检查→征兆鉴别；

诊断：征兆鉴别→疑因估计→仔细检查。

3.3.4　SWOT 分析法

1. SWOT 分析法的基本含义

SWOT 分析法是一种环境分析方法，所谓的 SWOT 是英文 Strength（优势）、Weakness（劣势）、Opportunity（机遇）和 Threat（挑战）的简写。SWOT 分析的基准点是对企业内部环境的优劣势的分析，在了解企业自身特点的基础之上，判明企业外部的机会和威胁，然后对环境做出准确的判断，既而制定企业发展的战略和策略，后运用到项目管理中进行项目战略决策和系统分析。

2. SWOT 分析的作用

- 把外界的条件和约束同组织自身的优缺点结合起来，分析项目或企业所处的位置；
- 可随环境变化做动态系统分析，减少决策风险；
- 是一种定性的分析工具，可操作性强；
- 可以与多米诺法结合起来，针对机遇、挑战、优势、劣势为各战略决策打分。

3. SWOT 分析的步骤

SWOT 分析一般分成五步：

列出项目的优势和劣势，可能的机会与威胁，填入道斯矩阵表的 I、II、III、IV 区，如图 3-4 所示。

	III 优势 列出自身优势	IV 劣势 具体列出弱点
I 机会 列出现有的机会	V SO 战略 抓住机会、发挥优势的战略	VI WO 战略 利用机会、克服弱点的战略
II 威胁 列出正面临的威胁	VII ST 战略 利用优势、减少威胁的战略	VIII WT 战略 弥补弱点、规避威胁的战略

图 3-4　道斯矩阵

- 将内部优势与外部机会相组合，形成 SO 战略，制定抓住机会、发挥优势的战略，填入道斯矩阵 V 区；
- 将内部劣势与外部机会相组合，形成 WO 战略，制定利用机会、克服弱点的战略，填入道斯矩阵 VI 区；
- 将内部优势与外部威胁相组合，形成 ST 战略，制定利用优势、减少威胁的战略，填入道斯矩阵 VII 区；
- 将内部劣势与外部威胁相组合，形成 WT 战略；制定弥补弱点、规避威胁的战略，填入道斯矩阵 VIII 区。

4. SWOT 分析的要点

- SWOT 分析重在比较，特别是项目（或企业）的优势、劣势要着重比较竞争对手的情况，另外与行业平均水平的比较也非常重要。
- SWOT 分析形式上很简单，但实质上是一个长期累积的过程，只有在对自身企业和所处行业准确认识的基础上才能对项目（或企业）的优劣势和外部环境的机会与威胁有一个准确地把握。
- SWOT 分析必须要承认现实，尊重现实，特别是对项目（或企业）自身优劣势的分析要基于事实的基础之上，要量化，而不是靠个别人的主观臆断。

5. SWOT 矩阵实例

这是某公司 SWOT 分析中的一部分，如表 3-8 所示。

表 3-8 某公司 SWOT 分析要点

情景分析法 工作示意图 筛选	优势 1. 资金 2. 进入中国市场较早 3. 有比较完善的销售网络 4. 统计技术比较先进 5. 居于市场领先地位，占有投资咨询业相当的份额 6. 知名度较高	劣势 1. 监控系统是模拟式的 2. 成本较高 3. 一次性投大
机会 1. 中国市场化进程向纵深延伸 2. 电视台商业化进程不断提高 3. 其他市场需求也在扩大	SO 战略 应该以市场主导者的身份力争扩大市场供给以满足日益增大的市场需求	WO 战略 应该努力降低成本，以便以低的价格抢占市场
威胁 1. 由于地方保护主义，致使有些分市场难以进入 2. 竞争者的实力相对较强 3. 日记形式的监测系统因为成本便宜将依然占据一定市场空间	ST 战略 应该首先进入市场化程度较高的沿海大城市 应该快速抢占，使得我们在竞争中处于更加有利的位置	WT 战略 应该先用模拟式的监控设备抢占市场，然后在根据电视数字化的进程逐步更新设备

3.3.5 德尔菲法

德尔菲法（Delphi）又称专家调查法，它以非见面形式收集专家意见，是一种综合多名专家经验与主观判断的方法。该方法自20世纪60年代由美国兰德公司提出以来，已被广泛地应用于多个领域的综合评价实践中。国内外的实践表明，德尔菲法能够充分利用专家的知识、经验和智慧，是解决非结构化问题的有效手段。德尔菲法的基本做法是：在对所要预测的问题征得专家意见之后，进行整理、归纳、统计，再匿名反馈给各专家，再次征求意见，再集中，再反馈，直至得到稳定的意见。其过程可简单表示如下：

匿名征求专家意见→归纳、统计→匿名反馈→归纳、统计……若干轮后停止。

德尔菲法的应用步骤如下：

第一步：挑选企业内部、外部的专家组成小组，专家们不会面，彼此互不了解；

第二步：要求每位专家对所研讨的内容进行匿名分析；

第三步：所有专家都会收到一份全组专家的集合分析答案，并要求所有专家在这次反馈的基础上重新分析，如有必要，该程序可重复进行。

3.3.6 头脑风暴法

头脑风暴法又叫集思广益法、智力激励法、BS法，是美国创造学家A. F. 奥斯本于1939年首次提出、1953年正式发表的一种激励创造性思维的方法，它是通过小型会议的形式，让所有参与者在自由愉快、畅所欲言的环境氛围中充分交流，互相启迪，以此激发与会者的创意灵感，使各种问题、意见、建议在相互碰撞中激起脑海的创造性风暴。在项目管理过程中，头脑风暴法是一种常见的风险识别方法，通过项目组的头脑风暴和充分讨论，能够识别和确定项目的各种可能发生的风险事件，从而为风险定性和定量分析提供对象，也为制定风险应对措施提供依据。头脑风暴法的运用过程如下：

（1）人员选择。参加头脑风险会议的人员主要由风险分析专家、风险管理专家、相关专业领域的专家以及具有较强逻辑思维能力、总结分析能力的主持人组成。主持人是一个非常重要的角色，通过他的引导、启发可以充分展示每个与会者的经验和智慧火花。要求主持人要尊重他人，不要喧宾夺主，要善于鼓励组员参与，还要理解力强并能够忠实地记录，要善于创造一个和谐开放的会议气氛。并且主持人要具有较高的素质，特别是要反应灵敏，有较高的归纳力和较强的综合能力。

（2）明确中心议题，并醒目标注。各位专家在会议中应集中讨论的议题主要有：如果承接某个工程、从事新产品开发与风险投资等项目会遇到哪些风险？这些风险的危害程度如何等。议题可以请两位组员复述，以确保每个人都能正确理解议题的含义。

（3）轮流发言并记录。无条件接纳任何意见，不加以评论。在轮流发言时，任何一个成员都可以先不发表意见而跳过。应尽量原话记录每条意见，主持人应一边记录一边与发言人核对表述是否正确。一般可以将每条意见用大号字写在白板或大白纸上。

（4）发言终止。轮流发言的过程可以循环进行，但当每个人都曾在发言中跳过（暂时想不出意见）时，发言即可停止。

（5）对意见进行评价。组员在轮流发言停止之后，共同评价每一条意见，最后由主持人总结出几条重要结论。所以头脑风暴会要求主持人要有较高的素质和较强的归纳、综合能力。

应用头脑风暴法要遵循一个原则：即在发言过程中没有讨论，不进行判断性评论。

3.3.7 故障树分析法

故障树分析法（FTA，Fault Tree Analysis），是 1961 年到 1962 年期间，美国贝尔电话实验室的沃森（Watson）和默恩斯（Mearns）等人在分析和预测民兵式导弹发射控制系统安全性时首先提出并采用的故障分析方法。此后，有很多部门和人都对该方法产生兴趣，并开展了卓有成效的研究和应用。波音飞机公司的哈斯尔（Hassl）、施罗德（Schroder）和杰克逊（Jackson）等人研制出了 FTA 计算程序，从而使 FTA 进入了以波音公司为中心的宇航领域；1974 年美国核研究委员会发表了麻省理工学院（MIT）以拉斯马森（Resmusen）教授为首的安全小组在采用了事件树分析和 FTA 方法对核电站安全性进行研究的基础上所写的"商用轻水堆核电站事件危险性评价"报告，肯定了核电站的运行安全性，并得出核能是一种非常安全的能源的结论。该报告引起了很大的反响，并很快使故障树分析法从宇航、核能推广到了电子、化工和机械等工业部门，以及社会问题、经济管理和军事行动决策等领域。目前国际上已公认故障树分析方法是可靠性分析和故障诊断的一种简单、有效的方法。

FTA 是一种演绎的逻辑分析方法，它在风险分析中的应用主要是遵循从结果找原因的原则，将项目风险形成的原因由总体到部分按树枝形状逐级细化，分析项目风险及其产生原因之间的因果关系，即在前期预测和识别各种潜在风险因素的基础上，运用逻辑推理的方法，沿着风险产生的路径，求出风险发生的概率，并提供各种控制风险因素的方案。我国是从1976年开始进行这方面研究的，并把它应用到了许多项目中，取得了不少成果。

FTA是一种具有广阔应用范围和发展前途的风险分析方法，尤其对较复杂系统的风险分析和评价非常有效，它具有应用广泛、逻辑性强、形象化等特点；其分析结果具有系统性、准确性和预测性；同时，它有固定的分析流程，可以用计算机来辅助建树和分析，大大提高风险管理的效率。

3.3.8　流程图法

流程图法是一种项目风险识别时常用的工具。流程图可以帮助项目识别人员分析和了解项目风险所处的具体项目环节、项目各个环节之间存在的风险以及项目风险的起因和影响。通过对项目流程的分析，可以发现和识别项目风险可能发生在项目的哪个环节或哪个地方，以及项目流程中各个环节对风险影响的大小。

项目流程图是用于给出一个项目的工作流程、项目各个不同部分之间的相互联系关系等信息的图表。项目流程图包括：项目系统流程图、项目实施流程图、项目作业流程图等多种形式、不同详细程度的项目流程图。我们可以借用这些流程图全面分析和识别项目的风险。绘制项目流程图的步骤如下：

（1）确定工作过程的起点（输入）和终点（输出）；

（2）确定工作过程经历的所有步骤和判断；

（3）按顺序连接成流程图。

流程图是用来描述项目工作标准流程的，它与网络图的不同之处在于：流程图的特色是判断点，而网络图不能出现闭环和判断点。流程图用来描述工作的逻辑步骤，而网络图用来排定项目工作时间。

3.3.9　敏感性分析法

敏感性分析是研究在项目生命周期内，当项目的变数（可从现金流量表中找到，比如销售量、单价、投资、成本、项目寿命、建设期等）以及项目的各种前提假设发生变动时，项目的经济评价指标（如净现值NPV、内部收益率IRR等）会出现何种变化以及变化范围有多大。敏感性分析是一种定量识别法。详细过程可参见第四章的相关内容。

此外，在项目风险识别过程中还可以应用决策树分析法和工作结构分解法（WBS），详细过程可参考本书其他章节的相关内容。

小结

通过本章的学习，我们应该掌握项目风险识别的基本过程及其主要活动及其工具、技术，理解项目风险识别的基本概念体系，以及项目风险管理的基本目标。

1. 项目风险识别就是确定哪些风险事件有可能对项目产生影响，同时将这些风险事件的特性加以识别并整理成文档。

2. 项目风险识别的关键是要树立风险识别分析的系统观，项目风险识别本身是一个系统过程，同时，它又是项目整个寿命周期内是一个连续的过程：在项目开始、项目生命周期各阶段中间、主要范围变更批准之前都要进行项目风险识别。

3. 项目风险识别的主要依据包括：风险管理规划、项目产品或服务描述、项目所有计划编制输出（比如：WBS、资源计划、采购计划、费用计划、进度计划等）、风险种类、历史资料、制约因素和假定。

4. 项目风险识别过程：确定目标、明确最重要的参与者、收集资料、估计项目风险形势、根据直接或间接的症状将潜在的项目风险识别出来。

5. 项目风险识别的工具和技术：检查表、流程图（因果分析法）、头脑风暴法、情景分析法、德尔菲法、SWOT 分析法、敏感性分析法、故障树分析法和 WBS 法等。

6. 项目风险识别的输出结果：风险事件名称、风险来源、风险事件概率估计、风险损失范围估计、预期发生时间估计、风险征兆、风险种类和对其他方面要求等。

复习思考题

1. 为什么说项目风险识别是一个连续的过程？
2. 什么是风险形势估计？风险形势估计包括哪些内容？
3. 项目风险识别的依据与项目风险规划的依据有何不同？
4. 简述项目风险识别的过程。
5. 定量风险识别技术有哪些？
6. 定性风险识别工具有哪些？

第 4 章

项目风险估计管理

项目风险估计管理是在风险规划和识别的基础上，重点对项目的单个风险因子进行估计或量化，对项目所有不确定性和风险要素全面系统地分析风险事件发生的类别、概率和对项目的影响程度。本章主要介绍了项目风险估计管理的概念内涵、估计过程、估计方法、估计技术和工具等。

4.1 概念内涵

4.1.1 风险估计的含义

风险估计又称风险测定、测试、衡量和估算等，因为在一个项目中存在着各种各样的风险，用估计可以说明风险的实质，但这种估计是在有效辨识项目风险的基础上，根据项目风险的特点，对已确认的风险，通过定性和定量分析方法量测其发生的可能性和破坏程度的大小，对风险按潜在危险大小进行优先排序，它对风险评价和制定风险对策和选择风险控制方案有重要的作用。项目风险估计的方法较多采用统计、分析和推断法，一般需要一系列可信的历史统计资料和相关数据以及足以说明被估计对象特性和状态的资料作为保证；当资料不全时往往依靠主观推断来弥补，此时项目管理人员掌握科学的项目风险估计方法、技巧和工具就显得格外重要。根据项目风险和项目风险估计的含义，风险估计的主要内容包括：

（1）风险事件发生的可能性大小；

（2）风险事件发生可能的结果范围和危害程度；

（3）风险事件预期发生的时间；

（4）风险事件的发生频率等。

4.1.2 风险估计与概率

风险是指损失发生的不确定性（或可能性），所以风险是不利事件发生的概率及其后果的函数；而风险估计就是估计风险的性质、估算风险事件发生的概率及其后果的大小，以降低其不确定性。因此，风险与概率密切相关，概率是项目风险管理研究的基础。

概率是度量某一事件发生的可能性大小的量，它是随机事件的函数。必然发生的事件，其概率为 1，记为 $P(U)=1$，其中 U 代表必然事件；不可能事件，其概率为零，记为 $P(V)=0$，其中 V 代表不可能事件；一般的随机事件，其概率在 0 与 1 之间，记为 $0 \leqslant P(A) \leqslant 1$，$A$ 代表任一随机事件。概率可分为客观概率、主观概率和合成概率。

1. 客观概率

（1）古典概率。如果一个事件 A 可以划分为 m 个后果，而这些都属于 N 个两两互不相容并且是等可能性的事件所构成的完备事件群，则事件 A 的概率 $P(A)$ 为：

$$P(A) = \frac{m}{N} \tag{4-1}$$

古典概率是建立在等可能性基础上的，这在考虑复杂问题时会遇到困难，在许多场合能否符合等可能性就成问题。

（2）统计定义。概率的统计定义是从大多数试验中事件出现的频率出发的，在不变的条件下重复进行试验，观察事件 A 发生或不发生，如 n 表示在 N 次独立重复试验中事件 A 的发生次数，频率值 n/N 在 N 充分大时几乎保持固定的数值，试验次数越多，观察到的偏差越小，事件 A 出现的频率可视为概率：

$$P(A) = \lim_{N \to \infty} \frac{n}{N} \tag{4-2}$$

但统计定义仍有其缺陷：

1）概率值是大样本的估计结果，很难得出一个精确值；

2）所采用的样本并不十分清楚；

3）精确地重复这个概念有一定的缺陷，例如掷硬币，如果是完全的重复，那么它应产生同样的结果（正面或反面），这就引出了不确定性源的问题，是来自内部还是外部？答案与每个人的世界观密切相关。因此有人认为存在不能避免的不确定性，而有人则摒弃真正的随机性。

上述有关概率的两个定义都是将概率看作是反映集体现象的客观性质，独立于认识主体而存在的，故称之为客观概率。应用客观概率对项目风险进行估计被称为客观估计。

2. 主观概率

主观概率是与客观概率相对立的一个概念，认为概率所反映的是主观心理对事件发生所抱有的"信念程度"（degree of briefs）。例如投掷硬币，如已进行过 6 次，并有下列结果（H 为正面，T 为反面）：THHHHH，则第 7 次出现的概率应独立于原先各次试验结果，正反概率均为 0.5。但参与该游戏的人却往往认为前 5 次未出现过反面，认为下次出现反面结果的概率应大于 0.5。在这种场合下，人们对实际发生的概率作出符合他们对事件可能性认识的直觉判断，称作主观概率。

主观概率和客观概率是由对概率的不同认识引起的。客观概率论支持者认为，概率如同重量、体积、硬度一样，是研究对象的一种物理属性，例如投掷硬币这一问题，出现某个面朝上的概率是抛硬币这一事件的物理属性；而主观概率论支持者认为概率是人们对现象状况的一种测度，而不是现象本身的测度，因此概率不是研究对象的一种物理属性，是建立在人们对某一随机事件物理现象的认识而作出的主观判断。因此，根据对某事件是否发生的主观认识，选取一个 0～1 之间的数值来描述事件发生的可能性，该值就被称为主观概率。主观概率虽然是由专家利用较少的统计信息作出的估计，但它是根据个人或集体的隐性知识而作出的合理判断，加上一定的信息、经验和科学分析而所得，这种认识适合复杂事件、可用信息资料严重不足或根本无可用信息资料等情况。应用主观概率对项目风险进行估计被称为主观估计。

3. 合成概率

介于主观估计和客观估计之间形成的概率，被称为合成概率。它不直接由大量试验或计算分析得到，也不是完全由主观判断或计算分析得出，而是介于二者之间。应用合成概率对项目风险进行估计被称为行为估计。

风险包括事件发生的概率和关于事件后果的估计两个方面。在风险事件后果估计中也有三种估计之分：即主观、客观和行为后果估计。以某一个人或某一集体的价值观为主要判断形式的估计称为主观后果估计；直接进行观测并进行客观全面的显性描述后果价值的估计称为客观后果估计；而在考虑主、客观后果估计的同时，对特定风险主体的行为加以研究和观测并对主、客观后果估计进行修正的估计称为行为后果估计。

在传统的风险分析过程中，多数研究集中在客观风险上，这种风险比较容易辨识和估计。而在实践中，由于项目的复杂性和动态变化性，以及风险后果的多样性，客观估计往往难以"客观"，因而逐渐开始关注风险主体行为的风险因素研究，并且常常用主观概率估计作出决策判断，这种使人的价值观和感情意志因素优先于客观概率估计的现象，虽然其准确性值得研究，但其在一定程度上反映了项目风险的规律特征。这种估计方法已在管理决策领域得到了广泛应用。

4. 项目风险估计与概率分布

风险事件发生的概率和概率分布是风险估计的基础，因此，风险估计的一个重要方面是确定风险事件的概率分布。概率分布是显示各种结果发生概率的函数，风险估计中常用的概率分布有离散分布等概率分布、泊松分布、二项分布、正态分布和对数正态分布等。在风险估计中，概率分布用来描述损失原因所致各种损失发生可能性大小的分布情况，研究概率分布时，需要注意充分利用已获得的各种信息进行估测和计算，在获得的信息不够充分的条件下则需要根据主观判断和近似的方法来确定概率分布，具体采用何种分布应根据项目风险特点而定。

一般来说，确定风险事件的概率分布有三种方法：根据历史资料确定风险事件的概率分布、利用理论概率分布和主观概率法。一般来讲，风险事件的概率分布应当根据历史资料来确定，但当项目管理人员没有足够的资料来确定风险事件概率分布时，也可以利用理论概率分布进行风险估计。

4.1.3　风险估计的计量标度

项目风险后果的多样性，要求根据风险性质对风险后果采取多种计量标度。计量是为了取得有关数值或排列顺序。目前计量一般使用标识、序数、基数和比率四种标度。

标识标度是标识对象或事件的，可以用来区分不同的风险，但不涉及数量，不同的颜色和符号都可以作为标识标度，例如项目管理组如果感到项目进度拖延的后果非常严重时，可用紫色表示进度拖延；如果感到很严重，用红色表示；如果感到较严重，则用橘红色表示。序数标度是事先确定一个基准，然后按照与这个基准的差距大小将风险排列先后顺序，可以区别出各风险之间的相对大小和重要程度，但序数标度无法判断各风险之间的具体差别大小，只能给出一个相对的先后排列顺序，例如将风险分为已知风险、可预测风险和不可预测风险就是一种序数标度。基数标度是指项目风险也像其他物质一样可以计算出其大小，即使它的计量单位是相对的或抽象的，基数标度不仅可以把项目各个风险区别开来，而且还可以表示它们彼此之间差别的大小。比率标度不但可以确定风险彼此之间差别的大小，还可以确定一个计量起点，风险事件发生的概率就是一种比率标度。

4.1.4　风险估计与效用

1. 效用与效用函数

有些风险事件后果，即收益和损失大小很难量化，即使能够计算出来，同一数额的收益或损失对于不同的人或组织其承受能力或感受也不一样，这就需要引入效用的概念。

（1）效用。效用是一个在经济学、管理学以及日常生活中广泛使用的一个概念。所谓效用是指人们对风险的满足或感受程度。人不同，对风险的评价也不同，因此，效用是一个相对概念，其数值也是一个相对值。效用的度量，一般有两种：基数效用和序数效用。序数效用只是给出效用的先后排列顺序；基数效用给出效用的量化计量值。

（2）效用函数。人们对风险信念、风险后果也是随着风险后果的大小、环境的变化而有所变化，这种变化关系可用效用函数 $u(x)$ 来表示。如不同数额的收益或损失在同一个人那里有不同的感受，描述收益或损失大小 x 的函数就是效用函数。效用函数在经济学、管理学中有广泛的应用，可用于衡量人们对风险以及其他事物的主观评价、态度、偏好和倾向等。在项目风险管理中，效用常被用来量化项目管理人员的风险观念。项目管理人员对待风险的态度或主观认识也可以用效用曲线来直观描述。

2. 效用曲线

在直角坐标系里，以横坐标表示收益或损失的大小，纵坐标表示效用值，将项目管理人员对风险所抱态度的变化关系用曲线来反映，这种曲线就叫作该项目管理人员的效用曲线。图 4-1 给出了三种常用效用曲线，反映了人们对待风险的不同态度。

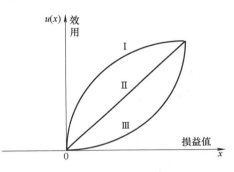

图 4-1　典型效用曲线类型

曲线 Ⅰ 称为保守型效用曲线，属于这种类型的项目管理人员对收益的反应比较迟缓，而对损失比较敏感，这是一种谨慎小心、规避风险、不求大利的保守型决策者。

曲线 Ⅲ 称为冒险型效用曲线，属于这种类型的项目管理人员的风险观念与曲线 Ⅰ 相对立，他们对损失的反应比较迟缓，而对收益则比较敏感，这是一种不怕风险、谋求大利的进取型决策者。

曲线 Ⅱ 称为中间型效用曲线，属于这种类型的项目管理人员，他们将能够得到的收益期望值本身与效用大小看成比例关系，这是一种愿冒一定风险，完全按期望值大小选择行动方案的决策者。

效用、效用函数和效用曲线在项目风险管理中考虑项目管理人员的主观因素时很有用。不同的人有不同的效用曲线，如何确定项目管理人员的效用函数（曲线）可参考相关的文献资料。

4.2　估计过程

风险估计，在项目风险识别的基础上，运用定性和定量的分析方法估计项目中各个风险发生可能性和破坏程度的大小，并按潜在危险大小进行优先排序。从内部和外部两种视角来看待项目风险估计过程：外部视角详细说明过程控制、输入、输出和机制；内部视角详细说明用机制将输入转变为输出的过程活动。

4.2.1 风险估计过程目标

当风险估计过程满足下列目标时，就说明它是充分的：
（1）能用成本效益的方式估计项目中的各个风险；
（2）确定风险发生的可能性；
（3）确定风险影响；
（4）确定风险的优先排列排序。

4.2.2 风险估计过程定义

风险估计过程定义如图4-2所示。

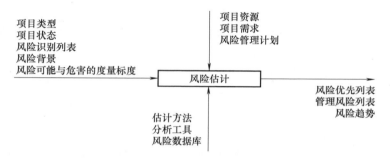

图4-2 项目风险估计过程

1. 过程输入

风险估计是对项目中的风险进行定性或定量分析，并依据风险对项目目标的影响程度来对项目风险进行分级排序的过程。风险估计的依据主要有：
（1）风险管理规划。
（2）风险识别的成果。已识别的项目风险及风险对项目的潜在影响需进行估计。
（3）项目进展状况。风险的不确定性常常与项目所处的生命周期阶段有关。在项目初期，项目风险症状往往表现不明显，随着项目的进程，项目风险及发现风险的可能性会增加。
（4）项目类型。一般来说，普通项目或重复率较高项目的风险程度比较低。技术含量高或复杂性强的项目的风险程度比较高。
（5）数据的准确性和可靠性。用于风险识别的数据或信息的准确性和可靠性应进行估计。
（6）概率和影响的程度。用于估计风险的两个关键方面。

2. 过程机制

估计方法、分析工具和风险数据库是风险估计过程的机制。机制可以是方法、技巧、工具或为过程活动提供结构的其他手段。风险发生的可能性、风险后果的危害程度和风险发生的概率均有助于衡量风险影响和风险的排序。

3. 过程控制

项目资源、项目需求和风险管理计划调节风险估计过程，其方式类似于控制风险识别过程。

4. 过程输出

按优先等级排列的风险列表及其趋势分析是风险估计过程的输出。一个按优先等级排列的风险列表是一个详细的项目中的风险目录，其中包含了所有可以识别风险的相对排序及其影响分析。

4.2.3 风险估计过程活动

风险估计过程活动是将识别的项目风险转变为按优先顺序排列的风险列表所需的任务。风险估计过程活动主要包括以下内容：

（1）系统研究项目风险背景信息；

（2）详细研究已辨识项目中的关键风险；

（3）使用风险估计分析方法和工具；

（4）确定风险发生的概率及其后果；

（5）作出主观判断；

（6）排列风险优先顺序。

4.3 估计方法

风险可定义为不希望事件的发生概率及发生后果的严重性，它与不确定性有区别，不确定性仅考虑事件发生的肯定程度，而从项目管理的角度来看，要真正判断一个项目是否"危险"，应全面了解事件发生/不发生的所包含的潜在影响，因此，项目风险估计至少涉及以下三个方面：

（1）事件发生的概率，这个变量一般可以根据历史情况用统计参考数据进行估算；

（2）后果的严重性，这个变量要求项目管理人员明确有哪些后果及其影响程度；

（3）主观判断，这个变量是前两个方面的综合，综合反映了风险的主观色彩，即不同的人或组织对风险有不同的感受和承受能力。

风险估计应综合考虑上述三个方面的综合影响。同时，由于项目风险的独特性、变动性和复杂性，风险估计、评价的方法往往因项目的情况不同而不同，通常可分为定性估算法和定量估算法。根据项目风险管理人员掌握信息资料的不同，有确定型、风险型和不确定型三种不同类型的风险估计。这里重点讨论这三种类型项目风险的估计方法。

4.3.1 确定型风险估计

确定型风险是指那些项目风险各种状态出现的概率为 1，其后果是完全可以预测的，有精确、可靠的信息资料支持的项目风险估计问题，即当风险环境仅有一个数值且可以确切预测某种风险后果时，称为确定性风险估计。确定型风险估计有许多方法，这里重点讨论项目经济评价使用的盈亏平衡分析、敏感性分析等方法。

1. 盈亏平衡分析

盈亏平衡分析侧重研究项目风险管理中的盈亏平衡点的分析，即对项目的产量、成本和利润三者之间的平衡关系进行研究分析，确定项目在产量、价格、成本等方面的盈亏界限，据此判断在各种不确定因素作用下项目的适应能力和对风险的承受能力。盈亏平衡点越低，表明项目适应变化的能力越强，承受风险的能力越强。

盈亏平衡分析一般是根据项目正常生产年份的产量或销售量、可变成本、固定成本、产品价格和销售税金等资料数据计算盈亏平衡点。其隐含的一个假设是销售收入等于销售成本，认为销售收入和销售成本是产品销售量的函数，在盈亏平衡图上表现为销售收入与销售成本函数曲线的交汇点，表示该项目不盈不亏的生产经营水平，从另一个侧面也表示为项目在一定生产水平时收益与支出的平衡关系，所以也称之为收支平衡点。由于销售收入与销售量、销售成本与销售量之间存在着线性和非线性两种可能的关系，因此盈亏平衡分析也分为线性盈亏平衡分析和非线性盈亏平衡分析，此外还有优劣盈亏分析。

（1）线性盈亏平衡分析。线性盈亏平衡分析是指项目的销售收入与销售量、销售成本与销售量之间的关系为线性关系情况下的盈亏平衡分析。这种关系可表示为：

项目年总收入为：

$$T_r = pQ \tag{4-3}$$

项目年总成本为：

$$T_c = \omega Q + F \tag{4-4}$$

项目年总利润为：

$$P_t = T_r - T_c = pQ - \omega Q - F \tag{4-5}$$
$$= (p - \omega)Q - F$$

式中　T_r——年销售总收入；

　　　T_c——年销售总成本；

　　　Q——年销售量；

　　　P_t——产品价格（单价）；

　　　F——年固定成本；

　　　ω——单位产品变动成本。

线性盈亏平衡点的确定方法一般有两种：一种是图表法，一种是解析法。

1）图表法。图表法是将项目销售收入函数和销售函数在同一坐标图上描述出来，从而得到一盈亏平衡图，图中两条直线的交点就是盈亏平衡点（BEP，Break Even Point），如图 4-3 所示。

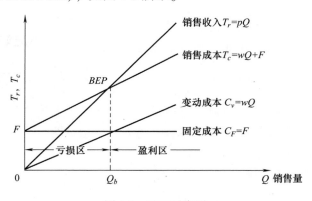

图 4-3　盈亏平衡图

图 4-3 纵坐标表示销售收入和销售成本，横坐标表示销售量，图中 Q_b 为盈亏平衡点 BEP 所对应的盈亏平衡销售量（或称盈亏界限）。在盈亏平衡点 BEP 右边，销售量大于盈亏界限 Q_b，销售收入大于销售成本，项目盈利；在盈亏平衡点 BEP 左边，销售量小于盈亏界限 Q_b，销售收入小于销售成本，项目亏损；在盈亏平衡点 BEP 上，销售收入等于销售成本，项目不亏不盈。因此，盈亏平衡点 BEP 就构成了项目盈利和亏损的临界点，该临界点越低，项目盈利的机会就越大，项目亏损的风险就越小。从风险管理的角度，项目管理组应设法确保项目的产出达到甚至超过产量盈亏界限。由于盈亏平衡点是由项目收入和成本共同作用的结果，因此，要改善项目盈利机会，还必须尽量降低项目的固定成本和可变成本。

2）解析法。解析法是指通过求解方程来确定盈亏平衡点。根据盈亏平衡原理，在盈亏平衡点上，销售收入与销售成本相等。由式（4-3）和式（4-4），有：

$$pQ = \omega Q + F \tag{4-6}$$

由式（4-6）推导可得：

① 盈亏平衡产量或销售量，即盈亏平衡界限

$$Q_b = \frac{F}{p - \omega} \tag{4-7}$$

② 盈亏平衡销售收入

$$T_r = \frac{pF}{p - \omega} = \frac{F}{1 - \dfrac{\omega}{p}} \tag{4-8}$$

式中各符号含义同前。

③ 生产负荷率

这里引入一个概念生产负荷率。

设项目的年设计产出能力为 Q_t，则定义比值

$$BEP(Q) = \frac{Q_b}{Q_t} = \frac{F}{(p - \omega) Q_t} \times 100\% \tag{4-9}$$

为项目生产负荷率。生产负荷率是衡量项目生产负荷状况的重要指标。在项目的多种方案比较中，生产负荷率越低越好。一般认为，当生产负荷率不超过 0.7 时，项目可承受较大风险。

④ 盈亏平衡点价格

$$p^* = \omega + \frac{F}{Q_t} \tag{4-10}$$

⑤ 盈亏平衡点单位产品变动成本

$$\omega^* = p - \frac{F}{Q_t} \tag{4-11}$$

以上各式对盈亏平衡点的分析计算都是以假设式中的其他因素不变为前提条件的，因此有一定的局限性，而且也未考虑税金这个因素。在实际分析中，应对税率加以考虑，则式（4-6）应变为：

$$(p - r) Q = \omega Q + F \tag{4-12}$$

式中 r 为单位产品价格中包含的税金。

其余各式也应作相应的变化：

$$Q_b = \frac{F}{p - r - \omega}$$

$$T_r = \frac{F}{p - \dfrac{r - \omega}{p}}$$

$$BEP(Q) = \frac{F}{(p - r - \omega)Q_t} \times 100\%$$

$$p^* = r + \omega + \frac{F}{Q_t}$$

$$\omega^* = p - r - \frac{F}{Q_t}$$

利用上述各式计算得到的结果与对项目的预测值进行比较,即可判断项目各风险的承受能力。同时我们还可以发现,固定成本越高,盈亏平衡产量越高,盈亏平衡单位变动成本越低;高的盈亏平衡产量和低的盈亏平衡变动成本意味着项目的经营风险较大,因此固定成本有扩大项目风险的效应,因而在实际的管理决策以及设备、工艺等的选择中应给予足够的重视。

【例 4.1】 一个生产项目有两个方案可供选择。两个方案的年设计生产能力、产品单价、变动成本、税率和年固定成本分别为:

方案 1:$Q_t = 90\,000$ 件,$p = 45$ 元,$\omega = 18$ 元,$r = 9$ 元,$F = 810\,000$ 元

方案 2:$Q_t = 85\,000$ 件,$p = 45$ 元,$\omega = 16$ 元,$r = 9$ 元,$F = 960\,000$ 元

试比较这两个方案的年最大利润、产量盈亏界限和生产负荷率。当产品价格下跌为 $p = 37$ 元时,这两个方案的年最大利润、产量盈亏界限和生产负荷率将会发生怎样的变化?

解:(1) 计算各方案的年最大利润、产量盈亏界限和生产负荷率

● 方案 1

年最大利润为:$P = (p - \omega - r)Q_t - F = (45 - 18 - 9) \times 90\,000 - 810\,000 = 810\,000$(元)

产量盈亏界限为:$Q_b = F/(p - \omega - r) = 810\,000/(45 - 18 - 9) = 45\,000$(件)

这就是说,当年产量达到 45 000 件时,该方案就能使项目不亏损;当年产量超过 45 000 件时就能使项目盈利。

生产负荷率为:$BEP(Q) = Q_b/Q_t = 45\,000/90\,000 = 0.5$

这就是说,该方案的产量盈亏界限仅达到设计生产能力的一半,项目有很大的盈利余地,即该方案可使项目有很大的风险承受能力。

● 方案 2

年最大利润为:$P = (p - \omega - r)Q_t - F = (45 - 16 - 9) \times 85\,000 - 960\,000 = 740\,000$(元)

产量盈亏界限为：$Q_b = F/(p - \omega - r) = 960\ 000/(45 - 16 - 9) = 48\ 000$（件）

这就是说，当年产量达到 48 000 件时，该方案才能使项目不亏损。而当年产量超过 48 000 件时才能使项目盈利。

生产负荷率为：$BEP(Q) = Q_b/Q_t = 48\ 000/85\ 000 = 0.565$

这就是说，方案 2 的产量盈亏界限已达到设计生产能力的 56.5%。

对比以上计算结果可知，无论是在盈利额还是在产量盈亏界限与生产负荷率方面，方案 2 的风险承受能力都不如方案 1。

（2）计算产品价格下跌为 $p = 37$ 元时各方案的年最大利润、产量盈亏界限和生产负荷率。

- 方案 1

年最大利润为：$P = (p - \omega - r)Q_t - F = (37 - 18 - 9) \times 90\ 000 - 810\ 000 = 90\ 000$（元）

产量盈亏界限为：$Q_b = F/(p - \omega - r) = 810\ 000/(37 - 18 - 9) = 81\ 000$（件）

这就是说，当年产量达到 81 000 件时，该方案才能使项目不亏损。

生产负荷率为：$BEP(Q) = Q_b/Q_t = 81\ 000/90\ 000 = 0.9$

可见，产品价格下跌为 $P = 37$ 元时，项目的风险承受能力大大降低。

- 方案 2

年最大利润为：$P = (p - \omega - r)Q_t - F = (37 - 16 - 9) \times 85\ 000 - 960\ 000 = 60\ 000$（元）

产量盈亏界限为：$Q_b = F/(p - \omega - r) = 960\ 000/(37 - 16 - 9) = 80\ 000$（件）

这就是说，当年产量达到 80 000 件时，该方案才能使项目不亏损。

生产负荷率为：$BEP(Q) = Q_b/Q_t = 80\ 000/85\ 000 = 0.941$

可见，产品价格下跌为 $p = 37$ 元时，方案 2 的风险承受能力要比方案 1 降低得多。因此，项目管理组应避免采用方案 2。

在以上盈亏平衡分析中，项目年总收入和年总成本都是产量 Q 的线性函数，所以又叫线性盈亏平衡分析。有些项目年总收入和年总成本可以是产量 Q 的非线性函数。这时盈亏平衡分析可以类似的方式进行。

（2）非线性盈亏平衡分析

在实际的项目管理活动中，经常会受到诸如政策变化、使用需求等环境变化的影响，从而使销售收入、销售成本与销售量不成线性关系。因此，在项目管理活动中常利用非盈亏平衡分析来确定盈亏平衡点。非盈亏平衡分析一般使用解析法进行分析计算。

假设非线性销售收入函数与销售成本函数用一元二次函数表示：

销售收入函数

$$R(Q) = aQ + bQ^2 \tag{4-13}$$

销售成本函数

$$C(Q) = c + dQ + eQ^2 \tag{4-14}$$

式中 a、b、c、d、e 为常数，Q 为产量。

根据盈亏平衡原理，在平衡点有 $R(Q) = C(Q)$，可以得出：

$$aQ + bQ^2 = c + dQ + eQ^2$$

解此二次方程，得盈亏平衡界限：

$$Q_b^* = -\frac{d-a}{2(e-b)} \pm \frac{\sqrt{(d-a)^2 - 4(e-b)c}}{2(e-b)} \tag{4-15}$$

由式（4-15）可得，销售收入与销售成本曲线有两个交点，因此有两个盈亏平衡点 Q_{b1}^* 和 Q_{b2}^*。产量或销售量低于 Q_{b1}^* 或高于 Q_{b2}^*，项目都亏损，只有在 Q_{b1}^* 和 Q_{b2}^* 产量之间，项目才能盈利。当产品销售量在 Q_{b1}^* 和 Q_{b2}^* 之间时，项目的盈利 B 为：

$$B = R(Q) - C(Q) = (b-e)Q^2 + (a-d)Q - c \tag{4-16}$$

在最大利润点上，边际利润为零，因此，对式（4-16）进行求导，可求得最大利润点产量 Q_{maxB}。

$$\frac{dB}{dQ} = 2(b-e)Q + (a-d) = 0$$

$$Q_{\mathrm{maxB}} = \frac{d-a}{2(b-e)}$$

在最大利润点左侧，利润率是上升的；在最大利润点右侧，利润率则是下降的。

下面举例分析。

【例 4.2】 有一个工业产品项目，根据历史资料预测其单位产品价格为 $p = 21\,000\,Q^{-\frac{1}{2}}$，单位产品变动成本为 $\omega = 1\,000$ 元，固定成本为 $F = 10$ 万元，拟定生产规模为年产 130 件，试对该项目进行盈亏平衡分析。

解：

（1）确定销售收入和销售成本函数

$$R(Q) = pQ = 21\,000\,Q^{-\frac{1}{2}} \times Q = 21\,000\,Q^{\frac{1}{2}}$$

$$C(Q) = F + \omega Q = 100\,000 + 1\,000Q$$

（2）根据盈亏平衡原理，列出平衡方程式，求解平衡点。

由 $R(Q) = C(Q)$，得

$$21\,000\,Q^{\frac{1}{2}} = 100\,000 + 1\,000Q$$

求解该方程得平衡点产量Q_b^*

$$Q_{b1}^* = \frac{241 - \sqrt{241^2 - 4 \times 10^4}}{2} = 53\,(件)$$

$$Q_{b2}^* = \frac{241 + \sqrt{241^2 - 4 \times 10^4}}{2} = 188\,(件)$$

（3）求解利润最大点的产量Q_{maxB}，有

$$\frac{dB}{dQ} = \frac{d(R - C)}{dQ} = \frac{d(210\,Q^{\frac{1}{2}} - 10Q - 1\,000)}{dQ} = 0$$

解得
$$Q = 110\,(件)$$

则在该点上的利润为

$$B_{max} = 21\,000 \times \sqrt{110} - 1\,000 \times 110 - 100\,000 = 10\,250\,(元)$$

根据上述的分析计算结果，该项目存在两个盈亏平衡点53和188，如果销售量在53和188件之间，项目盈利，该项目最大利润的销售量为110件。根据项目的原设计产量为130件，其处在盈利区，但是处在利润率的下降区域，如果适当削减一些产量，可以获取更多的利润。综合来看，该项目的盈利前景光明，项目风险承受能力强。

2. 敏感性分析

项目管理活动一般在一种动态的复杂环境中进行，所以通常要进行敏感性分析。敏感性分析是指通过分析、预算项目的主要制约因素发生变化时引起项目评价指标变化的幅度，以及各种因素变化对实现预期目标的影响程度，从而确认项目对各种风险的承受能力。在项目的整个寿命周期内，存在着各种不确定性因素，而且这些因素对项目的影响程度也是不一样的，有些因素很小的变化就会引起项目指标较大的变化，甚至于变化超过了临界点（所谓临界点是指，在该点处所分析的因素使某项目备选方案从被接受转向被否决），直接影响到原来的项目管理决策，这些因素被称为敏感性因素；有些因素即使在较大的数值范围内变化，但只引起项目评价指标很小的变化甚至"无动于衷"，这些因素被称为不敏感性因素。敏感性分析的目的就是要在项目诸多的不确定性因素中，确定敏感性因素和不敏感性因素，并分析敏感性因素对项目活动的影响程度，从而使项目管理人员掌握项目风险水平，明确进一步的项目风险管理途径和技术方法。

敏感性分析是经济决策中常用的一种不确定分析方法，其目的是了解各种不确定因素，为项目的正确决策提供依据。具体而言，其作用主要体现在以下几个方面：

（1）了解项目的风险水平；

（2）找出影响项目效果的主要因素；

（3）揭示敏感性因素可承受的变动幅度；

（4）比较分析各备选方案的风险水平，实现方案优选；

（5）预测项目变化的临界条件或临界数值，确定控制措施或寻求可替代方案。

敏感性分析可以是对项目中的单一因素进行分析，即假设项目活动其他因素不变，只分析一个敏感性因素的变化对项目活动的影响，称为单因素敏感性分析；敏感性分析也可以是对项目中的多个因素进行分析，即同时分析多个因素变化对项目活动的影响，称为多因素敏感性分析。由于多因素敏感性分析需要综合考虑多种敏感性因素可能的变化对项目活动的影响，分析起来比较复杂。下面举一个进行单因素的敏感性分析的实例。

【例 4.3】 某小型生产项目有几个备选方案，其中之一的建设期投资额、年设计生产能力、产品单价、变动成本、税率、折现率和项目的十年折旧期结束时的残值分别为 $P_i = 340\ 000$ 元，$Q_t = 600t$，$P = 400$ 元/t，$\omega = 220$ 元/t，$r = 20$ 元/t，$i = 16\%$ 和 $S = 10\ 000$ 元。试研究该方案的项目变数——产量、产品价格和变动成本的变动对项目性能指标——净现值和内部收益率的影响。

解： 由技术经济学可知，项目净现值 NPV 为

$$NPV = -P_i + (p - \omega - r) Q \frac{(1+i)^n - 1}{i(1+i)^2} + \frac{S}{(1+i)^n} \tag{4-17}$$

式中 i 是贴现率，而内部收益率 IRR 就是使净现值 NPV 等于零的贴现率。

为了测试净现值和内部收益率分别对上述三个变数的敏感性，在上面公式中分别让产量、产品价格和变动成本三个变数中一个变动，另两个保持不变，然后计算出变动后的净现值和内部收益率。变数变动的幅度一般按变数原值的百分比来取，如 10%、20%、30%、–10%、–20%、–30% 等。表 4-1 就是产量、产品价格和变动成本变动后的净现值和内部收益率数值。

表 4-1 产量、价格和变动成本变动后的净现值和内部收益率表

		–30%	–20%	–10%	0%	10%	20%	30%
产量 Q	NPV	–12 940.28	34 358.71	79 857.69	126 256.67	172 655.66	219 654.64	265 543.63
产量 Q	IRR	14.98%	18.58%	22.03%	25.37%	28.62%	31.80%	34.92%
价格 P	NPV	–221 735.70	–105 738.25	10 259.21	126 256.67	242 254.13	358 251.59	474 249.05
价格 P	IRR	–5.27%	7.14%	16.78%	25.37%	33.37%	41.03%	48.49%
成本 ω	NPV	335 052.10	265 453.63	195 855.15	126 256.67	56 658.20	–12 940.28	–82 538.75
成本 ω	IRR	39.52%	34.92%	30.22%	25.37%	20.32%	14.98%	9.20%

图 4-4 是按表中的计算结果画出的净现值对产量、产品价格和变动成本

的敏感性曲线。从图中可以看出，产品价格对净现值影响最大，其次是变动成本，产量影响最小。从项目风险管理的角度来看，项目管理组应做好市场预测，采取措施控制市场供求以防出现不利变化而造成损失。

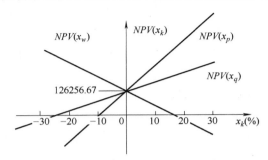

图 4-4　净现值对产量、价格和变动成本敏感性曲线图

盈亏平衡分析、敏感性分析，都没有考虑参数变化的概率。因此，这两种分析方法虽然可以回答哪些参数变化或假设对项目风险影响大，但不能回答哪些参数变化或假设最有可能发生变化以及变化的概率，这是它们在风险估计方面的不足。

4.3.2　随机型风险估计

随机型风险是指那些不但它们出现的各种状态已知，而且这些状态发生的概率（可能性大小）也已知的风险，这种情况下的项目风险估计称作随机型风险估计。随机型风险估计一般按照期望值最大和期望效用值最大来估计。

下面举例说明期望效用值理论在项目随机型项目风险估计中的应用。

【例4.4】　某制药厂欲投产 A、B 两种新药，但受到资金和销路的限制，只能投产其中之一。若两种新产品销路好的概率均为 0.7，销路差的概率为 0.3。两种产品的年度收益值如表4-2所示。问究竟投产哪种新药为宜？假定两者生产期为 10 年，新药 A 需投资 30 万元，新药 B 需投资 16 万元。管理决策人员的效用曲线如图4-5所示。

表4-2　两种新产品的年度收益情况

收益值/万元　方案	状态　概率 销路好	销路差
	0.7	0.3
A	10	−2
B	4	1

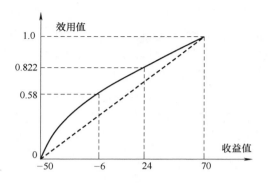

图 4-5 项目管理决策者的效用曲线

解：

（1）根据已知信息，计算出两种新药在 10 年内的收益情况：

新产品 A：销路好　$Pag = 10 \times 10 - 30 = 70$（万元）

销路差　$Pab = -2 \times 10 - 30 = -50$（万元）

新产品 B：销路好　$Pbg = 4 \times 10 - 16 = 24$（万元）

销路差　$Pbb = 1 \times 10 - 16 = -6$（万元）

（2）计算两种新产品的期望效用值

由效用曲线图 4-5，得

新产品 A 的效用期望值为：$EA = 0.7 \times 1.0 + 0.3 \times 0 = 0.7$

新产品 B 的效用期望值为：$EB = 0.7 \times 0.82 + 0.3 \times 0.58 = 0.75$

由上述计算结果可知，若以期望效用值作为管理决策准则，生产新药 B 的方案为最优方案。从效用曲线可以测出，效用期望值 0.7 只相当于收益值 8 万元，这远远少于原来的收益期望值 34 万元，期望效用值 0.75 相当于收益值 13 万元，也小于原来的 15 万元。这是一个保守型的人物，不愿冒太大的风险。

4.3.3 不确定型风险估计

不确定性风险是指那些不但它们出现的各种状态发生的概率未知，而且究竟会出现哪些状态也不能完全确定的风险，这种情况下的项目风险估计称作不确定性风险估计。在实际项目管理活动中，一般需要通过获取信息把不确定性决策转化为风险性决策。由于掌握的有关项目风险的情况极少，可供借鉴参考的数据资料又少，人们在长期的管理实践中，总结归纳了一些公认的原则供参考，如等概率准则、乐观准则、悲观准则、最小后悔值准则等。

【例 4.5】 生产某种高新科技产品，有三种建设方案：建大型厂、建中型厂或小型厂。产品利润不仅和生产规模有关，而且还和产品销售量有关，产品可能畅销、滞销，也可能销售情况一般，上述三种方案的获利情况，三种结局可能发生的概率，以及各对方期望赢利值的计算结果如表4-3所示。现在的问题是，如何估计项目风险以实现科学决策？

表4-3 项目方案的损益矩阵

	C_1（畅销）	C_2（销售一般）	C_3（滞销）	$U(a_i)$
	$P(C_1)=0.3$	$P(C_2)=0.4$	$P(C_3)=0.3$	
a_1：大型厂	100	50	−20	44
a_2：中型厂	75	35	10	39.5
a_3：小型厂	40	20	5	21.5

解： 产品的销售量受到诸多不确定因素的影响，而这也不是生产方所能决定的，项目管理人员对项目情况的了解相当有限，因此可基本界定为一种不确定性风险估计问题类型。

1. 等概率准则

等概率准则是项目管理人员认为既然无法判定各自然状态出现的概率，则假定某一状态比其他状态更可能出现是没有意义的，因此可视每个状态出现的概率相等。有：

$$P_i = P(S_i) = \frac{1}{n} \quad i \in (1,n)$$

$$U(a_i) = \frac{1}{n}\sum_{j=1}^{n} U(a_i,c_j)$$

(4-18)

式中 P_i——产品销售状况的发生概率，$i \in (1,3)$；

S_i——产品销售状况，$i \in (1,3)$；

a_i——项目方案，$i \in (1,3)$；

c_j——项目后果，$j \in (1,3)$；

$U(a_i)$——各项目方案的期望效用值，$i \in (1,3)$。

由式（4-18），得：

$U(a_1) = (100+50-20)/3 = 43.33$（万元）

$U(a_2) = (70+35+10)/3 = 40$（万元）

$U(a_3) = (40+20+5)/3 = 21.67$（万元）

按照期望效用值最大的决策准则，应选择项目方案 a_1。

2. 乐观准则（又称大中取大）

选择该准则的项目管理人员对项目前景比较乐观，愿争取一切获得最好结果的机会。有：

$$U(a_i^*) = \max_{a_i \in A} \left\{ \max_{1 \le j \le m} u(a_i, c_j) \right\} \qquad (4\text{-}19)$$

式中各符号的含义同前。

由式（4-19），得：

$U(a_1) = \max\{100, 75, 40\} = 100$，故应选择项目方案 a_1。

3. 悲观准则（又称小中取大）

选择该准则的项目管理人员对项目前景比较悲观，小心谨慎，从最坏处想。一般从各备选项目方案中选择最坏的结局，然后再从各结局中择优作为最佳方案。

$$U(a_i^*) = \max_{a_i \in A} \left\{ \min_{1 \le j \le m} u(a_i, c_j) \right\} \qquad (4\text{-}20)$$

式中各符号的含义同前。

由式（4-20），得

$U(a_2) = \max\{-20, 10, 5\} = 10$，故应选择项目方案 a_2。

4. 折中准则（又称悲观/乐观混合准则）

选择该准则的项目管理人员对项目前景的态度介于乐观和悲观之间，主张折中平衡，因而引入一个折中系数 α。有：

$$U(a_i^*) = \alpha \left(\max_{1 \le j \le m} u(a_i, c_j) \right) + (1-\alpha) \min_{1 \le j \le m} u(a_i, c_j)$$

$$U(a_i^*) = \max_{a_i \in A} U(a_i) \qquad (4\text{-}21)$$

式中各符号的含义同前。

由式（4-19）、（4-20）可知，若 $\alpha = 1$，即为乐观准则；$\alpha = 0$，为悲观准则，故 α 取值界于 $0 \sim 1$ 之间。

由式（4-21），设 $\alpha = 0.7$，则：

$$U(a_1) = 0.7 \times 100 + 0.3 \times (-20) = 64$$

$$U(a_2) = 0.7 \times 75 + 0.3 \times 10 = 55.5$$

$$U(a_3) = 0.7 \times 40 + 0.3 \times 5 = 29.5$$

根据计算分析结果，应选择项目方案 a_1。

5. 遗憾原则（又称最小后悔值准则）

这里首先介绍一下什么是后悔值。由于项目的复杂性和动态性，以及项目管理人员风险观念的不同，其最终选择的项目备选方案不一定是最优的，即最后的项目收益不一定是最好的，项目各方案收益与项目理想收益之间存在一个差值，这个差值就称为后悔值，一般用 $R(a_i)$ 表示：

$$R(a_i) = \max_{1 \le j \le n} \left\{ \max_{1 \le i \le n} \left[U(a_i, a_j) \right] - U(a_i, a_j) \right\} i = 1, 2, \cdots, n \qquad (4\text{-}22)$$

按照项目被选方案后悔值最小原则，有：

$$U(a_i) = \min_{a_i \in A}\{R(a_i)\} \tag{4-23}$$

式中各符号的含义同前。

根据后悔值的含义，对例 4 – 5 进行分析，可得到如表 4-4 所示的数据。

表 4-4　项目各备选方案的后悔值

	C_1	C_2	C_3	$R(a_i)$
a_1	0	0	30	30
a_2	25	15	0	25
a_3	60	30	5	60

根据表 4-4 的计算分析结果，应选择备选方案 a_2。

上面讨论了不确定型项目风险估计的几种方法，这些方法的角度和重点各有侧重，反映了项目管理人员的风险意识和对项目、项目风险的基本认识，"小中取大"表示项目管理人员保守的风险观，害怕承担较大风险；"大中取大"表示项目管理人员冒险的风险观，敢于承担较大风险，且决策环境十分有利；遗憾原则，主要表示项目管理人员对风险后果看得比较重。

上面所讨论的虽然只是一种比较简单的不确定性项目风险估计准则和方法，但其方法也适用于多种后果、多种方案的复杂情况。在实际项目管理活动中，不确定型项目风险的估计方法，应以项目问题所处的客观条件为基础，可同时应用多种方法和决策准则，以保障估计的有效性。

4.3.4　贝叶斯概率法

项目风险估计是建立在对各种风险事件发生的可能性的基础上，这种可能性直接受到项目环境各种因素变化的影响，存在着较强的风险性；同时，项目风险事件的概率估计往往是在历史数据资料缺乏或不足的情况下得出的，这种概率被称为先验概率。先验概率具有较强的不确定性，需要通过各种途径和手段（如试验、调查、统计分析等）来获得更为准确、有效的补充信息，以修正和完善先验概率。这种通过对项目进行更多、更广泛的调查研究或统计分析后，再对项目风险进行估计的方法，称为贝叶斯概率法。

贝叶斯概率法是利用概率论中的贝叶斯公式来改善对风险后果出现概率的估计，这种改善后的概率称为后验概率。按照贝叶斯公式，风险后果 B_i 出现的后验概率为：

$$P\{B_i \mid A\} = \frac{P\{A \mid Bi\}p\{Bi\}}{\sum P\{A \mid Bi\}p\{Bi\}} \tag{4-24}$$

【例 4.6】 某新型发动机要求的平均寿命为 5 000 小时。试验方案是：

抽取 11 台进行试验，每台运转 1 000 小时，如果只有 4 台或 4 台以下发生故障，则认为该型发动机合格，应予通过。试预测当该型发动机试验获得通过时，发动机平均寿命（H）达到 5 000 小时的概率，进而论证试验方案的可行性。

解：该型发动机只有类似发动机的大量历史数据资料可供参考。假设该类发动机的寿命服从指数分布，平均寿命达到 5 000 小时的概率为 0.8，仅能达到 2 500 小时的概率为 0.15，仅达到 1 000 小时的概率为 0.05。根据式（4-24），有式（4-25）成立：

$$P(H_i/A) = \frac{P(H_i)P(A/H_i)}{\sum P(H_i)P(A/H_i)} \tag{4-25}$$

式中　　H——发动机平均寿命；

　　　　A——试验获得通过；

　　$P(H_i)$——发动机平均寿命为 H_i 的概率，它可根据历史统计资料得出，本例为已知；

$P(H_i/A)$——试验通过条件下发动机平均寿命为 H_i 的概率；

$P(A/H_i)$——发动机平均寿命为 H_i 时，试验获得通过的概率。

计算分析过程如下：

（1）确定试验中出现 i 台故障的概率分布模型。每台发动机能否正常运转到 1 000 小时只有两种可能，且每台出故障的概率相同。因此，本试验属于重复独立试验，服从二项分布。11 台发动机有 i 台故障的概率为：

$$P(X=i) = C_{11}^4 P^i q^{11-i} \qquad i \in (0,11) \tag{4-26}$$

式中，q 表示发动机工作 1 000 小时不出故障的概率，p 表示发动机工作 1 000 小时出故障的概率，已知发动机寿命服从指数分布，有：

$$p = 1 - e^{-\frac{1000}{H_i}}$$

（2）确定发动机平均寿命 $H_1 = 5\,000$ 小时条件下的试验获得通过的概率 $P(A/H_1)$。

$H_1 = 5\,000$ 时

$$p = 1 - e^{-\frac{1000}{5000}} = 1 - e^{-0.2} = 1 - 0.818\,7 = 0.181\,3$$

$$q = 1 - p = 0.818\,7$$

试验中，11 台发动机出现 0、1、2、3、4 台故障的概率分别为：

$$P(X=0) = C_{11}^0 P^0 q^{11} = C_{11}^0 (0.181\,3)^0 (0.818\,7)^{11} = 0.110\,8$$

$$P(X=1) = C_{11}^1 P^1 q^{10} = 0.269\,8$$

$$P(X=2) = C_{11}^2 P^2 q^9 = 0.298\,7$$

$$P(X=3)=C_{11}^3 P^3 q^8 = 0.198\ 5$$
$$P(X=4)=C_{11}^4 P^4 q^7 = 0.087\ 9$$

试验获得通过是上述 5 个事件发生概率之和，因此

$$P(A/H_1)=P(X=0)+P(X=1)+P(X=2)+P(X=3)+P(X=4)=0.97$$

（3）确定发动机平均寿命 $H_2 = 2500$ 和 $H_3 = 1000$ 小时条件下试验获得通过的概率

按上述同样方法，可得：

$$P(A/H_2)=0.71$$
$$P(A/H_3)=0.10$$

（4）确定发动机平均寿命为 $H_1 = 5\ 000$ 小时的概率

根据式（4-25），有：

$$P(H_1/A)=\frac{P(H_1)P(A/H_1)}{\sum P(H_i)P(A/H_i)}=\frac{0.8\times0.97}{0.8\times0.97+0.15\times0.71+0.05\times0.1}=0.874$$

同理可以算出在试验获得通过的条件下，发动机平均寿命 $H_2 = 2\ 500$ 和 $H_3 = 1\ 000$ 小时的概率。

$$P(H_2/A)=0.120$$
$$P(H_3/A)=0.006$$

根据上述计算分析结果，当试验获得通过时有相当大的把握认为该型发动机的平均寿命达到 5 000 小时，因此，该试验方案是可行的。

此例表明，贝叶斯概率法对减少项目活动中的不确定性、改善风险概率估计、提高风险估计质量具有一定的作用和价值意义。

贝叶斯概率法（贝叶斯公式）还有许多其他的用途，感兴趣的读者可阅读有关文献资料。

4.4 估计技术和工具

4.4.1 风险可能和危害分析

风险的大小是由两个方面决定的：一是风险发生的可能性，另一个是风险发生后对项目目标所造成的危害程度。对这两个方面，可以进行一些定性的描述，如"非常高的""高的""适度的""低的""非常低的"等，表 4-5 就是对风险危害程度分级的一个例子。由此，可以得到一个可能/危害等级矩阵，对发生可能性大且又危害程度大的风险要特别加以注意。

表 4-5 风险危害程度分级

项目目标	很低 0.05	低 0.1	适度 0.2	高 0.4	很高 0.8
费用	明显的费用增加	<5%的费用增加	5%~10%的费用增加	10%~20%的费用增加	>20%的费用增加
进度	明显的进度推迟	总项目进度推迟<5%	总项目进度推迟5%~10%	总项目进度推迟10%~20%	总项目进度推迟>20%
范围	不被觉察的范围减少	小区域的范围更改	大区域的范围更改	不能接受的范围更改	结束时项目范围已面目全非
质量	不被觉察的质量下降	不得不进行的质量下降	经客户同意的质量下降	客户不能接受的质量下降	结束时项目已不能使用

4.4.2 项目假定测试

风险估计中的项目假定测试（Project Assumptions Testing）是一种模拟技术，它分别对一系列的假定及其推论进行测试，进而发现风险的一些定性信息。

4.4.3 数据精度分级

风险估计需要准确的、不带偏见的有益于管理的数据，数据精度分级（Data Precision Ranking）就是应用于这方面的一种技术，它可以估计有关风险的数据对风险管理有用的程度。它包括如下的检查：风险的了解范围、有关风险的数据、数据的质量、数据的可信度和真实度等。

4.4.4 风险坐标图

风险坐标图是把风险发生可能性的高低、风险发生后对目标的影响程度，作为两个维度绘制在同一个平面上（即绘制成直角坐标系）。对风险发生可能性的高低、风险对目标影响程度的评估有定性、定量等方法。定性方法是直接用文字描述风险发生可能性的高低、风险对目标的影响程度，如"极低""低""中等""高""极高"等。定量方法是对风险发生可能性的高低、风险对目标影响程度用具有实际意义的数量描述，如对风险发生可能性的高低用概率来表示，对目标影响程度用损失金额来表示。表 4-6 列出了某公司对项目风险发生可能性的定性、定量评估标准及其相互对应关系，供实际操作中参考。

表 4-6　某公司项目风险列表示意图

定量方法一	评　分	1	2	3	4	5
定量方法二	一定时期发生的概率	10%以下	10%～30%	30%～70%	70%～90%	90%以上
定性方法	文字描述一	极低	低	中等	高	极高
	文字描述二	一般情况下不会发生	极少情况下才发生	某些情况下发生	较多情况下发生	常常会发生
	文字描述三	今后10年内发生的可能少于1次	今后5～10年内可能发生1次	今后2～5年内可能发生1次	今后1年内可能发生1次	今后1年内至少发生1次

表 4-7 列出了某公司关于风险发生后对目标影响程度的定性、定量评估标准及其相互对应关系，供实际操作中参考。

表 4-7　某公司项目风险分析示意图

	定量方法一	评　分	1	2	3	4	5
适用于所有行业	定量方法二	企业财务损失占税前利润的百分比（%）	1%以下	1%～5%	6%～10%	11%～20%	20%以上
	定性方法	文字描述一	极轻微的	轻微的	中等的	重大的	灾难性的
		文字描述二	极低	低	中等	高	极高
		文字描述三 企业日常运行	不受影响	轻度影响（造成轻微的人身伤害，情况立刻受到控制）	中度影响（造成一定人身伤害，需要医疗救援，情况需要外部支持才能得到控制）	严重影响（企业失去一些业务能力，造成严重人身伤害，情况失控，但无致命影响）	重大影响（重大业务失误，造成重大人身伤亡，情况失控，给企业致命影响）
		文字描述三 财务损失	较低的财务损失	轻微的财务损失	中等的财务损失	重大的财务损失	极大的财务损失
		文字描述三 企业声誉	负面消息在企业内部流传，企业声誉没有受损	负面消息在当地局部流传，对企业声誉造成轻微损害	负面消息在某区域流传，对企业声誉造成中等损害	负面消息在全国各地流传，对企业声誉造成重大损害	负面消息流传世界各地，政府或监管机构进行调查，引起公众关注，对企业声誉造成无法弥补的损害

（续）

适用于开采业、制造业	定性与定量结合	安全	短暂影响职工或公民的健康	严重影响一位职工或公民健康	严重影响多位职工或公民健康	导致一位职工或公民死亡	导致多位职工或公民死亡
		营运	对营运影响微弱 在时间、人力或成本方面不超出预算1%	对营运影响轻微 受到监管者责难 在时间、人力或成本方面超出预算1%～5%	减慢营业运作 受到法规惩罚或被罚款等 在时间、人力或成本方面超出预算6%～10%	无法达到部分营运目标或关键业绩指标 受到监管者的限制 在时间、人力或成本方面超出预算11%～20%	无法达到所有的营运目标或关键业绩指标 违规操作使业务遭到中止 时间、人力或成本方面超出预算20%
		环境	对环境或社会造成短暂的影响 可不采取行动	对环境或社会造成一定的影响 应通知政府有关部门	对环境造成中等影响 需要一定时间才能恢复 出现个别投诉事件 应执行一定程度的补救措施	造成主要环境损害 需要相当长的时间来恢复 大规模的公众投诉 应执行重大补救措施	无法弥补的灾难性环境损害 激起公众的愤怒 潜在的大规模的公众法律投诉

对风险发生可能性的高低和风险对目标影响程度进行定性或定量评估后，依据评估结果绘制风险坐标图。如：某公司对9项风险进行了定性评估，风险①发生的可能性为"低"，风险发生后对目标的影响程度为"极低"……风险⑨发生的可能性为"极低"，对目标的影响程度为"高"，则绘制风险坐标图如图4-6所示。

如某公司对7项风险进行定量评估，其中：风险①发生的可能性为83%，发生后对企业造成的损失

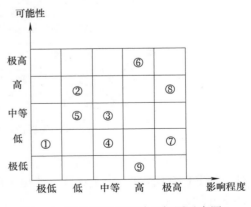

图4-6 某公司项目风险坐标图示意图1

为 2 100 万元；风险②发生的可能性为 40%，发生后对企业造成的损失为 3 800 万元……而风险⑦发生的可能性在 55% ~62% 之间，发生后对企业造成的损失在 7 500 ~9 100 万元之间，在风险坐标图上用一个区域来表示，则绘制风险坐标图如图 4-7 所示。

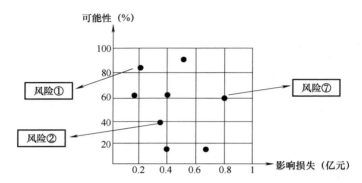

图 4-7　某公司项目风险坐标图示意图 2

绘制风险坐标图的目的在于对多项风险进行直观的比较，从而确定各风险管理的优先顺序和策略。如：某公司绘制了如图 4-8 所示风险坐标图，并将该图划分为 A、B、C 三个区域，公司决定承担 A 区域中的各项风险且不再增加控制措施；严格控制 B 区域中的各项风险且专门补充制定各项控制措施；确保规避和转移 C 区域中的各项风险且优先安排实施各项防范措施。

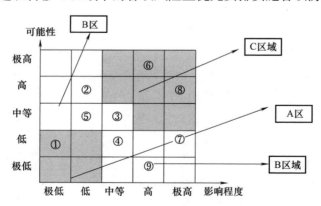

图 4-8　利用坐标图进行风险管理示意图

项目管理以及一般管理的许多技术都可以用来进行风险估计，例如决策树、PERT 和 GERT。由于这些方法也可用于风险评价，所以在下一章再进行详细介绍。

小结

风险估计评估项目中各风险发生的概率及其对项目的影响程度，其基本目标是确定项目中各风险的严重性，进一步加深对风险以及风险后果的认识，为更有效管理项目风险奠定基础。本章根据风险估计的基本要求建立了项目风险估计的过程架构，描述了风险估计的活动，过程活动包括项目风险背景信息、已辨识的项目中的关键风险、使用风险估计分析方法和工具、确定风险的发生概率及其后果、风险的主观判断等；其次，介绍了确定性风险、随机性风险、不确定性风险估计的方法；最后对几种风险估计工具进行了分析介绍，如风险可能和危害分析、项目假定测试、数据精度分级、风险坐标图等。

复习思考题

1. 什么是风险估计？风险估计的主要内容有哪些？
2. 描述风险估计的基本过程，并简要阐述其过程活动。
3. 什么叫决策树？如何应用决策树进行项目风险估计？
4. 什么是确定型风险估计？其主要方法有哪些？
5. 什么是随机型风险估计？其主要方法有哪些？
6. 什么是不确定型风险估计？其主要方法有哪些？
7. 生产 VCD 碟片的某企业有如下损益值表：

（单位：万元）

项目方案	自然状态		
	需求 S_1	需求 S_2	需求 S_3
扩建原厂 d_1	100	80	-20
建设新厂 d_2	140	50	-40
转包外厂 d_3	60	30	10

问题：（1）以等概率为标准选择一项目方案。

（2）如果 $P(S_1) = 0.3$，$P(S_2) = 0.5$ 和 $P(S_3) = 0.2$，以期望值为标准选择一项目方案。

8. 何谓盈亏平衡分析？如何进行风险估计的盈亏平衡分析？
9. 什么是敏感性分析？为什么要进行敏感性分析？
10. 什么是效用？在项目风险估计中引入效用概念有何意义？
11. 什么是先验概率？什么是后验概率？如何应用贝叶斯概率法进行风险估计？

第 5 章

项目风险评价管理

项目风险评价管理是在对单个项目风险进行估计分析的基础上，对项目风险进行系统和整体的评价，以确定项目的整体风险等级、关键的风险要素及项目内部各系统风险之间的关系，为风险应对和监控提供依据。本章主要介绍项目风险评价管理的概念内涵、评价过程、评价方法等内容。

5.1 概念内涵

5.1.1 风险评价的含义

项目风险评价是对项目风险进行综合分析，并依据风险对项目目标的影响程度进行项目风险分级排序的过程。它是在项目风险规划、识别和估计的基础上，通过建立项目风险的系统评价模型，对项目风险因素影响进行综合分析，并估算出各风险发生的概率及其可能导致的损失大小，从而找到该项目的关键风险，确定项目的整体风险水平，为如何处置这些风险提供科学依据，以保障项目的顺利进行。

在风险评价过程中，项目管理人员应详细研究决策者决策的各种可能后果并将决策者做出的决策同自己单独预测的后果相比较并判断这些预测能否被决策者所接受。由于各种风险的可接受程度或危害程度互不相同，因此就产生了哪些风险应该优先处理或者是否需要采取措施的问题。风险评价一般有定量和定性两种。进行风险评价时，还要提出预防、减少、转移或消除风险损失的初步方法，并将其列入风险管理阶段要进一步考虑的各种方法之中。

5.1.2 风险评价的依据

项目风险评价的依据如下：

（1）风险管理计划。

（2）风险识别的成果。已识别的项目风险及风险对项目的潜在影响需进行评估。

（3）项目进展状况。风险的不确定性常常与项目所处的生命周期阶段有关。在项目初期，项目风险症状往往表现得不明显，随着项目的进程，项目风险及发现风险的可能性会增加。

（4）项目类型。一般来说，普通项目或重复率较高的项目的风险程度比较低；技术含量高或复杂性强的项目的风险程度比较高。

（5）数据的准确性和可靠性。用于风险识别的数据或信息的准确性和可靠性应进行评估。

（6）概率和影响的程度。用于评估风险的两个关键方面。

5.1.3 风险评价的目的

项目风险评价一般有以下四个目的：

（1）对项目各风险进行比较分析和综合评价，确定它们的先后顺序。

（2）挖掘项目风险间的相互联系。虽然项目风险因素众多，但这些因素之间往往存在着内在的联系，表面上看起来毫不相干的多个风险因素，有时是由一个共同的风险源造成的。例如，若遇上未曾预料到的技术难题，则会造成费用超支、进度拖延、产品质量不合要求等多种后果。风险评价就是要从项目整体出发，挖掘项目各风险之间的因果关系，保障项目风险的科学管理。

（3）综合考虑各种不同风险之间相互转化的条件，研究如何才能化威胁为机会，明确项目风险的客观基础。

（4）进行项目风险量化研究，进一步量化已识别风险的发生概率和后果，减少风险发生概率和后果估计中的不确定性，为风险应对和监控提供依据和管理策略。

5.1.4 风险评价的准则

项目风险评价是评价风险存在的影响、意义，以及应采取何种对策处理风险等问题。为了解决上述问题，项目风险评价应遵循一些基本的准则。

（1）风险回避准则。风险回避是最基本的风险评价准则。根据该准则，项目管理人员应采取措施有效控制或完全回避项目中的各类风险，特别是对项目整体目标有重要影响的风险因素。

（2）风险权衡准则。风险权衡的前提是世界上存在着一些可接受的、不可避免的风险，风险权衡原则需要确定可接受风险的限度。

（3）风险处理成本最小原则。风险权衡准则的前提是假设世界上存在一些可接受的风险。这里有两种含义：其一是小概率或小损失风险，其二是付出较小的代价即可避免风险。对于第二类我们当然希望风险处理成本越小越好，并且希望找到风险处理的最小值。固然风险处理的最小成本是理想状态，同时也是难于计算的。因此，人们定性的归纳为，若此风险的处理成本足够小，人们是可以接受此风险的。

（4）风险成本/效益比准则。开展项目风险管理的基本动力是以最经济的资源消耗来高效地保障项目预定目标的达成。项目管理人员只有在收益大于支出的条件下，才愿意进行风险处置。在实际的项目活动中，项目风险水平一般与风险收益成正比，只有风险处理成本与风险收益相匹配，项目风险管理活动才是有效的。社会生活中有大量风险投资活动成功后获得高回报的例子。

（5）社会费用最小准则。在进行风险评价时还应遵循社会费用最小准则。这一指标体现了一个组织对社会应负的责任。在一个组织实施某种项目活动如企业的经营活动时，组织本身将承担一定的风险，并为此付出较大的代价，同时企业也能从中获得风险经营回报。同样社会在承担风险的同时也将获得回报。因此，在考虑风险的社会费用时，也应与风险带来的社会效益一同考虑。

5.2 评价过程

项目风险评价，是在项目风险识别、估计的基础上，进一步对项目风险进行综合分析，确定项目风险整体水平和风险等级。可以从内部和外部两种视角来看待风险评价过程：外部视角详细说明过程控制、输入、输出和机制；内部视角详细说明用机制将输入转变为输出的过程活动。

5.2.1 风险评价过程目标

当风险评价过程满足下列目标时，就说明它是充分的：
（1）能用有效的系统分析方法综合分析项目整体风险水平。
（2）确定项目风险的关键因素。
（3）确定项目风险管理的有效途径。
（4）确定项目风险的优先等级。

5.2.2 风险评价过程定义

风险评价过程定义如图 5-1 所示。

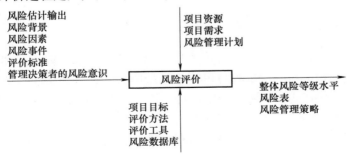

图 5-1 项目风险评价过程

1. 过程输入

项目风险评价是对项目中的风险进行定性或定量分析，并依据风险对项目目标的影响程度对项目整体风险水平和风险等级进行综合分析的过程。

2. 过程机制

项目目标、评价方法、分析工具和风险数据库是风险估计过程中的机制。机制可以是方法、技巧、工具或为过程活动提供结构的其他手段。风险发生的可能性、风险后果的危害程度和风险发生的概率均有助于衡量风险整体影响。

3. 过程控制

项目资源、项目需求和风险管理计划调节风险的评价过程，其方式类似于控制风险规划过程。

4. 过程输出

项目整体风险等级水平、风险表、风险关键要素等是风险评价过程的输出。

（1）项目整体风险等级水平。通过比较项目风险间的风险等级，对该项目的整体风险程度作出评价。项目的整体风险等级将用于支持各项目资源的投入策略及项目继续进行或取消的决策。

（2）项目风险表。风险表将按照高、中、低类别的方式对风险和风险状况做出详细的表示，风险表可以表述到 WBS 的最低层。风险表还可以按照项目风险的紧迫程度、项目的费用风险、进度风险、功能风险和质量风险等类别单独作出风险排序和评估，对重要风险的风险概率和影响程度要有单独的评估结果并作出详细说明。

（3）项目风险管理策略。对高或中等重要程度的风险应列为重点并作出更详尽的分析和评价，制定附加分析计划表，其中应包括进行下一步的风险定量评价和风险应对计划。

5.2.3　风险评价过程活动

项目风险评价过程活动是依据项目目标和评价标准，将识别和估计的项目风险进行系统分析，明确项目风险之间的因果联系，确定项目风险整体水平和风险等级等所需的任务。风险评价过程活动主要包括以下内容：

（1）系统研究项目风险背景信息。

（2）确定风险评价基准。风险评价基准是针对项目主体每一种风险后果确定的可接受水平。风险的可接受水平是绝对的，也是相对的。

（3）使用风险评价方法确定项目整体风险水平，项目风险整体水平是综合了所有单个风险之后确定的。

（4）使用风险评价工具挖掘项目各风险因素之间的因果联系，确定关键因素。

（5）作出项目风险的综合评价，确定项目风险状态及风险管理策略。

5.3 评价方法

项目风险评价是在进行风险识别和估计之后对项目风险进行的系统分析工作，该项工作与项目风险管理的有效性、科学性密切相关，对风险应对、风险监控有重要影响。风险评价方法一般可分为定性、定量、定性与定量相结合三类，有效的项目风险评价方法一般采用性与定量相结合的系统方法。对项目进行风险评价的方法很多，常用的有：主观评分法；决策树法（Decision Tree Analysis）；风险图评价法；层次分析法（AHP, the Analytical Hierarchy Process）；模糊风险综合评价（Fuzzy Comprehensive Evaluation）；着色风险方格图；外推法（Extrapolation）；蒙特卡罗模拟法（Monte Carlo Simulation）数据包络分析法；统计和概率法等。

5.3.1 主观评分法

主观评分法是利用专家的经验等隐性知识，直观判断项目每一单个风险并赋予相应的权重，如 0 ~ 10 之间的一个数，0 代表没有风险，10 代表风险最大，然后把各个风险的权重加起来，再与风险评价基准进行比较分析。

【例 5.1】 某项目要经过 5 个工序，表 5-1 列出了已识别出该项目的前 5 个风险，试进行该项目的风险评价。

表 5-1　主观评分法

	费用风险	工期风险	质量风险	组织风险	技术风险	各工序风险权重
可行性研究	5	6	3	8	7	29
设计	4	5	7	2	8	26
试验	6	3	2	3	8	22
施工	9	7	5	2	2	25
试运行	2	2	3	1	4	12
	26	23	20	16	29	114

解：

（1）对项目风险进行评分

利用专家的经验知识对该项目风险进行评分，结果参见表 5-1。

（2）对项目风险进行评价

① 将该项目每个工序的各个风险的权重从左至右加起来，总和放在表 5-1 最右边一栏。

② 将表 5-1 中各类别的风险评分再从上到下加起来，其总和放在表各列对应的最下一行。

③ 将表 5-1 中各工序的风险评分再从左至右累加，其总和放在最下一行的最右一列。

④ 计算最大风险权重值。用表的行数乘以列数，再乘以表中的最大风险权重，即得到最大风险权重值。表中的最大风险权重为 9，因此最大风险权重值 = 5 × 5 × 9 = 225。

⑤ 计算项目整体风险水平。将全部风险权重值除以项目全部风险权重和就是该项目整体风险水平。该项目的全部风险权重值和 = 114，则该项目整体风险水平 = 114/225 = 0.5067。

⑥ 设项目整体评价基准为 0.6。

⑦ 项目风险评价，将项目整体风险水平同项目整体评价基准相比较。由计算结果可知，该项目的整体风险水平为 0.5067，小于项目整体风险评价标准，则该项目整体风险水平可以接受，项目可以继续实施。各个工序的风险水平，或各单个风险水平也可做类似的比较。

5.3.2 决策树法

根据项目风险问题的基本特点，项目风险的评价既要能反映项目风险背景环境，同时又要能描述项目风险发生的概率、后果，以及项目风险的发展动态，决策树这种结构模型既简明又符合上述两项要求。采用决策树法来评价项目风险，往往比其他评价方法更直观、清晰，便于项目管理人员思考和集体探讨，因而是一种形象化和有效的项目风险评价方法。

1. 决策树的结构

树，是图论中的一种图的形式，因而决策树又叫决策图。它以方框和圆圈为节点，由直线连接而成的一种树枝形状的结构，图 5-2 是一个典型的决策树图。决策树一般包括以下几个部分：

（1）□——决策节点，从它

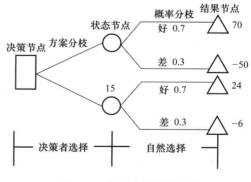

图 5-2 典型决策树结构

这里引出的分枝叫方案分枝，分枝数量与方案数量相同。决策节点表明对从它引出的方案要进行分析和决策，在分枝上要注明方案名称。

（2）○——状态节点，也称之为机会节点。从它引出的分枝叫状态分枝或概率分枝，在每一分枝上注明自然状态名称及其出现的主观概率。状态数量与自然状态数量相同。

（3）△——结果节点，将不同方案在各种自然状态下所取得的结果（如收益值）标注在结果节点的右端。

2. 决策树法应用分析

决策树法，是利用树枝形状的图像模型来表述项目风险评价问题，项目风险评价可直接在决策树上进行，其评价准则可以是收益期望值、效用期望值或其他指标值。下面举例说明决策树法的应用。

【例 5.2】 某光学仪器厂生产照相机，现有两种方案可供选择。一种方案是继续生产原有的全自动型老产品，另一种方案是生产一种新产品。据分析测算，如果市场需求量大，生产老产品可获利 30 万元，生产新产品可获利 50 万元。如果市场需求量小，生产老产品仍可获利 10 万元，生产新产品将亏损 5 万元（以上损益值均指一年的情况）。另据市场分析可知，市场需求量大的概率为 0.8，需求量小的概率为 0.2。试分析和确定哪一种生产方案可使企业年度获利最多？

解：（1）绘制决策树，如图 5-3 所示。

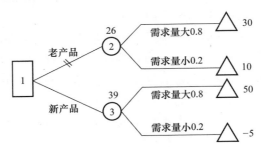

图 5-3　某光学仪器厂建设项目决策树

（2）计算各节点的期望损益值，期望损益值的计算从右向左进行。

节点 2：$30 \times 0.8 + 10 \times 0.2 = 26$（万元）

节点 3：$50 \times 0.8 + (-5) \times 0.2 = 39$（万元）

决策节点 1 的期望损益值为：$\max\{26, 39\} = 39$（万元）

（3）剪枝。决策节点的剪枝从左向右进行。因为决策节点的期望损益值为 39 万元，为生产新产品方案的期望损益值，因此剪掉生产老产品这一方案分枝，保留生产新产品这一方案分枝。根据年度获利最多这一评价准则，合理的生产方案应为生产新产品。

5.3.3　风险图评价法

风险图是目前最实用、最广泛用于项目风险识别和优先排序的工具手段。项目风险图是根据项目风险的**严重性**和发生的**可能性**来绘制的。严重性是项目管理层，根据其能理解和接受的标准来确定项目风险对于其业务的重要性。可能性是指风险事件发生的可能性有多大，假如不采用统计手段来分析，那么项目管理人员必须知道所选定的可能性是否合理。在项目过程的初期阶段，可以不采用统计学方法，但是应对风险进行排序，制作风险图可以根据部门、过程、关键性业绩指标，或根据主要风险类别（把风险事件分门别类）来制定或编制，如图 5-4 所示。

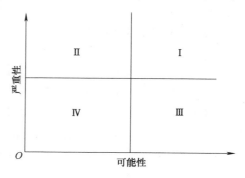

图 5-4　风险图

项目管理层自然倾向于把注意力集中于"高严重性、高可能性风险"及"高严重性、低可能性风险"上，如上述风险图中的第Ⅰ区和第Ⅱ区。风险图中的Ⅰ区，其风险处于"红灯区"，因为没有任何业务在这样的风险状况下还能长时间存在。因此，项目管理组织对这些风险的管理是一种战略性需要。这一战略应通过特定行动计划明确指定风险责任人对此负责。对于这些风险，所采用的风险管理方案取决于风险的属性和项目管理风险的愿望及选择的方式。然而，如果一个组织不能够长期地、有效地管理这些风险，则应考虑采取避免风险的战略（如退出、禁止、停止等）。

风险图中的Ⅱ区，其风险虽不像Ⅰ区中的风险那样危急，但有理由加以注意。因为他们包括非常事件。例如，地震、暴雨、山洪、政治事件和其他事故，这些因素可能严重影响商务活动，这些风险属于"黄灯区"。对于它们应使用所有可能的风险管理方案，尽管可供选择的措施是有限的，因为所有这些风险是由超脱管理控制的环境力量驱使的。这就是为什么应急计划对于大多数的此类风险是适合的，尤其是对这些风险的管理来说具有特别意义，由风险评估过程得到的定义明确的风险假设提供了明确表述应急计划的基础，特别表明个人对其行为的责任及授予其作出的决定。这些计划需要定期试验。

风险框图中Ⅲ区的风险（低严重性/高可能性）往往与日常经营和遵守法律方面的问题有关。它们是"黄灯区"的一部分，因为这些风险的期望值，即它们的潜在严重性乘以发生可能性得到的结果可以和Ⅱ区中的风险一样大。如果对此不加以管理，这些风险事件的聚积力量，能够达到不可接受的水平——危及经营效果、效率及对法律、法规的适应性。因此应采取相应的措施将它们发生的可能性降到可接受的水平。

风险图中的Ⅳ区（低严重性/低可能性）中的"绿灯区"风险是指那些不那么重要的风险，因为它们或者与项目活动不相关，或者无意义，并且通常在目前的水平上可以接受。项目管理组织可以取消与此风险相关的，多余的风险控制措施，以减少成本和资源消耗来管理更重要的风险。保留这些风险的决定因素还随着时间和外部条件的变化而变化。

图 5-5 是微软公司 1997 年所使用过的风险示意图。诸如地震灾难的情景分析可能描绘在第二象限，且在竖轴上的位置很高，这表示风险的严重程度很高，损失很大，但风险频率较低。风险图无法显示不同风险之间的关系，但它可以显示特定风险的发生频率和严重程度。风险图不能给出分散风险的方法，但它可以把风险划分为不同的等级。风险图在某种程度上提供了 80/20 规则，即在风险管理过程中，要把 80% 的努力投入到 20% 的风险中。

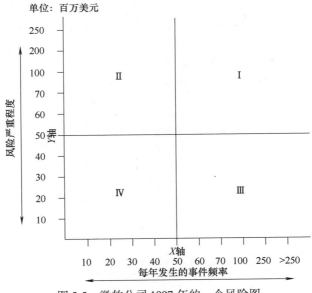

图 5-5　微软公司 1997 年的一个风险图

5.3.4　层次分析法

层次分析法（AHP，The Analytical Hierarchy Process）又称 AHP 法，是 20 世纪 70 年代美国学者萨蒂（T. L. Saaty）提出的，是一种在经济学、管理

学中广泛应用的方法。层次分析法可以将无法量化的风险按照大小排序，把它们彼此区别开来。层次分析法处理问题的基本步骤如下：

（1）确定评价目标，再明确方案评价的准则。根据评价目标、评价准则构造递阶层次结构模型。

1）递阶层次结构类型。AHP法所建立的层次结构，一般有三种类型：①完全相关性结构，即上一层次的每一要素与下一层次的所有要素完全相关；②完全独立结构，即上一层要素都各自独立，都有各不相干的下层要素；③混合结构，是上述两种结构的混合，即是一种既非完全相关又非完全独立的结构。

2）递阶层次结构模型的构造。递阶层次结构模型一般分为三层：

① 目标层：最高层次，或称理想结果层次，是指决策问题所追求的总目标；

② 准则层：评价准则或衡量准则，是指评判方案优劣的准则，也称因素层，约束层；

③ 方案层：也称对策层，指的是决策问题的可行方案。

各层间诸要素的联系用弧线表示，同层次要素之间无连线，因为它们相互独立，上层要素对下层要素具有支配（包含）关系，或下层对上层有贡献关系，即下层对上层无支配关系，或上层对下层无贡献关系，这样的层次结构称为递阶层次结构。

（2）应用两两比较法构造所有的判断矩阵。

1）判断尺度。判断尺度表示要素 A_i 对要素 A_j 的相对重要性的数量尺度，如表5-2所示。

表5-2　两两比较法的标度

定义（ a_{ij} ）	标　　度
i 因素比 j 因素绝对重要得多	9
i 因素比 j 因素重要得多	7
i 因素比 j 因素重要	5
i 因素比 j 因素稍微重要	3
i 因素与 j 因素一样重要	1
i 与 j 两因素重要性介于上述两个相临判断尺度中间	2，4，6，8

2）判断矩阵。判断矩阵是以上层的某一要素 H_S 作为判断标准，对下一层要素进行两两比较确定的元素值。例如，在 H_S 准则下有 n 阶的判断矩阵 $A(a_{ij})_{n \times n}$ ，其形式如表5-3所示。

判断矩阵中的元素 a_{ij} 表示从判断准则 H_S 的角度考虑要素 A_i 对要素 A_j 的相对重要性，即

$$a_{ij} = \frac{W_i}{W_j} \tag{5-1}$$

由表 5-2 可知，判断矩阵 A 有：$a_{ij} > 0$；$a_{ij} = 1/a_{ij}$；$a_{ii} = 1$。

表 5-3　n 阶判断矩阵 A 示意图

H_S	A_1	A_1	$\cdots$	A_j	$\cdots$	A_n
A_1	a_{11}	a_{12}	$\cdots$	A_{1j}	$\cdots$	a_{1n}
A_2	a_{21}	a_{22}	$\cdots$	A_{2j}	$\cdots$	a_{2n}
$\vdots$	$\vdots$	$\vdots$		$\vdots$		$\vdots$
A_j	a_{j1}	a_{j2}	$\cdots$	a_{jj}	$\cdots$	a_{jn}
$\vdots$	$\vdots$	$\vdots$		$\vdots$		$\vdots$
A_n	a_{n1}	a_{n2}	$\cdots$	a_{nj}	$\cdots$	a_{nn}

（3）确定项目风险要素的相对重要度。

在应用 AHP 进行评价和决策时，需要知道 A_i 关于 H_S 的相对重要度，即 A_i 关于 H_S 的权重。计算分析程序如下：

1）计算判断矩阵 A 的特征向量 W。首先确定判断矩阵的特征向量 W，然后经过归一化处理即得到相对重要度。

$$W_i = \left(\prod_{j=1}^{n} a_{ij} \right)^{\frac{1}{n}} i = 1, 2, \cdots, n$$
$$W = \sum_{i=1}^{n} W_i \tag{5-2}$$
$$W_i = W_i / W$$

2）一致性判断。在对系统要素进行相对重要性判断时，由于运用的主要是专家的隐性知识，因而不可能完全精密地判断出 W_i / W_j 的比值，只能对其进行估计，因此必须进行相容性和误差分析。估计误差必然会导致判断矩阵特征值的偏差，据此定义相容性指标。

若矩阵 A 完全相容时，应有 $\lambda_{\max} = n$；若不相容时，则 $\lambda_{\max} > n$，因此可应用 $\lambda_{\max} - n$ 的关系来界定偏离相容性的程度。设相容性指标为 $C.I.$，则有

$$C.I. = \frac{\lambda_{\max} - n}{n - 1} \tag{5-3}$$

式中 $\lambda_{\max}$ 为判断矩阵 A 最大特征根。其算法如下：

$$\lambda_{\max} = \sum_{i=1}^{n} \frac{[AW]_i}{nW_i} \tag{5-4}$$

式中 $[AW] i$ 表示矩阵 $[AW]$ 的第 i 个分量。

定义一致性指标 CR 为

$$CR = \frac{C.\,I.}{C.\,R.} \tag{5-5}$$

式中 $C.\,R.$ 为随机性指标。

当一致时，$C.\,I. = 0$；不一致时，一般有 $\lambda_{max} > n$，因此 $C.\,I. > 0$。故一般可根据 $C.\,I. < 0.1$ 来判断。对于如何衡量 $C.\,I.$ 可否被接受，萨蒂构造了最不一致的情况，就是对不同 n 的比较矩阵中的元素，采取 1/9，1/7，…，1，…，7，9 随机取数的方式赋值，并且对不同 n 用了 100 ~ 500 个子样，计算其一致性指标，再求得其平均值，记为 $C.\,R.$，结果如表 5-4 所示。

表 5-4　随机性指标 $C.\,R.$ 数值

n	1	2	3	4	5	6	7	8	9	10	11
CR	0	0	0.58	0.9	1.12	1.24	1.32	1.41	1.45	1.49	1.51

若一致性指标 $C.\,R. < 0.10$，则认为判断矩阵的一致性可以接受，权重向量 W 可以接受。

（4）计算综合重要度

在计算了各层次要素对上一级 H_S 的相对重要度以后，即可从最上层开始，自上而下地求出各层要素关于系统总体的综合重要度，对所有项目风险因素（或备选方案）进行优先排序。其分析计算过程如下：

设第二层为 A 层，有 m 个要素 A_1，A_2，…，A_m，它们关于系统总体的重要度分别为 a_1，a_2，…，a_m。第三层为 B 层，有 n 个要素 B_1，B_2，…，B_n，它们关于 a_i 的相对重要度分别为 b_1^i，b_2^i，…，b_n^i，则第 B 层的要素 B_j 的综合重要度为

$$b_j = \sum_{i=1}^{m} a_i b_j^i \quad j = 1,2,\cdots,n \tag{5-6}$$

即下层 j 要素的综合重要度是以上层要素的综合重要度为权重的相对重要度的加权和。

B 层的全部要素的综合重要度如表 5-5 所示。

表 5-5　综合重要度计算表

B_j ＼ A_i	A_1	A_2	…	A_m	b_{wj}
	a_1	a_2	…	a_m	
B_1	b_1^1	b_1^2	…	b_1^m	$b_{w1} = \sum_{i=1}^{m} a_i b_1^i$
B_2	b_2^1	b_2^2	…	b_2^m	$b_{w2} = \sum_{i=1}^{m} a_i b_2^i$
⋮		⋮			⋮
B_n	b_n^1	b_n^2	…	b_n^m	$b_{wn} = \sum_{i=1}^{m} a_i b_n^i$

下面举例说明层次分析法的具体计算分析过程以及应用。

【例 5.3】 现有一个小型国有企业重组项目,有两个重组方案:中外合资或改成股份制。该项目已识别出三个风险:经济风险、技术风险和社会风险。经济风险主要指国有资产流失;技术风险指企业重组后生产新产品,技术上的把握性;社会风险指原来的在职和退休职工的安排问题等。现在要求企业决策者回答的问题是,哪一种重组方案的风险较大?

解: 本例中的三种风险,不易量化。此外,要确定两个方案的风险优先排序,不能只考虑一种风险,三种都要考虑。处理这类问题,可采用层次分析法。

1. 构建递阶层次结构模型

根据已知信息和决策目标、评价准则,构建该项目的递阶层次结构模型,如图 5-6 所示。

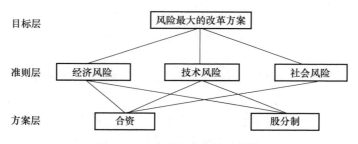

图 5-6 企业重组方案风险评价

2. 构造判断矩阵 A

根据两两比较标度,确定各层次不同因素的重要性权数。对于评价准则层,该层有经济风险、技术风险和社会风险三种因素,评价者根据评价目标"风险最大的重组方案",将这三个因素的重要性两两相比,得到判断矩阵 A。

$$A = \begin{bmatrix} 1 & 5 & 1/2 \\ 1/5 & 1 & 1/8 \\ 2 & 8 & 1 \end{bmatrix}$$

再分析方案层。该层有两个方案:合资或股份制。对"经济风险""技术风险"和"社会风险"进行两两比较,得到判断矩阵 A_1、A_2 和 A_3

$$A_1 = \begin{bmatrix} 1 & 4 \\ 1/4 & 1 \end{bmatrix}, A_2 = \begin{bmatrix} 1 & 1/5 \\ 5 & 1 \end{bmatrix}, A_3 = \begin{bmatrix} 1 & 5 \\ 1/5 & 1 \end{bmatrix}$$

3. 判断矩阵特征向量的计算

按照式(5-2),分别计算矩阵 A,A_1,A_2,A_3 的特征向量,分别用 W,

W_1，W_2，W_3表示。下面以特征向量W为例介绍特征向量的一种计算方法。

（1）计算A的各行之和。

$$\begin{bmatrix} 1+5+1/2=13/2 \\ 1/5+1+1/8=53/40 \\ 2+8+1=11 \end{bmatrix} = \begin{bmatrix} 6.5 \\ 1.325 \\ 11 \end{bmatrix}$$

（2）计算各行的平均值，因为A有3列，所以求平均值时用3除。

$$\begin{bmatrix} 6.5/3 \\ 1.325/3 \\ 11/3 \end{bmatrix} = \begin{bmatrix} 2.166\ 7 \\ 0.441\ 7 \\ 3.666\ 7 \end{bmatrix}$$

（3）归一化，即将各行除以三行之和$2.166\ 7+0.441\ 7+3.666\ 7=6.275\ 1$，于是得到矩阵$A$的特征向量为

$$W = \begin{bmatrix} 0.345\ 3 \\ 0.070\ 4 \\ 0.584\ 3 \end{bmatrix}$$

根据计算结果，在该项目方案中，社会风险最重要（0.584 3），经济风险次之（0.345 3），技术风险第三（0.070 4）。

至于A_1，A_2和A_3的特征向量W_1，W_2，W_3，按照上面同样的步骤，计算结果如下：

$$W_1 = \begin{bmatrix} 0.8 \\ 0.2 \end{bmatrix}, W_2 = \begin{bmatrix} 0.166\ 7 \\ 0.833\ 3 \end{bmatrix}, W_3 = \begin{bmatrix} 0.833\ 3 \\ 0.166\ 7 \end{bmatrix}$$

W_1表明，从"经济风险"的角度来看，"合资"方案比"实行股份制"风险大；W_2表明，从"技术风险"的角度来看，"合资"方案比"实行股份制"风险小；W_3表明，从"社会风险"的角度来看，"合资"方案比"实行股份制"风险大。

4. 一致性检验

在建立判断矩阵过程中，涉及人的主观判断，因而会出现判断不一致的情况。为保证评价分析的有效性，必须进行一致性检验。

根据式（5-3）、（5-4）、（5-5），有

$$AW = \begin{bmatrix} 0.989\ 45 \\ 0.212\ 50 \\ 1.838\ 10 \end{bmatrix}$$

$$\lambda_{max} = \frac{1}{3}\left(\frac{0.989\ 45}{0.345\ 3}+\frac{0.212\ 5}{0.070\ 4}+\frac{1.838\ 1}{0.584\ 3}\right) = 3.01$$

由此得$C.I.=0.005$，查表5-4得$C.R.=0.58$，则：

$$CR = 0.005/0.58 = 0.01 < 0.1$$

112

所以判断矩阵 A 的一致性符合要求，可以接受。

5. 计算综合重要度

特征向量 W_1，W_2，W_3 分别从"经济风险""技术风险"和"社会风险"的角度比较了合资和股份制两种方案，但是只给出了其相对重要度，并没有回答两个方案的整体风险水平和系统总体重要性。要回答这个问题，必须进行综合重要度的分析计算。

在计算了递阶层次结构各层次要素对上一级要素的相对重要度之后，即可从最上层开始，自上而下地求出各层要素关于系统总体的综合重要度。

$$B = (W_1, W_2, W_3) = \begin{bmatrix} 0.8 & 0.166\ 7 & 0.833\ 3 \\ 0.2 & 0.833\ 3 & 0.166\ 7 \end{bmatrix}$$

然后，用矩阵 B 乘以特征向量 W，得到矩阵 W_f，即

$$W_f = BW = \begin{bmatrix} 0.8 & 0.166\ 7 & 0.833\ 3 \\ 0.2 & 0.833\ 3 & 0.166\ 7 \end{bmatrix} \begin{bmatrix} 0.345\ 3 \\ 0.070\ 4 \\ 0.584\ 3 \end{bmatrix} = \begin{bmatrix} 0.774\ 9 \\ 0.219\ 1 \end{bmatrix}$$

矩阵 W_f 表明，从评价目标"风险最大的重组方案"的整体角度来看，即综合了"经济风险""技术风险"和"社会风险"三个方面之后，"合资"方案比"实行股份制"风险大。

5.3.5 模糊风险综合评价

1. 模糊与项目风险评价

在项目风险评价中，有些现象或活动界限是清晰的，而有些则是模糊的，前者可以用普通集合来表示，而后者只能用模糊集合来描述。这里侧重介绍模糊数学在项目风险评价中的应用。

模糊数学是美国加利福尼亚大学的查德教授于 1965 年提出来的。50 多年来，模糊数学得到了迅速发展，已被广泛应用于自然科学、社会科学和管理科学的各个领域，其有效性已得到了充分验证。事实上，在风险评估实践中，有许多事件的风险程度是不可能精确描述的，如风险水平高、技术先进、资源充足等，"高""先进""充足"等均属于边界不清晰的概念，即模糊概念。诸如此类的概念或事件，既难以有物质上的确切含义，也难以准确地用数字表述出来，这类事件就属于模糊事件。对于这些模糊事件的综合评价，可以根据模糊数学原理来进行。

2. 模糊综合评价

模糊综合评价法是模糊数学在实际工作中的一种应用方式。其中，评价就是指按照指定的评价条件对评价对象的优劣进行评比、判断，综合是指评

价条件包含多个因素。综合评价就是对受到多个因素影响的评价对象做出全面的评价。采用模糊综合评价法进行风险评价的基本思路是：综合考虑所有风险因素的影响程度，并设置权重区别各因素的重要性，通过构建数学模型，推算出风险水平的各种可能性程度，其中可能性程度值高者为风险水平的最终确定值。其具体步骤是：

① 选定评价因素，构成评价因素集；
② 根据评价的目标要求，划分等级，建立备择集；
③ 对各风险要素进行独立评价，建立判断矩阵；
④ 根据各风险要素影响程度，确定其相应的权重；
⑤ 运用模糊数学运算方法，确定综合评价结果；
⑥ 根据计算分析结果，确定项目风险水平。

下面举一实例进行系统介绍。

【例5.4】 某市兴建了一家服装厂，在研究产品发展方向方面有两个可供选择的方案：一是生产西服，一是生产牛仔服。其销售前景有四种情况：很好、好、不太好、不好，相应的年度收益情况表5-6所示。该厂应选择哪种生产方案，如何决策？

表5-6　项目各备选方案收益

销售前景 备选方案	很　好	好	不　太　好	不　好
生产西服	800	700	200	−200
生产牛仔服	1 000	800	300	−300

解：（1）建立因素集

因素集是指影响评价对象的各种因素所组成的一个普通集合。

$$U = \{U_1, U_2, \cdots, U_n\} \tag{5-7}$$

式中，U 是因素集，$U_i(i=1,2,\cdots,m)$ 代表各影响因素。这些因素一般具有不同程度的模糊性。在本例中，可以考虑从舒适性、耐磨性和美观性三个方面对这两种服装进行评价，这就构成了项目风险评价因素集，即

$$U = \{舒适性, 耐磨性, 美观性\}$$

（2）建立备择集

备择集是指专家利用自己的经验和知识对项目因素对象可能作出的各种总的评判结果所组成的集合，一般用大写字母 V 表示，即

$$V = \{V_1, V_2, \cdots, V_m\} \tag{5-8}$$

式中各元素 $V_i(i=1,2,\cdots,n)$ 代表各种可能的总评价结果。模糊综合评价的最终结果就是要在综合考虑所有影响因素的基础上，从备择集中得出一相

应的评价结果。在本例中，专家对每个单因素的评价可分为很好、好、不太好、不好，即 $V = \{$很好、好、不太好、不好$\}$。

（3）建立模糊关系矩阵

即建立从 U 到 V 的模糊关系 R，即对单因素进行评价。

采取专家评审打分的方法建立模糊关系矩阵 $R(r_{ij})$。由若干名专家对各因素 r_{ij} 进行评价。

$$r_{ij} = \frac{\text{对 } V \text{ 中某一因素,专家划分为某一档次的人}}{\text{评审专家人数}}$$

得到模糊关系矩阵 R

$$R = \begin{bmatrix} r_{11} & r_{12} & r_{13} & \cdots & r_{1n} \\ r_{21} & r_{22} & r_{23} & \cdots & r_{2n} \\ \vdots & \vdots & \vdots & \vdots & \vdots \\ r_{m1} & r_{m2} & r_{m3} & \cdots & r_{mn} \end{bmatrix} \tag{5-9}$$

就牛仔服的舒适性而言，假设有 30% 的顾客认为很好，60% 的顾客认为好，10% 的顾客认为不太好，没有顾客认为不好。于是，对单因素"舒适性"的评价为 0.3，0.6，0.1，0)。同样，对"耐磨性""美观性"的评价分别为（0.3，0.6，0.1，0）（0.4，0.3，0.2，0.1)，则评判矩阵为

$$R_2 = \begin{bmatrix} 0.3 & 0.3 & 0.4 \\ 0.6 & 0.6 & 0.3 \\ 0.1 & 0.1 & 0.2 \\ 0 & 0 & 0.1 \end{bmatrix}$$

同理，可得到西服的评判矩阵为

$$R_1 = \begin{bmatrix} 0.1 & 0.1 & 0.2 \\ 0.2 & 0.3 & 0.2 \\ 0.6 & 0.5 & 0.3 \\ 0.1 & 0.1 & 0.3 \end{bmatrix}$$

（4）建立权重集

权重集，反映了因素集中各因素不同的重要程度，一般通过对各个因素 $U_i(i=1,2,\cdots,m)$ 赋予一相应权数 $a_i(i=1,2,\cdots,m)$，这些权数所组成的集合为

$$A = \{a_1, a_2, \cdots, a_m\} \tag{5-10}$$

称为因素权重集，简称权重集。

权重的确定在项目风险综合评价中是一个非常重要的工作，同样的因素，如果取不同的权重，那么最终的评判结果将会不一样。在本例中，由于顾客

背景（职业、性别、年龄、经济状况等）不同，他们对服装的"舒适性""耐磨性"和"美观性"的重视程度也是不一样的，因此，应对这三个因素赋予不同的权重。权重的确定，一般由人们根据实际问题的需要主观地确定，也可按照确定隶属度的方法加以确定。设顾客对"舒适性""耐磨性"和"美观性"赋予的权重分别为 0.3、0.3、0.4，即 $A = (0.3, 0.3, 0.4)^T$。

（5）模糊综合评判

根据层次分析法，取查德算子为 $M(\wedge, \vee)$，则综合评价可表示为

$$B = W \times R \tag{5-11}$$

权重集 W 可视为一行 m 列的模糊矩阵，上式按模糊矩阵乘法进行运算，即有：

$$B = (w_1, w_2, \cdots, w_m) \times \begin{bmatrix} r_{11} & r_{12} & r_{13} & \cdots & r_{1n} \\ r_{21} & r_{22} & r_{23} & \cdots & r_{2n} \\ \vdots & \vdots & \vdots & \vdots & \vdots \\ r_{m1} & r_{m2} & r_{m3} & \cdots & r_{mn} \end{bmatrix} = (b_1, b_2, \cdots, b_n) \tag{5-12}$$

式中 B 为模糊综合评价集，$b_j(j = 1, 2, \cdots, n)$ 为模糊综合评判指标。对 B 进行归一化处理，有：

$$\bar{b}_i = \frac{b_i}{\sum\limits_{i=1}^{n} b_i} \tag{5-13}$$

$$B = (\bar{b}_1, \bar{b}_2, \cdots, \bar{b}_n) \tag{5-14}$$

对于本例而言，对西服有

$$B = A \times R_1 = \begin{bmatrix} 0.1 & 0.1 & 0.2 \\ 0.2 & 0.3 & 0.2 \\ 0.6 & 0.5 & 0.3 \\ 0.1 & 0.1 & 0.3 \end{bmatrix} \times \begin{bmatrix} 0.3 \\ 0.3 \\ 0.4 \end{bmatrix} = \begin{bmatrix} 0.2 \\ 0.3 \\ 0.3 \\ 0.3 \end{bmatrix}$$

归一化处理得 $\bar{B}_1 = (0.19, 0.27, 0.27, 0.27)^T$

同理，对牛仔服有

$$B = A \times R_2 = \begin{bmatrix} 0.3 & 0.3 & 0.4 \\ 0.6 & 0.6 & 0.3 \\ 0.1 & 0.1 & 0.2 \\ 0 & 0 & 0.1 \end{bmatrix} \times \begin{bmatrix} 0.3 \\ 0.3 \\ 0.4 \end{bmatrix} = \begin{bmatrix} 0.4 \\ 0.3 \\ 0.2 \\ 0.1 \end{bmatrix}$$

$$\bar{B}_2 = (0.4, 0.3, 0.2, 0.1)^T$$

计算结果表明，西服隶属"很好""好""不太好""不好"的程度分别为 19%、27%、27%、27%；牛仔服隶属"很好""好""不太好""不好"

的程度分别为 40%、30%、20%、10%。

（6）综合决策

以评价对象综合评价结果作为方案和状态概率，计算各方案的期望收益值并据此决策。

$$E_1 = 19\% \times 800 + 27\% \times 700 + 27\% \times 200 + 27\% \times (-200) = 341 (万元)$$

$$E_2 = 40\% \times 1\,000 + 30\% \times 800 + 20\% \times 300 + 10\% \times (-300) = 670 (万元)$$

由于 $E_2 > E_1$，因此应选择方案 2，即生产牛仔服。

5.3.6　着色风险方格图

1. 着色风险方格图

可以采用着色风险方格图（Risk Blocks，Bisk Cubes）方法进行项目风险评估，描述和辨识系统的风险水平。风险方格图对应于风险矩阵，也可以用风险矩阵描述和辨识系统的风险水平。着色风险方格图如图 5-7 所示。着色风险方格图的纵坐标反映风险状态（likelihood），横坐标反映后果状态（consequence），着色风险方格图用矩阵方格图方式描述风险状态与后果状态之间的关系。

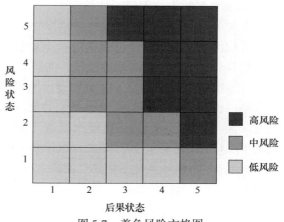

图 5-7　着色风险方格图

在着色风险方格图中，浅色表示低风险，深色表示中风险，黑色表示高风险。风险方格图以一目了然的方式反映了各种事项所伴随风险的严重程度。

2. 风险状态定义

对于 F-35 战斗机航母作战项目，可以根据项目特征对风险状态进行定义，如可将风险状态定义下列 5 种：

（1）无风险状态——很少出现，或从未出现；

（2）微弱风险状态——最终会出现，但可能很少出现；

（3）有风险状态——可能早晚会出现，可能一年一次，或在若干次航行中出现一次；

（4）高风险状态——可能会在近期的一次航行中出现；

（5）确定性风险状态——可以确定一定会出现。

3. 风险后果状态定义

对风险后果状态进行定义，如可将风险后果定义为下列 5 种：

（1）微弱（Minimal）——这种事项不会发展成问题；

（2）轻微（Minor）——这种事项可能发展成小问题，但是这种问题会得到关注；

（3）中度（Moderate）——这种事项可以设法解决，但会是较为困难的，且并不能一劳永逸；

（4）显著（Significant）——这种事项必须解决，否则将严重影响航母的安全和作战能力；

（5）严重（Severe）——这种事项无法解决，且将影响舰船和人员的安全，系统工作也无法进行。

4. 着色风险方格图风险评估案例

在对 F-35 项目进行风险评估的实践中，首先分领域，针对该领域的每一个有可能引发问题的事项进行风险状态和后果状态的评估。如对 F-35B 的风险评估就分为飞机维护、动力系统、人员危害、定位/甲板放飞等领域。

由专家对所有可能发生的事项进行风险评估，将评估的结果填写在对应的方格内，如果某一事项会引起整个功能区产生严重事故，则整个功能区就被定义为"重点区域"，该区域则是改进关注的重点区域和优先区域，该区域的事项应优先整改。如对 F-35B 维护事项的风险评估：

B-4：短距起降推进系统热气流吸入（确定性的风险，后果显著）；

B-6：短距起降整体动力系统热气流吸入（确定性的风险，后果中度）；

B-8：短距起降整体动力系统与排气系统的协调性（高风险，后果显著）；

B-11：推进系统排气对人员的可能伤害（确定性的风险，后果轻微）。

将事项的风险分析结果填入风险方格图，如图 5-8 所示。

从图 5-8 所示的风险分析方格图可看出，F-35B 维护过程中的多数事项处于高风险状态区，因此对于短距起降的 F-35B 而言，在甲板训练和飞机定位过程中，对于整体动力系统排气的协调性要高度关注，要设法减少风

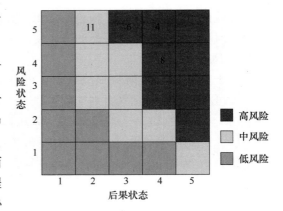

图 5-8　F-35B 维护事项的风险评估

险因素。

图 5-9 所示为 F-35B 对比评估改进前后的风险状态。

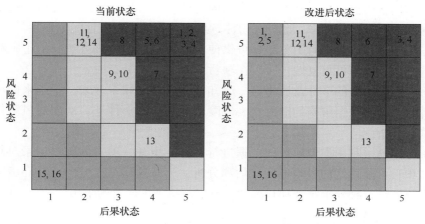

图 5-9 F-35B 对比评估改进前后的风险状态

从图 5-9 可以看出，事项 1、2、5 的风险状态得到了根本性的改善。从必定发生的严重后果状态，改进为必定发生的微弱后果状态。

图 5-10 所示为 F-35C 对比评估改进前后的风险状态。

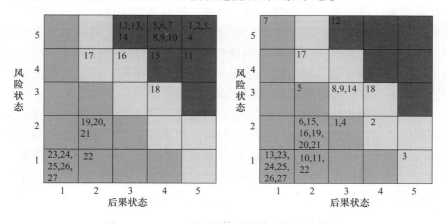

图 5-10 F-35C 对比评估改进前后的风险状态

从图 5-10 可以看出，F-35C 风险状态得到了根本性的改善。

5.3.7 外推法

外推法（Extrapolation），是进行项目风险评估和分析的一种十分有效的方法，它可分为前推、后推和旁推三种类型。

前推就是根据历史经验和数据推断出未来事件发生的概率及其后果。如果历史数据具有明显的周期性，就可据此直接对风险作出周期性的评估和分析，如果从历史记录中看不出明显的周期性，即可用一曲线或分布函数来拟合这些数据再进行外推，此外还得注意历史数据的不完整性和主观性。

后推是在手头没有历史数据可供使用时所采用的一种方法，由于工程项目的一次性和不可重复性，所以在项目风险评估和分析时常用后推法。后推是把未知的想象的事件及后果与一已知事件与后果联系起来，把未来的风险事件归结到有数据可查的造成这一风险事件的初始事件上，从而对风险作出评估和分析。

旁推就是利用类似项目的数据进行外推，用某一项目的历史记录对新的类似项目可能遇到的风险进行评估和分析，当然这还得充分考虑新环境的各种变化。这三种外推法在项目风险评价中都得到了广泛的采用。

5.3.8　蒙特卡罗模拟法

蒙特卡罗模拟法（Monte Carlo simulation）：随机地从每个不确定因素中抽取样本，之后进行一次整个项目计算，重复进行成百上千次，模拟各式各样的不确定性组合，获得各种组合下的成百上千个结果。通过统计和处理这些结果数据，找出项目变化的规律。例如，把这些结果值从大到小排列，统计各个值出现的次数，用这些次数值形成频数分布曲线，就能够知道每种结果出现的可能性是多少。然后依据统计学原理，对这些结果数据进行分析，确定最大值、最小值、平均值、标准差、方差、偏度等，通过这些信息就可以更深入地、定量地分析项目，为决策提供依据。

项目中常用蒙特卡罗模拟法来模拟仿真项目的日程，这种技术往往被全局管理所采用，通过对项目的多次"预演"得出如图 5-11 所示的项目进度日程的统计结果。该图表明了完成项目的累积可能性与某一时间点的关系，项目固定完成工期越靠左则按时完成项目的风险越高，反之风险越低。蒙特卡罗模拟法也常被用来估算项目成本可能的变化范围。

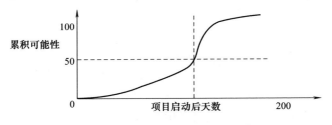

图 5-11　一个项目进度的蒙特卡罗模拟

5.3.9 数据包络分析法

数据包络分析（DEA，Data Envelopment Analysis）是由运筹学家查恩斯（Charnes）、库珀（Cooper）和罗兹（Rhodes）于 1978 年创建的，是使用数学规划模型评价具有多个输入和多个输出的决策单元间的相对有效性的一种非参数输入方法。20 世纪 80 年代，DEA 开始流行起来，这种方法也被称为非参数方法或 Farrell 型有效分析法。在我国，自 1988 年引入 DEA 方法之后，该方法在生产力提高、技术创新、资源配置、非生产性等领域得到了广泛应用，而且该方法在风险评价领域也得到了应用。数据包络分析的最大优点在于：一是不需要对系统输入输出的函数形式进行假设，这就排除了主观因素的影响；二是不需要预先估计参数，因而避免了对参数的人为估计的误差，简化了算法，具有较大的优越性。近年来，数据包络分析也得到了不断的发展，2001 年 Sueyoshi 提出了数据包络判别分析（DEA-DA）模型，我国学者柯孔林登引入了常数值 s 对 DEA-DA 模型进行修正，建立了扩展的数据包络判别法。该模型通过引入数据包络分析的非参数检验特性，样本可以不服从正态分布并具有很强的鲁棒性。扩展的数据包络判别分析将在项目风险评价中得到更多应用。

5.3.10 统计和概率法

统计和概率法（Statistics）是使用概率来研究不确定性因素、风险因素对项目经济效果影响的一种定量分析方法。在进行项目方案比较和评价时，运用概率与数理统计法，不仅可以对项目方案的数学期望和方差进行计算和分析，而且还能得到项目方案成败的风险程度。利用这种分析方法，可以弄清各种变量出现某种变化时对项目经济效果影响的大小和项目获得收益的可靠程度。对项目风险因素进行评估，可以采用客观估计、主观估计和介于两者之间的合成概率进行分析。

小结

本章描述了对项目风险进行系统评价过程和技术方法。至此，我们已详细讨论了风险评估的全过程，包括风险识别、风险估计和风险评价。风险评估是指对项目各个方面的风险和关键性技术过程的风险进行辨识和系统分析的过程，其目的是系统考察项目各个方面和各个关键性技术过程，明确项目风险致因并确定其影响，以促进项目更可靠地实现其性能、进度和费用目标。

为更好地掌握项目风险评估技术，这里我们对风险评估进行一个初步的总结，主要讨论风险评估方法的选用。正确的方法是成功的一半，风险评估要达到识别风险、量化风险和制定有效的规避措施的目标，必须选择行之有效的方法。认真研究采用特定技术所需资源是一个多次出现的主题，技术方法选择的第一个准则是必须以满足最少的时间、资金和人力支出并得到最大效用为目标；第二个准则是以整个风险分析为目标的应用或决策过程；第三个准则是风险分析技术的实际输出，技术输出的精确程度、详细层次等完全与风险决策所需的信息相匹配。根据上述原则，表5-7列出了常用的风险评估分析和工具，以供参考。表中"●"表示主要应用，"○"表示辅助应用。

表 5-7　风险分析技术应用参考表

风 险 评 价	风 险 估 计	风 险 识 别	内　　容
○	○	●	专家访问
○	○	●	类比法
	○	●	头脑风暴法
○	○	●	德尔斐法
		●	幕景分析（Scenarios Analysis）
	○	●	故障树分析法
○		●	"SWOT" 法
○		●	概率树与逻辑树分析法
○	●	○	外推法（前推、后推、旁推）
○	●		蒙特卡罗模拟分析法
●	○		等风险图评价法
●	○	○	决策树法
●	○	○	网络分析
●	○	○	层次分析法
●	○	○	寿命周期费用分析
●	○	○	费用风险/WBS 仿真模型
●	○		模糊综合评价方法

复习思考题

　　1. 描述风险评价过程的目标。为什么每个目标都重要？请为每个目标定义量化的成功标准。

　　2. 风险评价准则有哪些？

　　3. 何时应作定性的风险评价？请举例说明。

4. 何时应作定量的风险评价？请举例说明。

5. 何时应对项目风险进行定性与定量的评价？请举例说明。

6. 许多风险是相互关联的。分析以下的复合风险：需求不稳定和预算紧张可能导致项目被取消，讨论这两个风险之间的依赖性。

7. 综合分析：特洛克塞工程的风险评估。

特洛克塞工程（公司）得到一份一次性合同，设计和生产某种新产品10 000件。在建议阶段，管理层认为可以以较低的成本完成这份合同。生产该产品必需一种小部件，该小部件可在市场上享受数量折扣之后以 60 元购得，因此购买和加工这一部件的预算额为 650 000 元，其中考虑到可能有一些部件不能使用。

在设计阶段，你的工程设计组发现，最后的设计对这种部件的要求比原计划高，因而购买所需的部件在享受数量折扣之后价格为 72 元，新价格比预算高出许多，成本也因此超支。

你和你的制造组商量是否能用比在外面购买低的价格自己制造这种部件。制造组告诉你，他们最多可以生产 10 000 件，恰好满足合同需要，生产用的设备成本为 100 000 元，每个部件的原材料费是 40 元。由于特洛克塞以前从未制造过这种产品，专家预计制造会有以下缺陷：

缺陷（%）	0	10	20	30	40
发生概率	10	20	30	25	15

所有有缺陷的部件必须去除并以每个 120 元的成本修理。

问题：（1）按照期望值，制造和购买这种部件哪种方法更经济？

（2）从长远考虑，管理层为什么可能不选择最经济的方法？

第 6 章

项目风险应对管理

　　项目风险是客观存在的，项目环境具有复杂化、不确定性特征，因此，项目风险管理不能抱有侥幸心理，必须在系统分析项目风险的基础上，采取积极的应对措施，切实做到预先准备，确保及时消除风险隐患，或将项目风险后果控制在可接受的水平。本章主要介绍项目风险应对管理的概念内涵、管理过程、分散化策略分析、应对策略、应对技巧等。

6.1　概念内涵

6.1.1　风险应对的含义

　　项目风险应对就是对项目风险提出处置意见和办法。通过对项目风险识别、估计和评价，把项目风险发生的概率、损失严重程度以及其他因素综合起来考虑，就可得出项目发生各种风险的可能性及其危害程度，再与公认的安全指标相比较，就可确定项目的危险等级，从而决定应采取什么措施以及控制措施应采取到什么程度。

6.1.2　风险应对的依据

　　项目风险应对的依据主要有：

　　（1）风险管理计划。

　　（2）风险排序，将风险按其可能性、对项目目标的影响程度、缓急程度分级排序，说明要抓住的机会和要应付的威胁。

　　（3）风险认知，对可放弃的机会和可接受风险的认知。组织的认知度会影响风险应对计划。

　　（4）风险主体，项目利益相关者中可以作为风险应对主体的名单。风险主体应参与制定风险应对的计划。

　　（5）一般风险应对。许多风险可能是由某一个共同的原因造成的，这种情况下为利用一种应对方案缓和两个或更多项目风险提供了机会。

6.2　应对过程

　　作为项目风险管理的一个有机组成部分，项目风险应对也是一种系统过程活动，可以从内部和外部两种视角来看待风险应对过程：外部视角详细说明过程控制、输入、输出和机制；内部视角详细说明用机制将输入转变为输出的过程活动。

6.2.1 风险应对过程目标

当风险应对过程满足下列目标时，就说明它是充分的：

（1）进一步提炼项目风险背景；

（2）为预见到的风险作好准备；

（3）确定风险管理的成本效益；

（4）制定风险应对的有效策略；

（5）系统地管理项目风险。

6.2.2 风险应对过程定义

项目风险应对过程定义如图6-1所示。

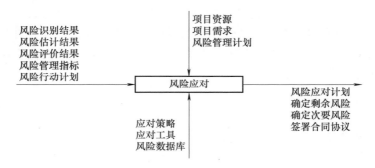

图6-1 风险应对过程

1. 过程输入

风险行动计划是风险应对过程的输入。它包括风险应对的目标、约束和决策，记录了选择的途径、需要的资源和批准权力。计划提供了高层次的指导和允许达到目标过程中的灵活性。

2. 过程机制

机制可以是方法、技巧、工具或其他为过程活动提供结构的手段。风险应对技巧、风险应对工具和风险数据库都是风险应对过程的机制。

3. 过程控制

和控制风险规划过程一样，项目资源、项目需求和风险管理计划同样约束着风险应对过程。

4. 过程输出

风险状态、可接受的风险、风险预警与防范、风险行动是风险应对过程的主要输出。

（1）项目风险应对计划。风险应对计划应详细到可操作层次，它一般应包括下面一些或全部内容：

  1）风险识别，风险特征描述，风险来源及其对项目目标的影响；

  2）风险主体和责任分配；

  3）风险评估及风险量化结果；

  4）单一风险的应对措施，包括回避、转移、缓和、接受；

  5）战略实施后，预期的风险自留（风险概率和风险影响程度）；

  6）具体应对措施；

  7）应对措施的预算和时间；

  8）应急计划和反馈计划。

  （2）确定剩余风险。剩余风险指在采取了回避、转移和缓和措施后仍保留的风险，也包括被接受的小风险。

  （3）确定次要风险。由于实施风险应对措施而直接导致的风险称为次要风险。它们应同主要风险一样来识别，并计划应对措施。

  （4）签署合同协议。为了避免或减轻风险，可以针对具体风险或项目签订保险、服务或其他必要的合同协议，确定各方的责任。

  （5）为其他过程提供依据。选定的或提出的各种替代策略、应急计划、预期的合同协议、需额外投入的时间费用或资源以及其他有关的结论都必须反馈到相关领域，成为其过程计划、变更和实施的依据。

6.2.3　风险应对过程活动

  项目风险应对过程活动是指执行风险行动计划，以求将项目风险降至可接受程度所需完成的任务。一般有以下几项内容：

  （1）进一步确认风险影响；

  （2）制定风险应对策略措施；

  （3）研究风险应对技巧和工具；

  （4）执行风险行动计划；

  （5）提出风险防范和监控建议。

6.3　分散化策略分析

  项目风险集中和风险单位分割等项目风险控制措施利用了统计中的大数法则。根据大数法则，只要风险单位足够多，这些风险单位的实际损失就会接近于预期损失，项目风险趋向于零。项目风险的分散化包含两个基本问题：一是，这类风险控制方法对风险损失有什么影响；二是，风险单位数量要达到多少才"足够多",使这样的项目风险控制方法有意义。项目风险的分散化,实际上就是我们平时所说的"不要把所有鸡蛋放到一个篮子里"通过把项目风险单位组合起来,以达到降低项目风险之目的。

6.3.1 两种风险单位组合的风险分散

当项目风险单位只有两种时,虽然项目风险单位的数量不能算是"足够多",但应用两种风险单位的组合来分析风险的分散化简单而直观,也能反映出项目风险分散化的基本特征。

1. 两种风险单位组合的损失与风险

由两个风险单位组成的风险单位组合 P,这两个风险单位的价值之和就是风险单位组合的价值。风险单位或风险单位组合未来的价值为其初始价值减去损失额。由于初始价值为已知量,所以考虑未来的价值情况时可以只计损失。项目风险单位组合的损失 L_P 是一随机变量,可用该随机变量的期望值 $E(L_P)$ 来度量其损失,而把损失的方差 $Var(L_P)$ 或标准差 σ_P 作为项目风险的定量表达。

设构成项目风险单位组合的两个风险单位分别为 X 和 Y,其损失分别为 L_X 和 L_Y,它们的损失即各自的期望值,分别为 $E(L_X)$ 和 $E(L_Y)$;风险为各自的方差 $Var(L_X)$ 和 $Var(L_Y)$ 或标准差 σ_X 和 σ_Y,则项目风险单位的损失为

$$L_P = L_X + L_Y \tag{6-1}$$

项目风险单位组合的损失为

$$E(L_P) = E(L_X) + E(L_Y) \tag{6-2}$$

即项目风险单位组合的损失为各项目风险单位损失之和。换言之,构造项目风险单位既不会增加风险管理的成本,也不会降低损失。

风险单位组合的风险为

$$Var(L_P) = Var(L_X + L_Y) = Var(L_X) + Var(L_Y) + 2Cov(L_X, L_Y) \tag{6-3}$$

式中,$Cov(L_X, L_Y)$ 为项目风险单位 X 和 Y 的损失的协方差,即

$$Cov(L_X, L_Y) = E\{[L_X - E(L_X)][L_X - E(L_X - E(L_Y))]\}$$

上式表明,项目风险单位组合的风险并不是各个项目风险单位风险的简单组合。

2. 风险单位组合对风险的分散

由于协方差又可表示为

$$Cov(L_X, L_Y) = \gamma_{XY}\sigma_X\sigma_Y \tag{6-4}$$

式中,γ_{XY} 为项目风险单位 X 和 Y 的损失的相关系数,且 $\gamma_{XY} \in [-1, 1]$,故

$$Var(L_P) = Var(L_X) + Var(L_Y) + 2\gamma_{XY}\sigma_X\sigma_Y$$

且

$$Var(L_P) \leqslant Var(L_X) + Var(L_Y) + 2\sigma_X\sigma_Y = (\sigma_X + \sigma_Y)^2$$

由于考虑到

$$\sigma_X \geqslant 0, \sigma_Y \geqslant 0$$

则有

$$\sigma_P \leqslant \sigma_X + \sigma_Y \tag{6-5}$$

上式表明，项目风险单位组合的风险一般是小于风险单位的风险之和的，这就是项目风险单位集中的意义所在。

若两种项目风险单位损失的协方差为负，表明两种项目风险单位的损失是以相反方向运动。即若项目风险单位 X 的损失减少，则风险单位 Y 的损失必增加，反之亦然，这样就分散了风险，而损失为两种项目风险单位损失之和，则项目风险单位既没有降低，也没有增加。

3. 项目风险单位相关性与风险分散

由前文分析可知，项目风险单位组合一般可以起到分散风险的作用，但是除了项目风险单位的数量以外，还需要考虑影响项目风险分散能力的有关因素。

从项目风险单位组合风险的表达式可见，项目风险单位组合的风险，除了每个项目风险单位各自的风险以外，主要与两种风险单位的协方差有关，而协方差又与两种风险单位的相关系数有关。因此，项目风险单位的相关系数决定了分散风险的能力。

考虑两种风险单位（仍以 X 和 Y 表示）的相关系数 γ_{XY} 为几种不同取值时，项目风险单位组合损失和风险情况。

（1）$\gamma_{XY} = 1$。此时，两种项目风险单位完全相关，则有

$$E(L_P) = E(L_X) + E(L_Y)$$

$$Var(L_P) = \sigma_X^2 + \sigma_Y^2 + 2\sigma_X\sigma_Y = (\sigma X + \sigma_Y)^2$$

即

$$\sigma_P = \sigma_X + \sigma_Y \tag{6-6}$$

可见，项目风险单位组合的损失与风险均为项目风险单位相应量值的组合。因此，在两种项目风险单位完全相关时，项目风险没有得到任何降低。

（2）$\gamma_{XY} = -1$。此时，两种项目风险单位完全负相关，有

$$E(L_P) = E(L_X) + E(L_Y)$$

$$Var(L_P) = \sigma_X^2 + \sigma_Y^2 - 2\sigma_X\sigma_Y = (\sigma X - \sigma_Y)^2$$

即

$$\sigma_P = \pm(\sigma_X - \sigma_Y) \tag{6-7}$$

正负号根据标准差非负的原则确定，即

若 $\sigma_X \geqslant \sigma_Y$，则

$$\sigma_P = \sigma_X - \sigma_Y \tag{6-8}$$

若 $\sigma_X < \sigma_Y$，则

$$\sigma_P = \sigma_Y - \sigma_X \tag{6-9}$$

由此可见，在两种项目风险单位完全负相关时，项目风险单位组合的损失为两种风险单位损失之和，而项目风险单位组合的风险为两种风险单位风险之差。

（3） $-1 < \gamma_{XY} \leqslant 1$。这是一般的情况，有

$$E(L_P) = E(L_X) + E(L_Y)$$

$$Var(L_P) = \sigma_X^2 + \sigma_Y^2 + 2\gamma\sigma_X\sigma_Y$$

可得

$$\sigma_X^2 + \sigma_Y^2 + 2\sigma_X\sigma_Y > \sigma_X^2 + \sigma_Y^2 + 2\gamma_{XY}\sigma_X\sigma_Y > \sigma_X^2 + \sigma_Y^2 - 2\sigma_X\sigma_Y$$

$$(\sigma_X + \sigma_Y)^2 > \sigma_P^2 > (\sigma_X - \sigma_Y)^2 \tag{6-10}$$

$$(\sigma_X + \sigma_Y) > \sigma_P > \pm(\sigma_X - \sigma_Y)$$

（4） $\gamma_{XY} = 0$。此时，两个项目风险单位完全不相关，有

$$E(L_P) = E(L_X) + E(L_Y)$$

$$Var(L_P) = \sigma_X^2 + \sigma_Y^2$$

根据上述分析的基本结论，在两个项目风险单位完全正相关时，完全不能分散风险；当两个项目风险单位完全负相关时，项目风险分散的效果最好。一般情况下，项目风险分散的效果介于两者之间。需要注意的是，当两个项目风险单位完全不相关时，对项目风险分散的效果并无特别之处。可见，只有在两个项目风险单位完全负相关，而且各自的风险（损失的方差）相同时，才有可能把风险完全分散掉。

6.3.2 一般风险单位组合的风险分散

根据大数法则，当项目风险单位数量足够多时，才可以充分地分散风险，因此，考虑两种风险单位的特例是不够的。下面考虑一般情况下的项目风险单位组合的损失与分散。

1. 风险单位组合的损失与风险

设有风险单位组合 P，它由 N 种风险单位组成，其中第 i 种风险单位的损失 P_i，期望损失为 $E(P_i)$，损失的方差为 $Var(P_i)$，则通过与两种风险单位情况相同的分析，可知风险单位组合的损失和风险为

$$E(L_P) = \sum_{i=1}^{N} E(L_i)$$

$$Var(L_P) = \sum_{i=1}^{N} \sum_{j=1}^{N} \sigma_{ij} \tag{6-11}$$

式中 σ_{ij} 为第 i 种风险单位和第 j 种风险单位的协方差，即

$$\sigma_{ij} = Cov(L_i, L_j)$$

显然项目风险单位和其本身的协方差就是方差，即 $\sigma_{ii} = Var(L_i)$。

另外，必有 $Var(L_P) = \sum_{i=1}^{N} \sum_{j=1}^{N} \sigma_i \sigma_j = \left(\sum_{i=1}^{N} \sigma_i \right)^2$。

或

$$\sigma_P \leq \sum_{i=1}^{N} \sigma_i 。$$

即项目风险单位组合的风险一般小于各风险单位风险的组合，这与由两种风险单位组成的风险单位组合情况一样。

2. 风险单位数量与风险分散效果

项目风险单位数量越多，风险分散的效果就越好。但是，这种原则性的结论对项目风险管理实践并没有什么应用价值，而必须要了解随着项目风险单位数量的增加，项目风险分散效果的变化。

（1）风险单位数量无限时的方差

考虑在一个项目风险单位组合中增加风险单位数量时的情况。为方便起见，不直接考虑损失，而是分析财产价值的变化比率，并假定初始时每种财产的价值一样。假设初始财产价值为 V，一种财产可视作一个风险单位，则第 i 件财产的初始价值 V_{i0} 为

$$V_{i0} = \frac{V}{N} \tag{6-12}$$

可以证明，风险单位组合的价值变化率

$$R_p = \frac{1}{N} \sum_{i=1}^{N} R_i \tag{6-13}$$

式中，R_i 为风险单位 i 的价值变化率；R_p、$R_i (i=1,\cdots,N)$ 为随机变量。

这样，项目风险单位组合价值变化率的期望值为

$$E(R_p) = \frac{1}{N} \sum_{i=1}^{N} E(R_i)$$

风险单位组合价值变化率的方差作为风险单位价值变化率的偏离，也可视为风险，且

$$Var(R_P) = \sum_{i=1}^{N} \sum_{j=1}^{N} \frac{1}{N} \frac{1}{N} \sigma_{ij}$$

此时，式中的 σ_{ij} 为项目风险单位 i 和 j 的价值变化率的协方差。

进一步，有

$$Var(R_P) = \frac{1}{N^2} \sum_{i=1}^{N} \sum_{j=1}^{N} \sigma_{ij}$$

$$= \frac{1}{N^2} \sum_{i=1}^{N} \sigma_{ii} + \frac{1}{N^2} \sum_{i=1}^{N} \sum_{j=1}^{N} \sigma_{ij}$$

设单个风险单位价值变化率的最大方差为 M（某个风险单位），则

$$\frac{1}{N^2} \sum_{i=1}^{N} \sigma_{ii} \leqslant \frac{1}{N^2} \sum_{i=1}^{N} M = \frac{M}{N} \to 0 \, (N \to \infty)$$

又设 $\overline{\sigma}$ 为平均协方差，协方差项共有 $N^2 - N$ 项，依平均的含义，有

$$\overline{\sigma} = \frac{1}{N^2 - N} \sum_{i=1}^{N} \sum_{j=1}^{N} \sigma_{ij} \tag{6-14}$$

则有

$$Var(R_P) = \frac{1}{N^2} (N^2 - N) \overline{\sigma} \to \overline{\sigma} \, (N \to \infty) \tag{6-15}$$

即项目风险单位组合的风险为其中风险单位的平均协方差。可见，当项目风险单位组合中风险单位数量增加时，协方差成为风险的主要因素。

（2）充分分散化所需的风险单位数量

如果把数量足够多的项目风险单位组合起来，而项目风险单位互不相关（协方差均为零），则项目风险单位组合的风险趋近于零。即使项目风险单位之间具有一定的相关性，只要其协方差之和接近于零，则项目风险单位组合也是消除风险的有效手段。

尽管这里的风险是针对财产价值变化率的，与损失风险有所不同，但是，损失只是造成财产价值变化的一种因素，因而财产价值变化率偏差的消除，使损失风险必然也不复存在。因此，分散化可以消除损失风险。

那么，到底多少风险单位才是"足够"的？前文分析并没有回答这个问题，必须要进行实证分析。法玛（Fama）对风险单位组合的风险与风险单位数量之间的关系所做的实证工作表明，当风险单位数量达到 10 ~ 15 时，项目风险的分散性比较理想。由此可见，要有效分散项目风险是比较困难的。

6.4 应对策略

应对风险，可从改变风险后果的性质、风险发生的概率或风险后果大小三个方面，提出多种风险应对策略。下面将介绍减轻、预防、转移、回避、

接受和后备措施（也叫储备风险）等六种。每一种都有侧重点，具体采取哪一种或几种取决于项目的风险形势。

6.4.1 减轻风险

减轻风险策略，顾名思义，是通过缓和或预知等手段来减轻风险，降低风险发生的可能或减缓风险带来的不利后果以达到风险减少的目的。减轻风险是存在风险优势时使用的一种风险决策，其有效性在很大程度上取决于风险是已知风险、可预测风险还是不可预测风险。

对于已知风险，项目管理组可以在很大程度上加以控制，可以动用项目现有资源降低风险的严重性后果和风险发生的频率。例如，可以通过压缩关键工序时间、加班或采取"快速跟进"来减轻项目进度风险。

对于可预测风险或不可预测风险，这是项目管理组很少或根本不能够控制的风险，因此有必要采取迂回策略。例如，政府投资的公共工程，其预算不在项目管理组直接控制之中，存在政府在项目进行当中削减项目预算的风险。为了减轻这类风险，直接动用项目资源一般无济于事，必须进行深入细致的调查研究，降低其不确定性。例如，在决定开发一个新产品之前，应先进行市场调查（如市场容量、市场前景、现有同类或其他相关产品信息等），了解顾客使用需求、偏好以及价格倾向等，在这个基础上提出的项目才有较大的成功机会。

在实施风险减轻策略时，最好将项目每一个具体"风险"都减轻到可接受的水平。项目中各个风险水平降低了，项目整体风险水平在一定程度上也就降低了，项目成功的概率就会增加，项目失败概率减少和成功概率增加的关系如图 6-2 所示。

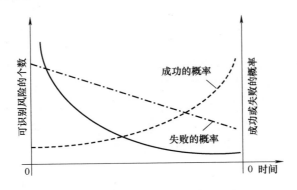

图 6-2 项目风险成功与失败概率关系

由图 6-2 可知，项目风险、项目风险管理在很大程度上是一个时间函数，项目风险水平以及管理的成效与时间因素密切相关。因此，为了有效地减轻风险，必须采取措施应对未来的风险。例如，在技术引进或装备引进时，为了保证项目按时投产，降低大型装备的技术和使用风险，一般要进行考察论证，确保引进项目的可靠高效，同时还要选派人员进行培训；在装备引进之后，可以采用精心安装、科学调试等手段和方法来降低不确定性，从而保障目标的高效达成。

把可预测风险和不可预测风险变成已知风险的例子还有许多。出现概率虽小，但是后果严重的风险一般列为不可预测的，这也是最难减轻的一种风险。对于此类风险可以设法提高其发生的频率，把严重的后果尽早暴露出来。此类风险只要一发生就变成了已知风险，就能找出相应的减轻办法。根据帕累托的"80/20"原理，项目所有风险中只有一小部分对项目威胁最大，因此要集中力量专攻威胁最大的那部分风险。

6.4.2　预防风险

预防风险是一种主动的风险管理策略，通常采取有形和无形的手段。

1. 有形手段

工程法是一种有形的手段，此法以工程技术为手段，消除物质性风险威胁。例如，为了防止山区区段山体滑坡危害高速公路过往车辆和公路自身，可采用岩锚技术锚住松动的山体，增加因为开挖而破坏了的山体稳定性。工程法预防风险有多种措施。

（1）防止风险因素出现。在项目活动开始之前，采取一定措施，减少风险因素。例如，在山地、海岛或岸边建设，为了减少滑坡威胁，可在建筑物周围大范围内植树栽草，同排水渠网、挡土墙和护坡等措施结合起来，防止雨水破坏主体稳定，这样就能根除滑坡这一风险因素。

（2）减少已存在的风险因素。施工现场若发现各种用电机械和设备日益增多，及时果断地换用大容量变压器就可以减少其烧毁的风险。

（3）将风险因素同人、财、物在时间和空间上隔离。风险事件发生时，造成财产毁损和人员伤亡是因为人、财、物于同一时间处于破坏力作用范围之内。因此，可以把人、财、物与风险源在空间上实行隔离，在时间上错开，以达到减少损失和伤亡的目的。

工程法的特点是，每一种措施都与具体的工程技术设施相联系，但是不能过分地依赖工程法。首先，采取工程措施需要很大的投入。因此，决策时必须进行成本效益分析；其次，任何工程设施都需要有人参加，而人的素质起决定性作用；最后，任何工程设施都不会百分之百的可靠，因此工程法要同其他措施结合起来使用。

2. 无形手段

风险预防的无形手段主要有教育法和程序法。

（1）教育法。项目管理人员和所有其他有关各方的行为不当会构成项目的风险因素。因此，要减轻与不当行为有关的风险，就必须对有关人员进行风险和风险管理教育。教育内容应该包含有关安全、投资、城市规划、土地管理与其他方面的法规、规章、规范、标准、操作规程、风险知识、安全技能及安全态度等。风险和风险管理教育的目的，是要让有关人员充分了解项目所面临的种种风险，了解和掌握控制这些风险的方法。使他们深深地认识到个人的任何疏忽或错误行为，都可能给项目造成巨大损失。

（2）程序法。工程法和教育法处理的是物质和人的因素，但是，项目活动的客观规律性若被破坏也会给项目造成损失。程序法是指以制度化的方式从事项目活动，减少不必要的损失。项目管理组织制定的各种管理计划、方针和监督检查制度一般都能反映项目活动的客观规律性。因此，项目管理人员一定要认真执行。要从战略上减轻项目的风险，就必须遵循基本建设程序，那种图省事、走捷径、抱侥幸心理甚至弄虚作假的想法和做法都是项目风险的根源。

合理地设计项目组织形式也能有效地预防风险。项目发起单位如果在财力、经验、技术、管理、人力或其他资源方面无力完成项目，可以同其他单位组成合营体，预防自身不能克服的风险。

使用预防策略时需要注意的是，在项目的组成结构或组织中加入多余的部分，同时也增加了项目或项目组织的复杂性，提高了项目成本，进而增加了风险。

6.4.3 回避风险

回避风险指的是当项目风险潜在威胁发生可能性太大，不利后果也太严重，又无其他策略可用时，主动放弃项目或改变项目目标与行动方案，从而规避风险的一种策略。如果通过风险评价发现项目的实施将面临巨大的威胁，项目管理班子又没有别的办法控制风险，甚至保险公司亦认为风险太大，拒绝承保，这时就应当考虑放弃项目的实施，避免巨大的人员伤亡和财产损失。对于城市和工程建设项目，如水利枢纽工程、核电站、化工项目等都必须考虑这个问题。

回避风险包括主动预防风险和完全放弃两种。主动预防风险是指从风险源入手，将风险的来源彻底消除。例如，在修建公路时，在一些交通拥挤或事故易发地段，为了彻底消除交通事故风险，可采取扩建路面、改建人行天桥或禁止行人通行等措施。回避风险的另一种策略是完全放弃，虽然这种做法比较少见，例如，随着网络泡沫的破灭，许多母公司关闭了网站，这就是一种完全放弃的风险应对策略。完全放弃是最彻底的回避风险的办法，但也会带来其他问题：第一，放弃意味着失去了发展和机遇，例如核电站建设，工程项目庞大，风险高，我国又无建设核电站的经验，如果因为担心损失而放弃该项目，就要失去培养和锻炼我们自己核电建设队伍的机会，失去发展核电有关产业的机会，失去许多就业机会，失去促进核技术科学研究和教育发展的机会，等等；第二，放弃意味着消极，项目的复杂性、一次性和高风险等特点，要求充分发挥项目管理人员的主观能动性，创造条件促进风险因素转化，有效控制或消除项目风险，而简单的放弃，意味着不提倡创造性，意味着工作的消极观，不利于组织今后的发展。因此，在采取回避策略之前，必须要对风险有充分的认识，对威胁出现的可能性和后果的严重性有足够的把握。采取回避策略，最好在项目活动尚未实施时，放弃或改变了在进行的项目，一般都要付出高昂的代价。

6.4.4　转移风险

转移风险是将风险转移至参与该项目的其他人或其他组织，所以又叫合伙分担风险，其目的不是降低风险发生的概率和不利后果的大小，而是借用合同或协议，风险事故一旦发生时，将损失的一部分转移到有能力承受或控制项目风险的个人或组织。实行这种策略要遵循两个原则：第一，必须让承担风险者得到相应的回报；第二，对于各具体风险，谁最有能力管理就让谁分担。

转移风险实际上是把风险管理责任推给第三方，并未能将项目风险消除，因此，转移风险往往需要向风险承担者支付风险费用，转移风险主要有出售、发包、开脱责任合同以及保险与担保等多种形式。采用转移风险策略所付出的代价大小取决于风险大小。当项目的资源有限不能实行减轻和预防策略，或风险发生频率不高，但潜在的损失或损害很大时可采用此策略。转移风险可以分为财务性风险转移和非财务性风险转移。

1. 财务性风险转移

财务性风险转移（Financial Risk Transfer）可以分为保险类风险转移和非保险类风险转移两种。

（1）财务性保险类风险转移。财务性保险类风险转移是转移风险最常用的一种方法，是指项目组保险公司交纳一定数额的保险费，通过签订保险合约来对冲风险，以投保的形式将风险转移到其他人身上。根据保险合约，项目风险事故一旦发生，保险公司将承担投保人由于风险所造成的损失，从而将风险转移给保险公司（实际上是所有向保险公司投保的投保人）。在国际上，建设项目的业主不但自己要为建设项目施工中的风险向保险公司投保，而且还要求承包商也向保险公司投保。

（2）财务性非保险类风险转移。财务性非保险类风险转移是指通过商业上的合作伙伴，例如通过银行以贸易信贷的形式或其他的方式将风险转移至商业上的伙伴，担保也是一种常用的财务性非保险类风险转移方式。

所谓担保，指为他人的债务、违约或失误负间接责任的一种承诺。在项目管理上是指银行、保险公司或其他非银行金融机构为项目风险负间接责任的一种承诺。例如，建设项目施工承包商请银行、保险公司或其他非银行金融机构向项目业主承诺为承包商在投标、履行合同、归还预付款、工程维修中的债务、违约或失误负间接责任。当然为了取得这种承诺，承包商要付出一定代价，但是这种代价最终要由项目业主承担。在得到这种承诺之后，项目业主就把由于承包商行为方面的不确定性带来的风险转移到了出具保证书或保函一方，即银行、保险公司或其他非银行金融机构身上。

由于在进行货物或服务交易时，卖家可能会面对买家拒绝付款的风险，为了保障双方的利益，于是便出现了信用证、银行承兑的远期信用证、汇票等以银行为担保人的贸易信贷。贸易信贷是卖家通过信贷保证将项目风险的一部分转移至银行。

2. 非财务性风险转移

财务性风险转移是指将与项目有关的物业或项目转移到第三方，或者以合同的形式把风险转移到其他人身上，同时也能够保留会产生风险的物业或项目。这里的第一种情况，实际上和回避风险策略有一定的关系，两者都是试图减轻项目风险及其可能的损失，但回避风险不需要任何人承担风险后果，风险转移是将项目风险转移到第三方。外包是一种很好的非财务性风险转移策略。在信息技术领域，外包日益流行，外包可使不同国家的工程师享受不同的工资和福利待遇，同时还可以转移高昂的高技术员工管理费风险。

6.4.5 接受风险

接受风险也是应对风险的策略之一，它是指有意识地选择承担风险后果。觉得自己可以承担损失时，就可用这种策略。

接受风险可以是主动的，也可以是被动的。由于在风险管理规划阶段已对一些风险有了准备，所以当风险事件发生时马上执行应急计划，这是主动接受。被动接受风险是指在风险事件造成的损失数额不大、不影响项目大局时，项目管理组将损失列为项目的一种费用。费用增加了，项目的收益自然要受影响。接受风险是最省事的风险规避方法，在许多情况下也最省钱。当采取其他风险规避方法的费用超过风险事件造成的损失数额时，可采取接受风险的方法。

6.4.6　储备风险

对于一些大型的工程项目，由于项目的复杂性，项目风险是客观存在的，因此，为了保证项目预定目标的实现，有必要制定一些项目风险应急措施即储备风险。所谓储备风险，是指根据项目风险规律事先制定应急措施和一个科学高效的项目风险计划，一旦项目实际进展情况与计划不同，就动用后备应急措施。项目风险应急措施主要有费用、进度和技术三种。

1. 预算应急费

预算应急费是一笔事先准备好的资金，用于补偿差错、疏漏及其他不确定性对项目费用估计精确性的影响。预算应急费在项目进行过程中一定会花出去，但用在何处、何时以及多少在编制项目预算时并不知道。

预算应急费在项目预算中要单独列出，不能分散到具体费用项目下。否则，项目管理组就会失去对支出的控制。另外，预算人员由于心中无数而在各个具体费用项目下盲目地预留余地，是不能允许的。盲目地预留，一方面会由于项目预算估得过高而在投标中丢掉机会，另一方面会使不合理预留的部分以合法的名义白白花出去。

预算应急费一般分为实施应急费和经济应急费两类。实施应急费用于补偿估价和实施过程中的不确定性；经济应急费用于对付通货膨胀和价格波动。实施应急费又可分为估价质量应急费和调整应急费；而经济应急费则可进一步分为价格保护应急费和涨价应急费。

（1）估价质量应急费。用于弥补以下原因造成的影响：项目目标不明确；项目定义不确切、不完整；项目采用的策略含混、不明确；工作分解结构不完全、不确切；估算时间短；估算人员缺乏经验和知识、过分乐观；估算和计算有误差。如果能够认真地了解、分析以往实施过的项目，就有可能确定以上原因对项目估算偏离项目的真正费用产生多大程度的影响。必要时，分不同的费用项目估算出应急费用占直接费（人工、材料）、分包、其他直接费和间接费之和的百分比。

（2）调整应急费。项目很少一次试运行成功，常常需要多次调整才能达到设计要求。调整应急费用于支付调整期间的各种开支。例如，系统调试、更换零部件、零部件和组装的返工等。

（3）价格保护应急费。用于补偿估算项目费用期间询价中隐含的通货膨胀因素。当报价有效期届满时，供应单位就有可能提高价格。费用估算人员应该预测涨价幅度，把可能增加的部分作为价格保护应急费。供应单位报价的增长幅度可以根据其有效期至实际订货日的时间长短，以及这段时间内通货膨胀率逐项分别预测，不可按一笔总金额来计算。因为，各种不同费用项目的价格变化规律不同。价格保护应急费只对一部分费用项目是必要的。价格保护的第二种办法是让供应单位按延长的有效期报价，这种办法适用于购买少量的货物。

【例 6.1】 有一项目需要购置空气压缩机，向若干厂家询价，报价最低者为 80 万元，有效期为 60 天。项目班子从收到报价、编制出项目费用估算到预期购买这种空气压缩机有 7 个月的时间。届时，厂家报价失效，价格可能上涨，尤其是在通货膨胀时期。假设这段时间年通货膨胀率为 10%（每月为 0.83%）、厂家报价延长期为 6 个月，试估算空气压缩机价格保护应急费。

解： 空气压缩机价格保护应急费为

$$0.83\% \times (7 - 60/30) \times 80 \text{ 万元} = 3.33 \text{ 万元}$$

（4）涨价应急费。在通货膨胀严重或价格波动厉害时期，供应单位无法或不愿意为未来的订货报固定价，遇到这种情况，就要考虑涨价应急费。与价格保护应急费一样，涨价应急费也要一项一项地分别计算，不能作为一笔总金额加在项目费用估算上，因为各种不同货物的价格变化规律不同，也并非所有的货物都会涨价。

2. 进度后备措施

对于项目进度方面的不确定因素，项目各有关方一般不希望以延长时间的方式来解决。因此，项目管理班子就要设法制订出一个较紧凑的进度计划，争取项目在各有关方要求完成的日期前完成。从网络计划的观点来看，进度后备措施就是在关键路线上设置一段时差或浮动时间。

压缩关键路线各工序时间有两大类办法：减少工序（活动）时间或改变工序间逻辑关系。一般说来，这两种办法都要增加资源的投入，甚至带来新的风险。

3. 技术后备措施

技术后备措施专门用于应付项目的技术风险，它是一段预先准备好了的时间或一笔资金。当预想的情况未出现，并需要采取补救行动时才动用这笔资金或这段时间。预算和进度后备措施很可能用上，而技术后备措施很可能用不上。只有当不大可能发生的事件发生，需要采取补救行动时，才动用技术后备措施。技术后备措施分两种情况：技术应急费和技术后备时间。

（1）技术应急费。单从项目经理的立场来看，最好在项目预算中投入足够的资金以备不时之需。但是，项目执行组织高层领导却不愿意为不大可能用得上的措施投入资金。由于采取补救行动的可能性不大，所以技术应急费应当以预计的补救行动费用与它发生的概率之积来计算。

技术应急费不列入项目预算，要单独提出来，放到公司管理备用金账上，由项目执行组织高层领导掌握。公司管理备用金账上还有从其他项目提取来的各种风险基金，就好像是各个项目向公司交纳的保险费。

由高层领导统一掌握技术应急费还有下述好处：①公司高层领导可以由此全面了解全公司各项目班子总共承担了多大风险；②一旦真的出现了技术风险，公司高层领导容易批准动用这笔从各项目集中来的资金；③可以避免技术应急费被挪作他用。

（2）技术应急时间。为了应对技术风险造成的进度拖延，应该事先准备好一段备用时间。不过，确定备用时间要比确定技术应急费复杂。一般可以在进度计划中专设一个里程碑，提醒项目管理组：此处应当留神技术风险。

在设计和制定风险处置策略时一定要针对项目中不同风险的转点分别采用这六种风险处置方式，而且应尽可能准确而合理地采用。在实施风险策略和计划时应随时将变化的情况反馈给风险管理人员，以便能及时地结合新的情况对项目风险处理策略进行调整，使之能适应新的情况，尽量减少风险带来的损失。

6.5　应对技巧

项目风险的复杂性和变动性，对风险应对提出了更高要求。与描述处理具体风险的方法相比，项目风险应对更需要创造性和协作。应对风险时，应反复使用这两个基本组成部分。

6.5.1　创造性

项目的复杂性、一次性和临时性，要求项目风险应对具有创造性。创造性是源于原创想法的发明，即要求项目管理人员在实施风险应对行动计划时产生具有创意的新想法，因此项目管理人员必须具有创新的思维模式。无论项目管理人员从事何种工作，设计生产一个新产品，还是一个概念设计，人们一般可以用以下几种方式来实现：

（1）视图化。这种方式注重最终结果。你可以想象一个理想的结果，然后让目标引导你实现梦想。最能说明视图化方式的一个例子是约翰·肯尼迪的构想：把人放到月球上，并让他安全地返回地球。

（2）实验。这种方式利用尝试的方法，按照已知的过程获得可重复的实际结果。实验强调发现事实、收集信息然后测试想法的程序。

（3）探索。这种方式因为其不可预见的特点而平添了几分风险。这种方式通过类比和隐喻来产生新的想法。探索可从新的角度处理问题为小组提供有较大突破的潜力。通用电气公司将防御技术应用于汽车工业是最能说明探索方式的一个例子。

（4）校正。这种方式是利用已知方法和经过事实证明的经验，一次向前迈进一步。校正为小组提供了稳定性和逐渐的改进。SEI 能力成熟度模型便是校正方式的一个例子。

6.5.2 协作

协作是"两个或更多有互补性技术的个人互相作用达成共识，这一认识是他们以前从未有过或不可能想得到的"。协作存在障碍，正如爱德华·霍尔（Edward Hall）在其著作《超越文化》（*Beyond Culture*）一书中所描述的："当个人才能聚集于追求个人名利时，协作是不可能实现的"。我们很少孤立地应对风险，人们之间缺乏理解而造成风险是常有的事。降低不确定性、获取知识和增加成功机会的最好方法之一是与其他人沟通。正所谓集思广益，人多力量大，可帮助你减少风险。小组协作、与小组的其他人进行工作交流，是风险应对的基本要求。成功协作的基础是沟通交流的能力。

6.5.3 压力测试

压力测试是指在极端情景下，分析评估风险管理模型或内控流程的有效性，发现问题，制定改进风险管理措施的方法，目的是有效监控风险，防止出现重大损失事件。具体操作步骤如下：

（1）针对某一风险管理模型或内控流程，假设可能会出现哪些极端情景。极端情景是指在非正常情况下，发生概率很小，而一旦发生，后果十分严重的事情。假设极端情景时，不仅要考虑本企业或与本企业类似的其他企业出现过的历史教训，还要考虑历史上不曾出现，但将来可能会出现的事情。

（2）评估极端情景出现时，该风险管理模型或内控流程是否有效，并分析对目标可能造成的损失。

（3）制定相应措施，进一步修改和完善风险管理模型或内控流程。以信用风险管理为例，一个企业已有一个信用很好的交易伙伴，该交易伙伴除遇到极端情景，一般不会违约。因此，在日常交易中，该企业只需"常规的风险管理策略和内控流程"即可。采用压力测试方法，是假设该交易伙伴将来遇到极端情景（如其财产毁于地震、火灾、被盗），被迫违约对该企业造成了重大损失。而该企业"常规的风险管理策略和内控流程"在极端情景下不能有效防止重大损失事件，为此，该企业采取了购买保险或相应衍生产品、开发多个交易伙伴等措施。

小结

风险应对根据项目风险识别、估计和评价的基本结果，在对项目风险综合权衡的基础上，提出项目风险的管理措施和处置办法，以有效地消除或控制项目风险。本章首先定义了项目风险应对的系统过程，描述了项目风险应对的过程活动及其方法技术；其次，具体探讨分析了几种常用的风险应对策略：

- 减轻风险——存在风险优势时；
- 预防风险——可用备用设备、技术或资金等缓和风险时；
- 回避风险——可能出现两败俱伤时；
- 转移风险——其他组织有能力控制风险时；
- 接受风险——自身有能力承受时；
- 储备风险——存在不确定性因素时。

最后探讨了项目风险应对技巧，项目风险的不确定性、一次性、复杂性等特点，要求项目管理组从创新和协作的角度来开展风险应对工作，文中介绍了4种创造性应对风险的革新方式：

- 视图化；
- 实验；
- 探索；
- 校正。

复习思考题

1. 描述风险应对过程目标。为什么每个目标都重要？请为每个目标定义定量的成功标准。
2. 风险应对的两个基本组成部分是什么？为什么它们是最基本的？

3. 说说你如何用预防风险和转移风险来避免系统稳定性的风险？指出这两种风险应对策略的异同。

4. 你所在的组织内，许多人跟不上新技术的发展，将新技术引入组织的学习过程可以视为一个风险。试指定一个风险应对策略来解除这一风险，包括组织发展目标、约束和取舍标准。

5. 列出你现在任务中的 5 个困难和 5 个不确定因素。描述每个困难和不确定因素中都存在着的机会。你将如何利用这些机会？

6. 你如何产生新的想法？用创造过程产生新想法有何优势？

7. 联系实际，阐述项目风险应对的艺术性。

第 7 章

项目风险监控管理

任何项目风险都有一个发生、发展过程，必须对项目风险管理过程实施动态监控。本章主要介绍项目风险监控管理的概念内涵、监控的过程、监控的技术与工具等。

7.1 概念内涵

7.1.1 风险监控的含义

1. 项目风险监控

项目风险监控就是通过对风险规划、识别、估计、评价、应对全过程的监视和控制，从而保证风险管理能达到预期的目标，它是项目实施过程中的一项重要工作。监控风险实际是监视项目的进展和项目环境，即项目情况的变化，其目的是：核对风险管理策略和措施的实际效果是否与预见的相同；寻找机会改善和细化风险规避计划；获取反馈信息，以便将来的决策更符合实际。在风险监控过程中，及时发现那些新出现的以及预先制定的策略或措施不见效或性质随着时间的推移而发生变化的风险，然后及时反馈，并根据对项目的影响程度，重新进行风险规划、识别、估计、评价和应对，同时还应对每一个风险事件制定成败标准和判据。

2. 项目风险监视

不管预先计划好的策略和措施是否付诸实施，项目风险监视都一日不可缺。如果发现已做出的决策是错误的，就一定要尽早承认，及时采取纠正行动。如果决策正确，但是结果却不好，这时也不要惊慌，不要过早地改变正确的决策。频繁地改变主意，不仅会减少应急用的后备资源，而且还会大大增加项目阶段风险事件发生的可能性，加重不利后果。

项目监视风险之所以非常必要，是因为时间的影响是很难预计的，一般说来，风险的不确定性随着时间的推移而减小。这是因为风险存在的基本原因，是由于缺少信息和资料，随着项目的进展和时间的推移，有关项目风险本身的信息和资料会越来越多，对风险的把握和认识也会变得越来越清晰。

3. 项目风险控制

项目风险控制是为了最大限度地降低风险事故发生的概率和减少损失幅度而采取的风险处置技术，以改变项目管理组织所承受的风险程度。为了控制工程项目的风险，可采取以下措施：根据风险因素的特性，采取一定措施使其发生的概率降至接近于零，从而预防风险因素的产生；减少已存在的风险因素；防止已存在的风险因素释放能量；改善风险因素的空间分布从而限制其释放能量的速度；在时间和空间上把风险因素与可能遭受损害的人、财、物隔离；借助人为设置的物质障碍将风险因素与人、财、物隔离；改变风险因素的基本性质；加强风险部门的防护能力；做好救护受损人、物的准备。这些措施有的可用先进的材料和技术达到，此外，还应有针对性地对实施项目的人员进行风险教育以增强其风险意识，还应制定严格的操作规程以控制因疏忽而造成不必要的损失。风险控制是实施任何项目都应采用的风险处置方法，应认真研究。

7.1.2　风险监控的依据

项目风险监控依据包括风险管理计划、实际发生了的风险事件和随时进行的风险识别结果。主要内容包括：

（1）风险管理计划。

（2）风险应对计划。

（3）项目沟通。工作成果和多种项目报告可以表述项目进展和项目风险。一般用于监督和控制项目风险的文档有：事件记录、行动规程、风险预报等。

（4）附加的风险识别和分析。随着项目的进展，在对项目进行评估和报告时，可能会发现以前未曾识别的潜在风险事件。应对这些风险继续执行风险识别、估计、量化和制定应对计划。

（5）项目评审。风险评审者检测和记录风险应对计划的有效性，以及风险主体的有效性，以防止、转移或缓和风险的发生。

7.2　监控过程

作为项目风险管理的一个有机组成部分，项目风险监控也是一种系统过程。我们可以从内部和外部两种视角来看待风险监控过程：外部视角详细说明过程控制、输入、输出和机制；内部视角详细说明用机制将输入转变为输出的过程活动。

7.2.1　风险监控过程目标

当项目风险监控过程满足下列目标时，就说明它是充分的：

（1）监控风险设想的事件和情况；

（2）跟踪控制风险指标；

（3）使用有效的风险技术和工具；

（4）定期报告风险状态；

（5）保持风险的可视化。

7.2.2 风险监控过程定义

项目风险监控过程定义如图 7-1 所示。

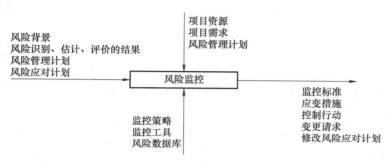

图 7-1 风险监控过程

1. 过程输入

风险背景，风险识别、估计、评价的结果，风险管理计划，风险应对计划等是风险监控过程的主要输入。

2. 过程机制

机制是使过程活动结构化的方法、技巧、工具或其他手段。风险监控方法、风险监控工具和风险数据库都是风险监控过程的机制。风险监控工具的使用使监控过程自动化、高效化。

3. 过程控制

和控制风险规划过程一样，项目资源、项目需求和风险管理计划同样约束着风险监控过程。

4. 过程输出

风险监控标准、应变措施、控制行动、变更请求等是风险监控过程的输出。主要包括：

（1）风险监控标准。主要指项目风险的类别、发生的可能性和后果；项目风险状态主要指项目风险管理计划、项目风险应对计划等进展及存在的问题等。

（2）随机应变措施。随机应变措施就是消除风险事件时所采取的未事先计划的应对措施。这些措施应有效地进行记录，并融入项目的风险应对计划中。

（3）控制行动。控制行动就是实施已计划了的风险应对措施（包括实施应急计划和附加应对计划）。

（4）变更请求。实施应急计划经常导致对风险作出反应的项目计划变更请求。

（5）修改风险应对计划。当预期的风险发生或未发生时，当风险控制的实施消减或未消减风险的影响或概率时，必须重新对风险进行评估，对风险事件的概率和价值以及风险管理计划的其他方面作出修改，以保证重要风险得到恰当控制。

7.2.3　风险监控过程活动

项目风险监控过程活动包括监视项目风险的状况，如风险是已经发生、仍然存在还是已经消失；检查风险应对策略是否有效，监控机制是否在正常运行，并不断识别新的风险，及时发出风险预警信号并制定必要的对策措施。主要内容包括：

（1）监控风险设想；

（2）跟踪风险管理计划的实施；

（3）跟踪风险应对计划的实施；

（4）制定风险监控标准；

（5）采用有效的风险监视、控制方法和工具；

（6）报告风险状态；

（7）发出风险预警信号；

（8）提出风险处置新建议。

7.3　监控方法

风险监控还没有一套公认的、单独的技术可供使用，其基本目的是以某种方式驾驭风险，保证可靠、高效地完成项目目标。由于项目风险具有复杂性、变动性、突发性、超前性等特点，风险监控应该围绕项目风险的基本问题，制定科学的风险监控标准，采用系统的管理方法，建立有效的风险预警系统，做好应急计划，实施高效的项目风险监控。

风险监控技术可分为两大类：一类用于监控与项目、产品有关的风险，另一类用于监控与过程有关的风险。风险监控技术有很多，前几章介绍的一些方法、技术也可用于风险监控，下面再介绍一些有关风险监控的方法。

7.3.1　系统的项目监控方法

风险监控，从过程的角度来看，处于项目风险管理流程的末端，但这并不意味着项目风险控制的领域仅此而已，控制应该面向项目风险管理全过程，项目预定目标的实现，是整个流程有机作用的结果。多数关于项目管理的调查显示，项目管理过程的完成结果是不令人满意的。许多项目缺少足够的支持、全面的计划、详细跟踪以及目标不明确，这些及其他障碍增加了项目失败的可能性。项目管理的系统方法有助于避免或减少引起这种不利后果的风险。这套方法的目的是有效率、有效果地领导、定义、计划、组织、控制及完成项目提供指导和帮助，如表 7-1 所示。

表 7-1　系统的项目管理主要内容

领导	<ul><li>交流</li><li>保持方向</li><li>主动性</li><li>支持</li><li>成立小组</li><li>观点</li></ul>
定义	<ul><li>项目声明</li><li>工作条文</li></ul>
计划	<ul><li>成本计算</li><li>预测</li><li>资源分配</li><li>风险控制</li><li>计划</li><li>工作分类结构</li></ul>
组织	<ul><li>自动工具</li><li>形式</li><li>历史资料</li><li>图书馆</li><li>备忘录</li><li>新闻</li><li>程序</li><li>项目手册</li><li>项目办公室</li><li>报告</li><li>小组组织</li><li>工作量</li></ul>
控制	<ul><li>变化的控制</li><li>应急计划</li><li>正确的行动</li><li>会议</li><li>计划更新</li><li>情况的收集与评价</li></ul>

（续）

结束	• 学过的课程 • 检查完成的部分 • 统计汇编 • 活动完成

风险监控应是一个连续的过程，它的任务是根据整个项目（风险）管理过程规定的衡量标准，全面跟踪并评价风险处理活动的执行情况。有效的风险监控工作可以指出风险处理活动有无不正常之处，哪些风险正在成为实际问题，掌握了这些情况，项目管理组就有充裕的时间采取纠正措施。建立一套管理指标系统，使之能以明确易懂的形式提供准确、及时而关系密切的项目风险信息，是进行风险监控的关键所在。这种系统的项目管理方法有诸多好处：一是它为项目管理提供了标准的方法，标准化管理为项目管理人员交流提供了一个共同的基础，减少了识别风险及处置风险错误的可能性；二是伴随标准化而来的是交流沟通的改进，保障了信息共享；三是由于项目风险的变动性和复杂性，这种系统的项目管理方法为项目经理对不断变化的情况作出敏捷的反应提供了必要的指导和支持；四是这套方法为项目风险管理提供了较好的预期，使得每一个项目管理人员能对风险后果作出合理的预期，同时通过使用标准化的项目风险管理程序也使管理风险具有连续性；五是这套方法提高了生产率，标准化、敏捷的反应、完善的交流、合理的预期，这些都意味着项目的复杂性、混乱性、冲突性下降，同时也减少了外部或自身风险发生的机会。

7.3.2　风险预警系统

由于项目的创新性、一次性、独特性及其复杂性，决定了项目风险的不可避免性；风险发生后的损失的难以弥补性和工作的被动性决定了风险管理的重要性。传统的风险管理是一种"回溯性"管理，属于亡羊补牢，对于一些重大项目管理，往往于事无补。风险监控的意义就在于实现项目风险的有效管理，消除或控制项目风险的发生以避免造成不利后果。因此，建立有效的风险预警系统，对于风险的有效监控具有重要作用和意义。

风险预警管理，是指对于项目管理过程中有可能出现的风险，采取超前或预先防范的管理方式，一旦在监控过程中发现有发生风险的征兆，及时采取校正行动并发出预警信号，以最大限度控制不利后果的发生。因此，项目风险管理的良好开端和有效实施是建立一个有效的监控或预警系统，及时觉察计划的偏离，以高效地实施项目风险管理过程。

当计划与现实之间发生偏差时，存在这样的可能，即项目正面临着不可控制的风险，这种偏差可能是积极的，也可能是消极的。例如，计划之中的项目进度拖延与实际完成日期的区别显示了计划的提前或延误。前者通常是积极的，后者是消极的，尽管都是不必要的。这样，计划日期之间的区别就是系统会预测到的一个偏差。

另一个关于计划的预警系统是浮动或静止不动。浮动是影响重要途径的前一项活动在计划表中可以延误的时期。重要途径，也就是在网络图中最长的部分，很少发生浮动。项目中浮动越少，风险产生影响的可能性就越大。浮动越低，工作越重要。预算与实际支出之间的差别一定要控制，两者之间偏离表明完成工作之间花费得太少或太多，前者通常是积极的，后者是消极的。

美国国防部从 20 世纪 70 年代起，逐步建立起相对完善的风险管理流程，多年的实践使其深刻体会到：工程项目管理就是风险管理，只有使风险管理成为与武器装备的整个寿命周期相伴随的一个系统化过程，才能消除或最大限度地控制风险。在长期的项目风险管理实践中，美国国防部认识到风险预警在项目管理中的重要作用：一是如何通过制定采办政策和采办策略，来促进承制方尽早确定风险管理策略并在整个寿命周期中始终注意风险问题，积极开展风险管理。例如，为了降低风险，缩短开发周期，减少费用，在"项目定义与项目论证阶段"（相当于我国的方案阶段），美国重大武器装备研制一般都选定两个厂家研制试验样机，以期通过竞争来降低风险。二是为了加强使用方对风险的监控力度，它明确规定，在批准进入下一个采办阶段之前，各个里程碑决策点应对项目计划的风险和风险管理方案进行明确的评估。著名的跨国公司——美国大西洋富田公司（ARCO），在确定其分承包商方式、部门职责、质量控制、进度控制、文件控制、保险等方面都提出了严格的要求，以便对管理活动和施工作业进行全过程、全方位的监控。它还要求分承包商投高额的保险，以保证不因意外的事故破产而影响积极采取行动来开展项目风险管理。他山之石，可以攻玉，美国等发达国家项目风险的预警管理模式，给我们如何开展项目风险管理以深刻的启迪。相比之下，项目主体风险管理滞后，使用方控制不力是我们当前风险控制难的关键所在。

综上所述，风险监控的关键在于培养敏锐的风险意识，建立科学的风险预警系统，从"救火式"风险监控向"消防式"风险监控发展，从注重风险防范向风险事前控制发展。

7.3.3 制订应对风险的应急计划

风险监控的价值体现在保持项目管理在预定的轨道上进行，不致发生大的偏差，造成难以弥补的重大损失，但风险的特殊性也使监控活动面临着严峻的挑战，环境的多变性、风险的复杂性，这些都对风险监控的有效性提出了更高的要求。为了保持项目有效果、有效率地进行，必须对项目实施过程中各种风险（已识别的或潜在的）进行系统管理，并对项目风险可能的各种意外情况进行有效管理，因此，制订应对各种风险的应急计划是项目风险监控的一个重要工作，也是实施项目风险监控的一个重要途径。

应急计划是为控制项目实施过程中有可能出现或发生的特定情况作好准备，例如，一种外部风险的引入，项目预算削减 20%。应急计划包括风险的描述，完成计划的假设，风险发生的可能性，风险影响以及适当的反应等。

一个有效的应急计划往往把风险看作是由某种"触发器"引起的，即项目中的风险存在着某种因果关系。在项目管理中，仅仅接受风险而不重视风险原因只会鼓励作出反应，而不是预先行动。计划应对风险来源作出判断。图 7-2 描述了应急计划流程图，表 7-2 总结了风险的因果关系，图 7-3 介绍了应急计划的基本格式。

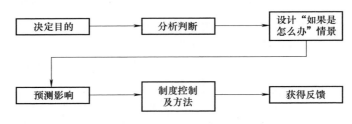

图 7-2　应急计划流程图

表 7-2　因果关系触发器

产生的原因	结　果
文化的/社会的	对社会的看法及观点
经济	成本失败
人	生活威胁
劳动力	罢工
法律	司法体系及效力；政府政策
管理	组织方向
市场	市场分享/渗透
媒体	公众支持
伦理	精神方面
政治	地位
技术	"现在不能做"影响

风险描述		
假设		
可能性		
周期一： 高	中	低
影响		
技术的： 操作的： 功能的：		
目的		

图 7-3　应急计划基本格式

触发器在项目风险监控中是一个十分有用的概念，触发器可提供 3 种基本的控制功能：第一是激活，触发器提供再次访问风险行动计划（或对照计划取得的进展）的警铃；第二是解除，触发器可用于发送信号，终止风险应对活动；第三是挂起，触发器可用于暂停执行风险行动计划。以下 4 种触发器用于提供不可接受风险级别的通知：

（1）定期事件触发器，提供活动通知，进度安排的项目事件（如每月管理报告、项目评审和技术设计评审）是定期事件触发器的基础；

（2）已逝时间触发器，提供日期通知，日程表（如距今 30 天以后、本季度末、财政年度的开端）是过去时间触发器的基础，也可用具体日期作为以时间为基础的触发器；

（3）相对变化触发器，提供在可接受值范围外的通知，相对变化是预先确定的定量目标与实际值之间的差距。阀值被设为高于或低于定量目标的一个目标值，具体百分比的偏差，或高于或低于计划的定量目标，都将使触发器发出信号；

（4）阈值触发器，提供超过预先设定阈值的通知，状态指标和阈值的对比是阈值触发器的基础。状态指标超过了阈值时，就设定触发器，如果项目风险指标超过阀值，将发出报警信号，及时提醒项目管理人员，并报告定量成本预算内的结果。

7.3.4　合理确定风险监控时机

风险监控既取决于对项目风险客观规律的认识程度，同时也是一种综合权衡和监控策略的优选过程，即既要避险，又要经济可行。解决这个问题有两种办法：第一种，把接受风险之后得到的直接收益同可能蒙受的直接损失比较一下，若收益大于损失，项目继续进行；否则，项目没有必要继续进行下去；第二种办法需要比较间接收益和间接损失，比较时，应该把那些不能量化的方面也考虑在内，例如环境影响。在权衡风险后果时，必须考虑纯粹经济以外的因素，包括为了取得一定的收益而实施规避风险策略时可能遇到的困难和费用。图7-4表示的是规避风险策略的效果与为此而付出的相应费用的关系。

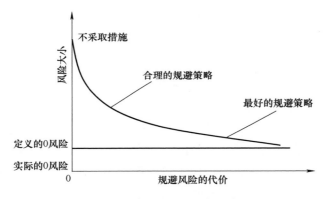

图7-4　风险监控时机选择示意图

图7-4中最左边的点表示，根本未采取任何风险规避策略，即没有投入任何资金，项目成功还是失败完全顺其自然。沿着横坐标向右，随着资金投入的增加，风险规避策略的效果增强。在最右边，风险被削弱到最低限度。但是，这个最低限度不是0风险，而是一种人们不视其为风险的水平。这个最低限度是根据主观判断确定的，是项目各有关方一致认为不是风险的水平。

7.3.5　制定风险监控行动过程

风险监控过程有助于控制项目过程或产品的偏差。例如，风险管理过程可能需要控制行动来改进过程。风险行动计划是一种中间产品，它可能需要控制行动来修改没有产生满意结果的途径。项目风险监控，重要的是应根据监控得到的项目风险征兆，作出合理的判断，采取有效的行动，即必须制定项目风险监控行动过程。根据控制的PDCA循环过程，项目风险监控行动过程一般包括 4 个步骤：

（1）识别问题：找出过程或产品中的问题，产品可能是中间产品，如风险行动计划；

（2）评估问题：进行分析以便理解和评估记录在案的问题；

（3）计划行动：批准行动计划来解决问题；

（4）监视进展：跟踪进展直至问题得以解决，并将经验教训记录在案，供日后参考。

7.4 监控的技术与工具

7.4.1 风险监控技巧

项目监控技巧往往取决于可用的工具。一个项目的自动化程度取决于所用的工具，如简单的电子表格应用程序可用于绘制导航图表和报告趋势，复杂的进度工具可用于跟踪长时间的活动和资源。无论工具的自动化程度有多高，都绝对有必要保持跟踪一套计划性和技术性能度量，这对监视风险而言至关重要。技术性能度量（TPM，Technical Performance Measures）描述了系统实践的定量目标。一种风险监控技巧是利用静态的度量来揭示动态的项目风险。首先定义可接受状态的范围，然后跟踪状态确定趋势。当度量低于可接受的值时，立即启动行动计划。用静态度量来监视风险，包括以下 3 个步骤：

（1）将不可接受状态的警告级别定义为阈值；

（2）用度量和度量规格监视状态指标；

（3）用触发器控制风险行动计划。

7.4.2 风险监控技术

1. 审核检查法

审核检查法是一种传统的控制方法，该方法可用于项目的全过程，从项目建议书开始，直至项目结束。

项目建议书、项目产品或服务的技术规格要求、项目的招标文件、设计文件、实施计划、必要的试验等都需要审核。审核时要查出错误、疏漏、不准确、前后矛盾、不一致之处。审核还会发现以前或他人未注意的或未考虑到的问题。审核多在项目进展到一定阶段时，以会议形式进行。审核会议要有明确的目标、问题要具体，要请多方面的人员参加，参加者不要审核自己负责的那部分工作。审核结束后，要把发现的问题及时交给原来负责的人员，让他们马上采取行动，予以解决，问题解决后要签字验收。

检查是在项目实施过程中进行的，而不是在项目告一段落后进行。检查是为了把各方面的反馈意见及时通知有关人员，一般以完成的工作成果为研究对象，包括项目的设计文件、实施计划、试验计划、试验结果、正在施工的工程、运到现场的材料设备等。检查不象审核那样正规，一般在项目的设计和实施阶段进行。参加检查的人专业技术水平最好差不多，这样便于平等地讨论问题。检查之前最好准备一张表，把要问的问题记在上面。在发现问题方面，检查的效果非常好。检查结束后，要把发现的问题及时地向负责该工作的人员报告，使其及时采取行动，问题解决后要签字验收。

2. 监视单

监视单是项目实施过程中需要管理工作给予特别关注的关键区域的清单。这是一种简单明了又很容易编制的文件，内容可浅可深，浅则可只列出已辨识出的风险；深则可列出如下内容：风险顺序、风险在监视单中已停留的时间、风险处理活动、各项风险处理活动的计划完成日期和实际完成日期、对任何差别的解释，等等。监视单的示例如表7-3所示。

表7-3　项目风险监视单示例

潜在风险区	风险降低活动	活动代码	预计完成日期	完成日期	备注
准确预测舰载设备经受的冲击环境	使用多重有限元代码和简化数字模型进行早期评估 对简单隔离的结构、简单隔离的舱室以及建议的隔离结构进行冲击试验以提高预测的置信度	SEA 03P31	1997.8.31 1998.8.31		
评价与以往设计不同的舰船系统的声学影响	对未经大尺寸试验或全尺寸试航验证的技术集中力量建立声学模型和缩尺试验 将利用隔离模块舱得出的声音信号减弱系数纳入系统要求。持续进行模型试验以确认对隔离舱的预测值	SEA 03TC	1997.8.31 1997.8.31		

项目风险监视单的编制应根据风险评估的结果，一般应使监视单中的风险数目尽量少，并重点列出那些对项目影响最大的风险。随着项目进展和定期的评估，可能要增补某些内容。如果有数目可观的新风险影响重大，十分需要列入监视单则说明初始风险评估不准，项目风险比最初料想的要大，也可能说明项目正处在失去控制的边缘。如果某项风险因风险处理无进展而长

时间停留在监视单之中，则说明可能需要对该风险或其处理方法进行重新评估。监视单的内容应在各种正式和非正式的项目审查会议期间进行审查和评估。

3. 项目风险报告

项目风险报告是用来向决策者和项目组织成员传达风险信息的，通报风险状况和风险处理活动的效果。风险报告的形式有多种，时间仓促可作非正式口头报告，里程碑审查则需提出正式摘要报告；报告内容的详略程度按接受报告人的需要确定。

成功的风险管理工作要及时报告风险监控过程的结果。风险报告要求，包括报告格式和频度一般应作为制订风险管理计划的内容统一考虑并纳入风险管理计划。编制和提交此类报告一般是项目管理的一项日常工作。为看出技术、进度和费用方面有无影响项目目标实现和里程碑要求满足的障碍，可将这些报告纳入项目管理审查和技术里程碑进行审查。图 7-5 是项目风险报告示例，它报告的是顶层风险信息，对项目管理办公室和其他外围单位可能很有用。尽管此类报告可以迅速地评述已辨识问题的整个风险状况，但是更为详细的风险计划和风险状况可能还需要单独的风险分析。

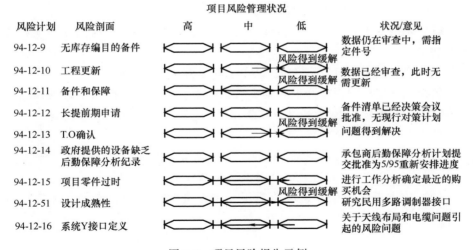

图 7-5　项目风险报告示例

4. 费用偏差分析法（挣值法）

这是一种测量项目预算实施情况的方法。该方法将实际上已完成的项目工作同计划的项目进行比较，确定项目在费用支出和时间进度方面是否符合原定计划的要求。该方法计算、收集三种基本数据，即计划工作的预算费用

（BCWS）、已完工作实际费用（ACWP）和已完工作的预算费用。BCWS 是在项目费用估算阶段编制项目资金使用计划时确定的，它是项目进度时间的函数，是累积值，随着项目的进展而增加，在项目完成时达到最大值，即项目的总费用。若将此函数画在以时间为横坐标、以费用为纵坐标的图上，则函数曲线一般呈现 S 状，俗称 S 曲线。ACWP 是在项目进展过程中对已完工作实际测量的结果，也是进度时间的函数，是累积值，随着项目的进展而增加。ACWP 是费用，不是实际工作量。按照单位工作的预算价格计算出的已完实际工作量的费用，叫作已完工作预算费用（BCWP）。

差值 BCWP – ACWP 叫作费用偏差，若 BCWP – ACWP > 0，表示项目未超支；

差值 BCWP – BCWS 叫作进度偏差，BCWP – BCWS > 0，表示项目进度提前。

下面举例简单说明 BCWS、ACWP 和 BCWP 三者之间的区别。

【例 7.1】　一个土方工程，要求总共挖土 10 000 立方米。每立方米的预算价格是 45 元。计划每天完成 400 立方米，25 天内全部完成，假设业主单位管理人员在开工后第 7 天早晨刚去上班时去测量，取得了两个数据：已经挖完 2 000 立方米，ACWP = 120 000 元。试进行费用偏差分析。

解：先按照土方的预算价格计算已经挖完的 2 000 立方米土方的预算费用 BCWP

$$BCWP = 45 \text{ 元/立方米} \times 2\ 000 \text{ 立方米} = 90\ 000(\text{元})$$

假设原计划标明，在开工后第 6 天完成时，业主单位按照土方的预算价格该付给土方承包商 BCWS = 108 000 元作为这前 6 天的工程价款。这样，业主管理人员发现了两个问题：

（1）土方承包商工作费用超支了，超支额是

$$BCWP – ACWP = 90\ 000 – 120\ 000 = – 30\ 000(\text{元})$$

（2）土方承包商工作进度落后了，工作进度是按照完成的实际工作量计算。

$$BCWP – BCWS = 90\ 000 – 108\ 000 = – 18\ 000(\text{元})$$

按原定计划，每天应完成 400 立方米，每立方米费用 45 元，这样，– 18 000 元的费用相当于 – 1 天的工作量，所以土方承包商工作进度落后了 1 天。

对于这类问题，我们还可以利用费用指数 CPI 和进度指数 SPI 分别来监视费用和时间进度风险：

$$\text{费用指数}: CPI = BCWP/ACWP$$
$$\text{进度指数}: SPI = BCWP/BCWS$$

7.4.3　风险监控工具

1. 直方图

直方图是发生的频数与相对应的数据点关系的一种图形表示，是频数分布的图形表示。直方图有助于形象化地描述项目风险。直方图的一个主要应用就是确认项目风险数据的概率分布；同时，直方图也可直观地观察和粗略估计出项目风险状态，为风险监控提供一定的参考。

2. 因果分析图

因果分析图是表示特性与原因关系的图，它把对某项、某类项目风险特性具有影响的各种主要因素加以归类和分解，并在图上用箭头表示其间关系，因而又称为特性要因图、树枝图、鱼刺图等。因果分析图所指的后果指的是需要改进的特性以及这种后果的影响因素，因果分析图主要用于揭示影响及其原因之间的联系，以便追根溯源，确认项目风险的根本原因，便于项目风险监控。

因果分析图的结构由特性、要因和枝干三部分组成。特性是期望对其改善或进行控制的某些项目属性，如进度、费用等；要因是对特性施加影响的主要因素，要因一般是导致特性异常的几个主要来源；枝干是因果分析图中的联系环节：把全部要因同特性联系起来的是主干，把个别要因同主干联系起来的是大枝；把逐层细分的因素（细分到可以采取具体措施的程度为止）同各个要因联系起来的是中枝、小枝和细枝，如图 7-6 所示。

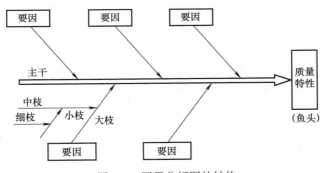

图 7-6　因果分析图的结构

因果分析图的基本原理是，如果一个项目风险发生了，除非及时采取应对措施，否则它将再次发生。通过学习，吸取教训，起到防患于未然的作用。因果分析图一般可由以下三个阶段过程来完成。

（1）确定风险原因；

（2）确定防范项目风险的对策措施；

（3）实施管理行为。

3. 帕累托图

帕累托图，又称"比例图分析法"，最早是由意大利经济学家帕累托（V. Pareto）提出来的，用以分析社会财富的分布状况，并发现少数人占有大量财富的现象，所谓"关键的少数与次要的多数"这一关系。帕累托图主要用于确定处理问题的顺序，其科学基础是所谓的"80/20"法则，即为 80% 的问题找出关键的影响因素。在项目风险监控中，帕累托图可用于着重解决对减少项目有重大影响的风险，如可用于确定进度延误、费用超支、性能降低等问题的关键性因素，从而及时明确解决问题的途径和措施。

帕累托图一般将影响因素分为三类：A 类包含大约 20% 的因素，但它导致了 75% ~ 80% 的问题，称之为主要因素或关键因素；B 类包含了大约 20% 的因素，但它导致了 15% ~ 20% 的问题，称之为次要因素；其余的因素为 C 类，称之为一般因素，这就是所谓的 ABC 分析法。帕累托图显示了风险的相对重要性，同时，由于帕累托图的可视化特性，使得一些项目风险控制变得非常直观和易于理解，有利于确定关键性影响因素，有利于抓住主要矛盾，有重点地采取针对性应对措施。

图 7-7 是帕累托图的结构示意图。帕累托图的结构由两个纵坐标、一个横坐标、几个直方柱和一条折线组成：左纵坐标表示频数（件数、次数等），右纵坐标表示频率（用百分比表示）；横坐标表示影响质量的各种因素，按影响程度的大小从左到右依次排列；折线表示各因素大小的累计百分数，由左向右逐步上升，此线称为帕累托曲线。

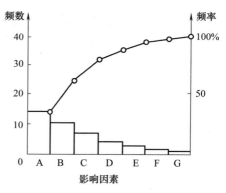

图 7-7　帕累托图结构

帕累托图显示了每个项目风险类别的发生频率，便于了解出现最为频繁的风险和确定各项目风险后果，有助于项目管理决策人员根据项目目标和主观判断及时采取有效的对策措施。

还有其他一些项目风险监控工具，如关联图法、散布图、矩阵图等，有兴趣的读者可参考有关文献资料。

小结

项目风险监控是指对项目中的风险实施全系统全过程的监视和控制：风

险监视是指对项目中的风险以及项目风险环境进行有效的跟踪观察，及时掌握风险发展动态，不断深化风险认识；风险控制是对已得到较好认识的分析采取必要的处置技术以最大限度地降低风险事故发生的概率和减少损失。传统的观点认为项目风险是一种被动的活动。本章从系统的角度来认识和分析项目风险监控过程，首先描述了监控风险过程及其基本活动；其次介绍了风险监控方法，其关键在于运用系统的项目管理方法、建立有效的风险预警机制、制订科学的应急计划等；最后介绍了风险监控的技术、工具及其运用，有效的风险监控离不开在恰当的时候采取恰当的行动，应根据风险具体情景来选择适用的技术和工具，项目风险监控技术和工具取决于项目进展、风险类别、风险变化以及技术工具本身的适应性。

复习思考题

1. 什么是风险监视和风险监控？两者有什么区别？各能解决什么问题？

2. 描述风险监控过程，并指出风险监控的关键活动。

3. 风险监控为什么要采用系统的项目管理方法？试结合项目管理实际说明。

4. 项目如何选择恰当的风险监控时机？

5. 如何将阈值用作预警系统的一部分？

6. 列出两种可用于提供不可接受风险通知的触发器。举例说明每个触发器是如何启动风险行动计划的。哪些人会收到通知及以何种方式收到通知。

7. 你认为应如何监控风险管理储备？请说明原因。

8. 你同意控制的最大潜力往往迸发于采取行动的那一瞬间吗？请说明原因。

第 8 章

工程技术风险管理

随着科学技术的快速发展，工程技术已经突破了工业生产技术的范围，渗透到人类社会生活的各个领域，特别是新一轮以智能化为核心的新技术革命，在显著提升工程项目质量效能的同时，也带来了巨大的技术风险，甚至威胁到人类社会的生存发展，迫切需要加以高度重视和科学管理。本章以工程技术风险为主要研究对象，结合系统工程、军事工程、工业工程等应用实践，主要介绍工程技术风险管理的概念内涵、管理过程、分析报告、技术成熟度理论及应用等。

8.1 概念内涵

8.1.1 概述

风险即不确定性，随着社会发展和技术进步，现代工程的规模不断扩大，投资规模庞大，参与主体众多，建设周期时间长，环境保护标准严格，技术要求高，同时还伴随着科技创新活动，工程项目建设的复杂性、不确定性越来越大，因此，工程技术风险问题越来越引起关注，特别是重大工程项目，技术风险管理的地位作用越来越突出。

美国最早重视工程技术风险问题并进行了系统的研究。1956 年美国国防部启动海军核潜艇"北极星"导弹武器系统项目，该项目涉及大量的研制制造合同，由于研制费用、研制时间和进度不能够准确估计，因而几乎每份研制制造合同都含有不确定性。美国国防部开发了计划评审技术，解决了时间和进度不确定问题，接着考虑了费用因素，解决了费用不确定性问题。1967年，阿波罗工程在进行试验时有 3 名航天员丧生，导致了该项目的研制时间倒退了 18 个月，造成了 4.1 亿美元的直接经济损失，美国国家航天航空局（NASA）开始采用系统的风险评估技术和方法，普及概率分析技术，侧重分析技术风险和安全性风险。此后，美国强调重视技术风险研究，评估和量化技术风险，并为技术风险提供预算资金。美国各类学院全面论述风险和风险各类的基本概念，构建了风险管理框架，进一步突出风险管理特别是技术风险管理的重要作用，逐步建立起了完整的风险管理体系，实现了对工程技术风险的有效管理。

随着风险管理的日益普及和广泛应用，其在工业系统、军事工程、工程项目、保险业等方面取得了前所未有的成功。在现代发展进程中，由于科学技术的快速发展，以及人类社会对改造自然的需求越来越大，工程项目的大型化、大合作趋势显著增强，工程项目所处的环境越来越复杂，工程技术风险显著提升，学术界、企业界等对工程技术风险管理问题的研究与应用实践越来越深入，从风险规划、风险识别到风险分析都形成了相对完善的技术风险管理过程和一套成熟的定性与定量方法，如在美国已形成了包括业主、承包商、保险公司、中介咨询服务机构、行业协会和政府的完善风险管理体系。在工程技术风险管理过程方面，美国国防部建立起了由风险规划、风险评估（包括风险辨识、风险分析）和风险监控等过程构成的完善的项目风险管理过程，欧洲航天局（ESA）建立起了包括确定风险管理实施目标、识别和评估风险、决策和采取风险措施、监控及传递和接受风险四个步骤的风险管理过程。在工程技术风险识别方面，核对表法、专家调查法、流程图法、情景分析法、类推比较法、经验学习法等传统的项目风险识别技术方法得到了广泛应用。近年来，基于分类的风险辨识方法、层次全息模型等新兴的风险识别方法得到了快速发展。在工程技术风险评估方法方面，早在 20 世纪 60 年代，美国就采用了故障模式及影响分析（FMEA）和关键项目列表（CIL，Critical Items List）对"阿波罗飞船"项目进行风险管理。20 世纪 70 年代，美国核工业界开始尝试使用一种定性与定量相结合的故障树分析法（FTA，Fault Tree Analysis）对核工厂安全性进行风险分析。NASA 于 20 世纪 80 年代开始使用风险评估（PRA，Probability Risk Assessment）这一定量风险分析方法对航天飞机的安全性进行定量评估，ESA 也已形成了使用 PRA 方法对航天系统进行安全性分析的标准。风险因子评价法（RFEM，Risk Factor Evaluation Method）、等风险曲线法（ECM，Equir Risk Contour Method）、模糊风险分析（FRA，Fuzzy Risk Analysi）、系统动力学（SD，System Dynamics）、网络分析法（Vert、GERT 等）和影响图法（Influence Diagrams）也在工程技术风险管理领域得到应用。1995 年，美国空军电子系统中心（ESC，Elctronic Syetem Center）采办工程小组提出了一种新的项目风险分析方法——风险矩阵法（RMM，Risk Matrix Method）。其主要思想是从项目需求和技术可能性两方面进行项目风险（风险集）识别和风险概率计算，并构建风险矩阵，该方法的优点在于可识别关键风险，并加强项目需求、技术与风险之间的相互关系分析，该方法在美国国防采办风险管理方面得到了较为广泛的应用。NASA 还结合层次全息模型 HHM，提出通过风险过滤、排序和管理框架（RFRM，Risk Filtering、Ranking and Management Framework），对高新技术项目的风险进行量化分析。

进入 21 世纪，随着以信息技术为核心的高新技术的迅猛发展及其广泛应用，工程项目大型化的趋势显著增强，工程技术风险因素越来越复杂，工程技术风险的复杂性和客观性特征导致了其风险管理本质也是一个复杂系统，工程技术风险管理研究逐步从单一视角、用单一模型静态地进行分析，转向综合集成、复合的视角进行技术风险分析，如层次全息模型 HMM 将复杂系统以互补、协作的方式分解为子系统、部件等层次，并通过多维的监督进行综合分析。WBS 按项目进行过程（动态）和功能（静态）相结合的分解方法，对工程项目的技术风险进行识别，并借鉴 HMM 多维度、多模型的思想建立技术风险分解结构。近年来，仿真技术在工程项目技术风险管理中得到了广泛应用，通过对仿真输出信息数据的统计分析，不仅可以获得项目级和子系统级的进度、费用等技术风险量化指标，而且可以得到能综合表征技术风险特征的技术风险等级图，为技术风险评估和处置提供客观依据。

8.1.2 基本概念

工程技术风险管理中包含许多专业术语，这些术语在工程技术风险管理中有特定的意义。对于这些术语正确理解有助于掌握技术风险管理的理论与方法。

1. 工程技术风险

要理解工程技术风险，首先要对工程技术有一个科学的理解。工程技术简单而言是指工程实用技术，其基本特点是实用性、可行性、经济性和综合性。传统意义上工程技术是指在工业生产中实际应用的技术，所以工程技术亦称生产技术。随着社会发展和科技进步，工程技术已经突破了工业生产生产技术的范畴，出现了多种类别的工程技术，如军事工程技术、信息工程技术、系统工程技术、卫星工程技术、管理工程技术、软件工程技术等，呈现出快速发展的趋势和广阔的应用前景。

由于工程技术应用的广泛性、需求的迫切性，特别是经济的全球化、竞争的激烈，以及工程项目的大型化、联合化，使工程技术面临较高的风险水平。所谓工程技术风险是指工程技术在应用过程中，由于工程技术本身因素以及人类对工程技术不当的使用，可能给人类、财产或者环境带来的不利影响或威胁。如埃及阿斯旺水坝，从表面上看，这座水坝给埃及人民带来了廉价的电力，控制了水旱灾害，灌溉了农田。但是该水坝实际上破坏了尼罗河流域的生态平衡，造成了一系列灾难：由于尼罗河的泥沙和有机质沉积到水库底部，使尼罗河两岸的绿洲失去肥源——几亿吨淤泥，土壤日益盐渍化；由于尼罗河河口供沙不足，河口三角洲平原向内陆收缩，使工厂、港口、国防工事有跌入地中海的危险；由于缺乏来自陆地的盐分和有机物，致使沙丁鱼的年捕获量减少 18 万吨；由于大坝阻隔，使尼罗河下游的活水变成相对静止的"湖泊"，为血吸虫和疟蚊的繁殖提供了条件，致使水库区一带血吸虫病流行。再如英国"猎迷"预警机工程项目，该项目历时 10 年、耗资 13 亿美元，最终因技术风险高、英国技术储备不足而导致该项目中途流产。

工程技术风险主要源于三个方面的因素：一是人类对工程技术认识的局限性；二是工程技术本身的不确定性，如化学和生物制品进入自然物质循环所存在的风险取决于其技术本身的不确定性，人们对于一些高新技术往往不能准确预计其结果，只能用概率来描述它；三是工程技术系统本身的相干效应，由于工程技术系统及其作用系统、作用方式、作用结果的复杂性，往往会导致某些例外情况，从而使工程项目面临重大风险，如前文提及的阿斯旺水坝工程就是这种情况。从中可以看到，工程技术风险具有客观性、普遍性、隐蔽性强、影响广泛、风险后果严重等特征，需要对工程技术风险加以有效管理。

2. 工程技术风险管理

为研究问题方便，将工程技术作用的对象或其作用所形成的结果界定为一个产品，这里的产品是广义的，包括工程项目、硬件产品、软件产品或服务等，而项目也具有广义性，两者具有相通性，含义基本一致，对这两个概念的应用将不加以严格区分。项目风险包括技术风险、进度风险、费用风险等，而技术风险又由工程技术风险、工程风险、实验状态中的技术风险、具体领域（如材料技术、航天技术、航空技术、化工技术等）的技术风险所构成。因此，工程技术风险是项目风险在工程技术领域的一种体现方式和具体应用，它是指在产品全寿命周期过程中由于工程技术上的不足或缺陷等给项目所带来的危害或危险，表现形式为成本的增加或进度的拖延。工程技术风险管理本质是将风险量降低到一个有成本效益的水平，这是关系到一个企业或组织机构实现成本效益操作的合理管理的一部分。

工程技术风险管理主要讨论工程项目建设、产品（包括硬件产品、软件产品以及服务）研制、生产及市场化过程中所有可能遇到的风险的识别、量化和控制问题。工程技术风险管理要求在产品研制或采购性能、进度和成本目标中辨别不确定性，用风险量来量化不确定性，并且采取措施尽最大可能消除不确定性。综合来看，工程技术风险管理是：对工程项目或产品全寿命周期过程中，由于技术自身的不足或缺陷等原因，给工程项目或产品所带来的危害或危险进行风险识别、量化和控制的过程进行系统管理。

根据工程项目的特点和要求，在工程技术风险管理中，通常用两个量来度量工程技术风险，即风险时间和风险成本。风险时间是指工程项目（含产品）从危害中恢复所需要的矫正时间以及需要矫正行为概率的乘积，它本质是一个数学期望值（平均值），是指从危害中恢复过来所需要的平均时间。

风险成本是指工程项目（含产品）从危害中恢复所需要的矫正成本和需要矫正行为概率的乘积，它与风险时间一样也是一个数学期望值，是指从危害中恢复过来所需要的平均成本。另外还有两个基本的量：基准时间概算和基准成本概算，它们是进行风险量化和控制的基础和标准。基准时间概算是指对完成产品开发和生产的初始概算时间；基准成本概算指对完成产品开发和生产的初始概算成本。它们与风险时间概算、风险成本概算、风险时间以及风险成本之间存在着如下的关系：

$$风险时间概算 = 基准时间概算 + 风险时间$$

$$风险成本概算 = 基准成本概算 + 风险成本$$

3. 技术成熟度

由于工程技术风险主要是由于工程技术自身原因而导致的，这是符合一般规律的。从生物学上讲，一般技术/产品的发展过程都遵循共性的规律，都将经历从无到有、从生到死、从低级到高级的过程，即都有一个成熟完善的过程。产品或工程项目的核心就是工程技术，工程技术的终极目标是在工程项目或产品上的成功应用，达成项目目标。在工程技术完全满足目标产品需求前，需要经过一个包括原理探索、应用设想、概念提出与验证、设计、集成、试制、试验、生产、使用等多个环节的漫长过程，这是一个知识形成、学习和积累的过程。在这一过程中，需要对特定时期技术的发展状态，以及技术对目标产品的满足程度（即技术成熟度）进行科学界定，确保工程技术的适用性、有效性，最大限度降低工程技术风险。

技术成熟度（TRL，Technology Readiness Levels）即技术满足项目预期目标的衡量尺度。技术成熟度概念最早由 NASA 于 20 世纪 70 年代前后提出，一般分为 9 级。1~9 级逐渐提升，意味着技术从原理到方案，再到样机，最终到客户使用确认的产品这一演进路径，从而实现项目的根本目的，即得到满足客户使用要求的产品。如何确定技术成熟度，需要开展技术成熟度评价，对技术研究的最终成果或阶段性成果进行衡量，以反映技术研究成果处于何种状态。

8.1.3 工程技术风险管理的作用

由于工程技术风险影响的广泛性，因此开展工程技术风险管理是十分必要的，其作用主要体现在：

（1）通过风险分析，可加深对项目和工程技术风险的认识与理解，澄清各方案的利弊，了解风险对项目的影响，以便减少或分散风险；

（2）通过检查和考虑所有到手的信息、数据和资料，可明确项目的各有关前提和假设；

（3）通过工程技术风险分析，不但可以提高项目各种计划的可信度，还有利于改善项目执行组织内部和外部之间的沟通；

（4）编制应急计划时更有针对性；

（5）能够将处理风险后果的各种方式更灵活地组合起来，在项目管理中减少被动，增加主动；

（6）有利于抓住机会，利用机会；

（7）为以后的规划和设计工作提供反馈，以便在规划和设计阶段采取措施防止和避免风险损失；

（8）风险即使无法避免，也能够明确项目到底应该承受多大损失或损害；

（9）为项目施工、运营选择合同形式和制定应急计划提供依据；

（10）通过深入的研究和情况了解，可以使决策更有把握，更符合项目的方针和目标，从总体上使项目减少风险，保证项目目标的实现；

（11）可推动项目执行组织和管理班子积累有关风险的资料和数据，以便改进将来的项目管理。

8.2　管理过程

8.2.1　概述

工程技术风险管理，是人们对由于技术上的不足或缺陷等原因，对项目所带来的危害、危险或潜在的意外损失进行规划、识别、估计、评价、应对和监控的过程，它是对项目目标的主动控制。工程技术风险管理贯穿于项目生命周期的始终，了解和掌握项目技术风险的来源、性质和发生规律，强化风险意识，进行有效的工程技术风险管理对项目的成功具有非常重要的意义。工程技术风险管理是一个动态的、连续的闭路循环过程，它与一般的风险管理过程是类似的，也是有风险规划、风险识别、风险估计、风险评价、风险应对、风险监控 6 个阶段和环节。我们主要从工程技术风险管理的特点入手，介绍工程技术风险管理的过程，主要包括：确定风险基线、风险识别、风险量化、风险控制 4 个步骤，如图 8-1 所示。

从图 8-1 可以看出，工程技术风险管理的基本流程与项目风险管理的一般过程是对应的，重复的部分将不再叙述。确定风险基线是在进行风险规划的前提下进行的，可以作为风险管理计划的一部分。风险识别、风险量化同一般风险管理的过程相似。风险控制包含了风险估计、风险评价、风险应对、风险监控的过程。下面分别介绍其他各个过程的主要工作内容。

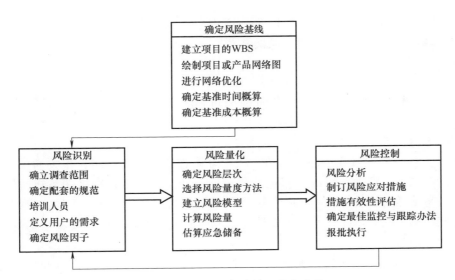

图 8-1　工程技术风险管理基本流程

8.2.2　工程技术风险规划

风险规划就是工程技术风险管理的一整套计划。主要包括定义项目组及成员风险管理的行动方案及方式，选择合适的技术风险管理方法，确定风险判断的依据等，风险规划用于对风险管理活动的计划和实践形式进行决策，它的结果将是整个项目风险管理的战略性和全生命周期的指导性纲领。这里主要介绍工程技术风险规划的核心——风险基线的确定。

1. 风险基线的确定

本书将技术风险管理的大部分内容描述为偶然事件分析，也就是说，探究将来发生的事件的 what-if（如果将来发生了某一事件会造成什么后果）推论，并且估算行为的各种不同过程。这样的任务就要求有某种形式的基线作为研究的出发点。在工程技术风险管理当中，使用了两种基线，时间基线和成本基线。基线是指要开发和生产的产品、用来生产产品的步骤、以及生产产品的环境的初始定义。风险基线是进行工程技术风险管理的基础与标准，一个制定的很好的基线对于工程技术风险管理有着十分重要的意义和作用。

确定风险基线的主要内容是确定基准时间概算和基准成本概算，它们分别指完成产品开发和生产的初始概算时间和概算成本。确定风险基线的首要工作是进行项目的 WBS 分解，将项目的工作细化，并确定每项工作的工作量以及资源消耗等。确定风险基线的方法有很多，如 PERT、CPM、顺序图法等，这些方法都是一些比较成熟的方法。基本的思路都是根据项目或产品的网络进行时间和成本的优化设计，从而科学地确定基准时间概算和基准成本概算。

另外需要说明的是，多数已经开始的项目，它的基准时间和成本应是已知的，那么这一步可省略。

一般说来，确定风险基线可以分为以下的一些基本步骤：

（1）建立项目的 WBS：在明确项目目标的前提下，建立详细的项目 WBS。同时分解项目目标到各项工作，并进行估算和确定各项工作的工作量和资源消耗。

（2）绘制项目或产品网络图：在充分调查的基础上，结合相关的工艺、生产的文件，准确地绘制项目或产品的网络图。同时确定网络图节点时间，以及每项活动的成本。注意应在充分可靠的数据的基础上进行估计，应结合专家与第一线人员的意见。然后计算出网络的关键路径，以及每项活动的时差和总的时差。

（3）进行网络优化：根据关键路径来优化项目网络，合理地分配现有的各项资源。

（4）确定基准时间概算：根据关键路径确定项目的基准时间概算。

（5）确定基准成本概算：根据关键路径确定项目的基准成本概算。

由于前面的章节中已经讲述了（1）、（2）和（3）的内容，所以在本节中主要讲述技术风险管理当中普遍使用的基线时间评估和基线成本评估的方法。

2. 基线时间的确定

项目基线时间确定的基本思路是：首先根据 WBS 分解图绘制出项目的网络图，根据项目的网络图确定关键路线、项目时间、总时差及每项工作的单时差，并结合项目时间规划的总要求进行网络图的优化，即当关键路线时间小于项目规划时间的要求时，可以考虑适当调整项目规划时间；若关键路线时间大于项目规划时间的要求时，就必须采取一定方法进行网络图的优化或者改变项目规划时间的要求，以保证项目在科学的时间内完成。这样可以最终确定项目的基线时间。然后结合项目的 WBS 分解图，制定详细的项目进度计划，并设定项目进度检查点，如图 8-2 所示。

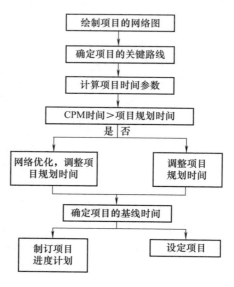

图 8-2　项目基线时间确定过程

在绘制项目的网络图时对每一项工作时间的估计，应充分结合专家、技术人员以及现场工作人员的意见，充分考虑可能发生的意外情况对项目时间的影响。定额管理对于基线时间的评估是重要的，对于一些经常性的、重复性的工作，它的时间应有相应的定额，这样在确定项目时间时主要力量应放在全新的工作上。一般对于某项活动时间的估计最常用的方法为三点法：

$$活动时间 = \frac{最悲观时间 + 4 \times 最可能时间 + 最乐观时间}{6} \tag{8-1}$$

其中对于最悲观时间、最可能时间以及最乐观时间的确定应在充分调查与研究的基础上确定，应结合一些数理统计的方法。此外还包括经验类比法、历史数据法、专家意见法、德尔菲法等。

3. 基线成本的确定

对项目中的每个活动而言，成本都是一个随机量，如何有效地确定它们的成本，是确定项目基线成本的主要内容。项目预算的中心任务是估计项目中各种资源的使用量，现在已经有许多有效的方法，如自上而下和自下而上的成本估计法、计划 – 规划 – 预算体系 PPBS（Planning-Programming-Budgeting Systems）和 ZBB（Zero-Base Budgeting，零基预算）等。

所有的这些方法的基础都是基于对每一项活动成本的估计和量化。确定每项活动成本最有效的方法是工作成本定额管理。该方法要求首先按照项目的 WBS 分解图以及项目成本的总规划，逐步地将成本分解到各个工作任务上。对于工艺已经成熟的工作应根据以前的数据进行明确的成本定额，而对于那些工艺不成熟或还未进行过的工作就必须进行估计。事实上，对基线成本的确定最困难的也就是这些工作任务的成本确定问题。

另外，对于时间较长的项目还应考虑资金的时间价值，以及通货膨胀等因素。比如说，某个项目要持续十年的时间，那么现在的 1 万元在十年后，可能比现在更值钱或更不值钱，主要是由于利率的变化以及物价等的变化造成的。一般的做法是采用一个估计的贴现率来考虑资金的时间价值。

8.2.3 工程技术风险识别

一般工程技术项目风险识别的主要过程为：

● 确立调查范围：确定进行技术风险管理的范围，从而有目的地开展技术风险调查活动。

● 确定配套的规范与文件：确定与调查相关的规范、标准、文件等，以明确技术风险调查与分析的标准和要求。

● 培训人员：培训调查范围所涉的相关人员（包括调查者和被调查者），使他们具备基本的技术风险管理的知识以及开展技术风险调查与分析的能力。

- 定义用户的需求：明确用户的需求，以后可以有针对性地开展技术风险分析和控制工作，同时明确调查的重点，从而有效地提升顾客满意程度。

- 确定风险因子：这是风险识别的主要工作。根据规范、文件、标准以及用户的要求，并在与现场工作人员充分交流的基础上，确定相应项目的技术风险因子。通常从三个方面考虑：硬件、软件及服务。

下面所讲的硬件产品、软件产品以及服务产品的风险决定因子（包括各级因子所包含的一些因素）都只是针对一般意义而言，对于不同的项目或产品它们应是不同的，应考虑适当增减。对于每一类产品总的说来，都包括四个方面的因素：管理的、外在的、产品的、过程的，这些都是一级因子，而产品和过程下面还应细分出一些二级因子，如成熟度、质量、复杂性、并行性等。

1. 硬件产品风险决定因子

硬件产品是项目组成的一个重要部分，根据硬件产品的特性一般从十个方面来考虑硬件产品的风险决定因子：管理属性、外在属性、产品成熟度、产品质量、产品复杂度、产品并行度、工艺成熟度、工艺质量、工艺复杂度、工艺并行度。这十个方面基本涉及硬件产品的所有相关因素，针对具体的产品可以适当地增减。

（1）硬件产品管理属性

管理属性要素是测量产品质量、功能、购买能力和获利能力的第一等级测量手段，而且管理属性要素是影响产品风险的主要要素。主要包括财政和预算政策、客户和用户政策、计划连续性政策和人力增长和保持政策等，如表8-1～表8-4所示。

表8-1 硬件财政和预算政策检查表

1.	该政策是否要求考虑在该产品生命周期内的投资回报率？
2.	该政策是否要求覆盖整个生产运营过程的融资活动？
3.	初次融资活动是否基于严格的调查、设计和组织安排？
4.	该生产计划是否有充分的管理内涵？
5.	在采购和安装的较长时期内，是否提供了充足的生产融资？
6.	该政策是否要求经过技术调整来作出财政决策？

表8-2 硬件客户和用户政策检查表

1.	组织是否明确知道该产品的客户和用户是谁？
2.	组织是否征求了客户用自己的话表达出的需求？
3.	是否有正式的工作体系可以把用户的需要落实在产品上？

（续）

4.	产品的质量保证是否内容清楚，无含混之词？
5.	是否与消费者服务组织联系密切？
6.	组织是否可以方便地回收残次产品？
7.	组织是否能够主动将产品的改进告知客户和用户？

表 8-3 硬件工作计划连续性政策检查表

1.	政策是否能保证对长期产品定期做性能、进度和成本的检查？
2.	是否至少每季度要回顾一次当期业绩的详细报告？
3.	是否至少每季度要回顾一次下期业绩的详细计划？
4.	回顾内容是否覆盖所有方面，而不仅限于技术方面的？
5.	性能、进度和成本是否每周进行监督？
6.	性能、进度和成本是否每月进行变量分析？
7.	是否要求每月进行时间成本估算？

表 8-4 硬件人力增长和保持政策检查表

1.	是否为工作计划实施的全过程落实了主要工作人员？
2.	经理和项目经理是否一次只负责一个主要产品？
3.	提升规定是否明确，使每个员工都知道有哪些提升机会？
4.	公司和员工是否都对培训工作感到满意？
5.	产品经理是否参与人事、培训和主要人员的保留？

（2）硬件产品外在属性

硬件产品的外在属性包括：产品的外在品质、通货膨胀、调节状态、劳工关系、公共关系等。法律法规、气候变化，是计划的边缘性因素，基本上是不可控的。管理中最困难的问题是如何应对外来因素的影响，例如：如何应对通货膨胀，是成本计算中最困难的，在进行外属性调查时应综合考虑这些方面的影响，如表 8-5 ～ 表 8-7 所示。

表 8-5 外在属性调查表

1.	通货膨胀、生产者价格指数和主要利率是否都稳定？
2.	合同中是否包含了价格调整条款？
3.	价格敏感物资是否有足够的储备？
4.	废物处理是否与环境法规相协调？
5.	生产工程是否与安全法规相协调？
6.	设备是否能在目前环境条件下正常工作？
7.	工人是否可以在任何气候条件下启动生产设备？
8.	气候条件是否影响资源供给和销售？

表 8-6　原材料调查表

1.	是否制定了原材料的优选目录？
2.	原材料的选材和国产化是否都有审批手续？
3.	新型号所用的原材料是否进行了分类？
4.	材料标准、检测标准是否都保持最新版本？
5.	原材料代用审批手续是否齐全？
6.	成件（铸件、标准件等）入厂验收时是否经过材料判定？
7.	原材料进行工艺调整后是否进行了跟踪？
8.	对关键原材料是否进行了严格检验？
9.	对不合格原材料的处理是否按程序进行？
10.	对在加工和试验过程中出现的问题是否都进行了失效分析？
11.	生产厂家供货是否及时？质量是否稳定？
12.	原材料的保管是否符合技术要求？
13.	对有复验期的原材料是否按规定进行复验？

表 8-7　元器件调查表

1.	是否制定了元器件优选目录？
2.	目录外选用的元器件是否经过审批？
3.	是否进行了检测筛选？
4.	是否按规定进行了 DPA？
5.	对失效元器件是否进行了失效分析？
6.	厂家供货是否及时？
7.	是否有断档元器件？
8.	新品元器件是否经鉴定通过才用于产品？
9.	对重点元器件是否进行了重点控制？
10.	是否进行了降额设计和热设计？
11.	全过程是否进行了静电防护？
12.	元器件重大质量问题是否进行了报警？
13.	是否按规定进行了下厂监制和验收？
14.	采购文件是否规范？
15.	元器件代用和更改是否经过审批？

（3）硬件产品成熟度

硬件产品成熟度要素（PRODMF）表示的是你对开发此产品有多少经验，并不代表产品实际开发的程度。PRODMF 的值表示目前该产品设计的成熟度，设计越成熟，值越小。

同时，PRODMF 也表示在开发过程中风险出现的可能性，值越大，风险时间和风险成本就越高。表 8-8 是 PRODMF 值从 0 到 1.0 所表达的含义。如果值为 0，表示无风险，即不会增加风险时间和风险成本；如果值为 1.0，表示风险最大，即风险再次出现，有新增加的风险时间和风险成本。

表 8-8　硬件产品成熟度

状　　态	分　　值
类似产品的首期产品已检验成功	0.0
类似产品的首期产品已生产	0.1
类似产品的样板已检验成功	0.2
类似产品的样板已制作完成	0.3
类似产品的母板已检验成功	0.4
类似产品的母板已制作完成	0.5
类似产品的模型已检验成功	0.6
类似产品的模型已制作完成	0.7
类似产品的功能设计已检验成功	0.8
类似产品的功能设计已制作完成	0.9
没有使用过类似的设计	1.0

（4）硬件产品质量要素

质量对许多人来说都意义重大。从客户和使用者的角度说，产品的质量要看产品的性能、可靠性和维修。技术风险管理领域对质量的管理，则是分析在产品的开发和生产中对检修的潜在的需要量。因此硬件产品质量要素（PRODQF）是对生产率、可靠性和测试性的反向计算。同时，它还是产品质量要素风险的直接测量方面。

通常，生产可行性是生产产品的测量指标，但它也可以作为产品质量的测算指标。可靠性可作为产品开发过程中的检修需求量的测试指标。测试性可以作为检修失败的测量。

表 8-9、8-10 和表 8-11 是生产可行性、可靠性、测试性、维修性的检查表，表中问题的次序可根据实际情况的需要进行调整。

表 8-9　生产可行性检查表

1.	产品规格和标准是否与生产条件一致？
2.	设计使用的零件是否尽可能相同？
3.	是否避免使用非标准零件？
4.	是否使产品的设计具有适当的标准化程度？
5.	是否有其他设计方案或选择了最可生产的方案？
6.	设计是否采用了最先进的生产方法？

（续）

7.	设计是否避免使用有知识产权的产品或工艺？
8.	设计是否尽量简约？
9.	设计是否删除了不必要的功能？
10.	设计是否使用了看似相同，但有微小差异的零件？
11.	允许的公差范围是否合适？

表 8-10　可靠性检查表

1.	是否对生产过程早期的半成品有可靠性要求？
2.	是否对电子部件之间的干扰使用了电应力屏蔽？
3.	部件的额定值是否在设计的极限值范围内？
4.	通过对零部件的控制和标准化，是否已将不同零部件的使用数量减到最少？
5.	是否已通过使用最少量的不同种零部件而降低了设计的复杂度？
6.	是否通过散热部件降低了热应力？
7.	是否有安装备件以应对突发的部件失灵？

表 8-11　可测试性检查表

1.	机械设计方案是否提供了标准布局图，以识别各部件？
2.	部件之间是否留有足够空间用以测试？
3.	是否所有部件方向相同？
4.	接头是否经过检测？
5.	部件的种类是否尽量少？
6.	设计中是否包括内置测试？
7.	内置测试是否可以进行计划测试？
8.	对细小零件的测试是否不必在小部件中进行？
9.	对小部件的测试是否不必在部件中进行？
10.	对部件的测试是否不必在产品中进行？
11.	对子系统的测试是否不必在系统中进行？

（5）硬件产品复杂度

硬件产品复杂性要素（PRODCF）是反向测量设计复杂性、直接测量设计的风险度。图 8-3 是生产层次结构（GB）的图样。计算 PRODCF 需要使用 GB 的纵向层次和横向跨度。

纵向层次和横向跨度称为 GB 指数（GBI）。图 8-3 的 GBI 为 5 × 16，或 80（节点总数）。此处的 GBI 很小，一般高科技产品的 GBI 可以高达 10 000 以上。

表 8-12 是 GBI 与 PRODCF 的对应。PRODCF 为 0.1 时对应的 GBI 为 1 000，

PRODCF 为 1.0 时对应的 GBI 为 10 000。

某产品的纵向层次和横向跨度 GBI 为 10×120，或 1 200。根据表 8-12 中的数据 PRODCF 应略大于 0.1，可以按比例进行计算：PRODCR = 0.1 + 0.1 × （200 ÷ 1 000）= 0.12。

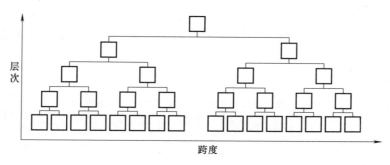

图 8-3　生产层次结构

表 8-12　硬件产品复杂性要素

因　　子	GBI	因　　子	GBI
0.1	1 000	0.6	6 000
0.2	2 000	0.7	7 000
0.3	3 000	0.8	8 000
0.4	4 000	0.9	9 000
0.5	5 000	1.0	10 000

（6）硬件产品并行度

并行性要素是指不同工作间由于相互依赖而导致的风险。图 8-4 是任务 i 和任务 j 的并行性。

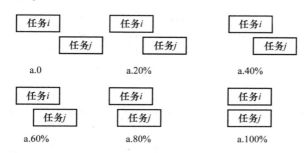

图 8-4　任务 i 与任务 j 的并行性

任务 j 是独立的，任务 i 不是独立的。并行度从 0～100%，0 表示无并行性风险，而 100% 表示很高的风险。

硬件产品的并行性表现在三个方面：产品各项开发任务的并行性，产品生产过程各项任务的并行性，产品开发任务和生产过程任务间的并行性；其中产品开发任务和生产过程任务间的并行性风险要大于前两者。

　　硬件产品并行性要素（PRODYF）测量的是不同工作任务间相互的依赖程度，还可直接测量由于依赖而造成的风险。相互依赖程度为0时，并行性风险为0；相互依赖程度为0.5时，并行性风险为0.5；相互依赖程度为100%时，并行性风险为1。相互依赖程度越高，并行性风险越大，如表8-13所示。

表8-13　依赖程度与硬件产品并行性风险的对应关系

依 赖 程 度	并 行 度	依 赖 程 度	并 行 度
0	0	0.6	0.6
0.1	0.1	0.7	0.7
0.2	0.2	0.8	0.8
0.3	0.3	0.9	0.9
0.4	0.4	1.0	1.0
0.5	0.5		

（7）硬件产品工艺成熟度

　　硬件生产过程成熟度要素（PROCMF）是反向测量生产过程成熟度、直接测量生产工程的风险度。PROCMF与产品的生产过程无关，仅测量产品具备的可以进行生产的成熟程度，具体参见表8-14。

表8-14　PROCMF 的 0 ~ 1.0 的成熟度

PROCMF	目前生产过程成熟度
0.0	完全一样的产品生产并通过测试
0.1	类似产品生产并通过测试
0.2	首个产品生产并通过测试
0.3	工装获批准
0.4	MPP 获批准
0.5	TDP 获批准
0.6	LRIP 首个生产并通过测试
0.7	LRIP 工装获批准
0.8	LRIPMPP 获批准
0.9	LRIP TDP 获批准
1.0	无工装、MPP 或 TDP

　　注：PROCMF：过程成熟度；LRIP：低速首次生产；MPP：生产计划；RATE：告诉生产；TDP：技术数据包

（8）硬件产品工序质量

硬件生产过程质量要素（PROCQF）可用来反向测量产品的功能外观和环境要求是否在规定范围之内，同时还直接测量在生产质量方面的风险，也被用来反向测量产品是否达到某一功能外观和环境要求，生产质量还可以用规格要求相关的生产状态的统计测量来表示。

生产状态是描述用允许公差来控制生产质量的，并在此基础上得出 PROCQF。

表 8-15 是将 PROCQF 作为过程控制状态来求解，过程控制状态即描述生产质量。特别是过程控制状态还用来描述产品样品的标准离差在允许公差上下线范围内的情况。这些描述将说明生产过程的稳定性。

表 8-15　硬件生产过程质量要素

PRCQF	过程受控状态
0	上下控制限在概率密度函数的 ±5.5 倍标准差内
0.1	上下控制限在概率密度函数的 ±5.0 倍标准差内
0.2	上下控制限在概率密度函数的 ±4.5 倍标准差内
0.3	上下控制限在概率密度函数的 ±4.0 倍标准差内
0.4	上下控制限在概率密度函数的 ±3.5 倍标准差内
0.5	上下控制限在概率密度函数的 ±3.0 倍标准差内
0.6	上下控制限在概率密度函数的 ±2.5 倍标准差内
0.7	上下控制限在概率密度函数的 ±2.0 倍标准差内
0.8	上下控制限在概率密度函数的 ±1.5 倍标准差内
0.9	上下控制限在概率密度函数的 ±1.0 倍标准差内
1.0	上下控制限在概率密度函数的 ±0.5 倍标准差内

通常情况下，在未知密度分布（PDF）的情况下，取样数量为 30 或更多。图 8-5 是常规 PDF，并显示出 PDF 在公差上下线（LTL 和 UTL）之间的情况。标准离差（$\underline{s}$）选取了从 -6 到 $+6$ 个。注意 LTL 大概在 $-2.25-\underline{s}$ 的位置上，UTL 大概在 $+3.6-\underline{s}$ 的位置上。PDF 大约为 $-3.75-\underline{s}$ 时在 LTL 线以下，为 $+2.4-\underline{s}$ 时在 UTL 以上。

根据 $-\underline{s}$ 值和表 8-13 可以得出 PROCQF。例如，$2.4-\underline{s}$，这时 PDF 在 UTL 线以下。在表 8-15 中 $2.4-\underline{s}$ 对应 PROCQF 在 $0.6 \sim 0.7$。按比例，PROCQF $= 0.6 + (0.1)(0.1/0.5) = 0.62$

标准离差是统计中通用的计算方法。标准离差越小，数据越集中，风险性越小。

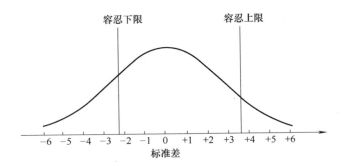

图 8-5　公差与可能性密度函数的关系

人们可以使用 PROCQF 的离差根据过去数据预测现在。PROCQF 是关系硬件产品成熟度的二级要素，包含基准时间和基准成本中的返工和报废。

图 8-5 的 PDF 在公差上下极限间，在这种情况下，只需要从表 8-15 中查到 PDF 即可。

（9）硬件工艺复杂度

硬件工艺复杂性要素（PROCCF）反向测量生产过程复杂度，直接测量生产工程的风险度。有两种方法测定 PROCCF，第一种是将 PROCCF 的值等于阶段细分指数（GBI），方法基本与硬件生产复杂性要素相同，因此在此只描述第二种方法，即将 PROCCF 的值等于产品的部件数量。

所谓部件数量既包括部件的个数，也包括同一部件的使用次数。不同使用次数用横线加数字表示，如 C123-1、C123-2，分别表示部件 C123 第一次使用和第二次使用。

产品是由组件、部件、小部件和零件构成的。小部件指一定零件的组合，如印刷线路板。一定数量的小部件组成部件，一定数量的部件组成组件，一定数量的组件组成产品。

组件、部件、小部件和零件各自数量的总和构成了产品的零件总数。表 8-16 是不同零件总数对应的 PROCCF 的值。

表 8-16　硬件工艺复杂度要素

PROCCF	组 件 数 量	PROCCF	组 件 数 量
0.0	2~5 条生产线 每条生产线包含 2~5 条次生产线 每条次生产线包括 6~10 小组（Details） 每个小组含 6~10 个部分	0.1	2~5 条生产线 每条生产线包含 6~10 条次生产线 每条次生产线包括 6~10 小组（Details） 每个小组含 6~10 个部分

（续）

PROCCF	组 件 数 量	PROCCF	组 件 数 量
0.2	6～10 条生产线 每条生产线包含6～10 条次生产线 每条次生产线包括 6～10 小组 （Details） 每个小组包含6～10 个部分	0.7	11～20 条生产线 每条生产线包含20～10 条次生产线 每条次生产线包括 11～20 小组 （Details） 每个小组包含 11～20 个部分
0.3	6～10 条生产线 每条生产线包含11～20 条次生产线 每条次生产线包括 6～10 小组 （Details） 每个小组包含6～10 个部分	0.8	11～20 条生产线 每条生产线包含21～30 条次生产线 每条次生产线包括 21～30 小组 （Details） 每个小组包含 11～20 个部分
0.4	6～10 条生产线 每条生产线包含11～20 条次生产线 每条次生产线包括 11～20 小组 （Details） 每个小组包含6～10 个部分	0.9	11～20 条生产线 每条生产线包含21～30 条次生产线 每条次生产线包括 21～30 小组 （Details） 每个小组包含 21～30 个部分
0.5	6～10 条生产线 每条生产线包含11～20 条次生产线 每条次生产线包括 11～20 小组 （Details） 每个小组包含11～20 个部分	1.0	21～30 条生产线 每条生产线包含21～30 条次生产线 每条次生产线包括 21～30 小组 （Details） 每个小组包含 21～30 个部分
0.6	11～20 条生产线 每条生产线包含11～20 条次生产线 每条次生产线包括 11～20 小组 （Details） 每个小组包含 11～20 个部分		

（10）硬件产品工艺并行度

硬件生产工艺的并行度要素（PROCYF）测量生产过程的各项任务间的相互依赖性和由此带来的风险值。

图 8-6 是从图 8-4 而来，说明任务 i 和 j 之间的并行度。如前所述，并行度包括三个方面：①产品的并行度；②生产过程的并行度；③产品和生产过程任务间的并行度。PROCCF 考虑的是生产过程任务间的并行度和产品开发和生产过程的任务之间的并行度。

PROCYF 说明的是生产过程任务间的并行度和产品开发和生产过程的任务之间的并行度。

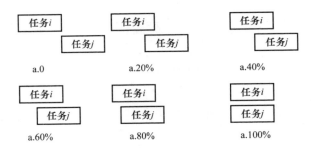

图 8-6 生产工艺的任务 j 和 i 的并行性

假定任务 j 是开发模板，任务 i 是制作第一个产品。两个任务的并行度为 10%，即 0.1。任务 i 依赖任务 j。

根据表 8-17，从任务 j 列找到模板，然后在其右边一列，找到模板所对应的任务 i 的样机，再向右，则是并行度和 PROCYF。

表 8-17 硬件工艺并行度要素

任务 j	任务 i	并行性	PROCYF
产品构思	产品构思	0.1 ~ 1.0	0.001 ~ 0.125
	模型	0.1 ~ 1.0	0.126 ~ 0.250
	母板	0.1 ~ 1.0	0.251 ~ 0.375
	样板	0.1 ~ 1.0	0.376 ~ 0.500
	首个产品	0.1 ~ 1.0	0.501 ~ 0.675
	LRIP	0.1 ~ 1.0	0.676 ~ 0.750
	测速	0.1 ~ 1.0	0.751 ~ 0.875
	现场	0.1 ~ 1.0	0.876 ~ 1.000
模型	模型	0.1 ~ 1.0	0.001 ~ 0.125
	母板	0.1 ~ 1.0	0.126 ~ 0.250
	样板	0.1 ~ 1.0	0.251 ~ 0.375
	首个产品	0.1 ~ 1.0	0.376 ~ 0.500
	LRIP	0.1 ~ 1.0	0.501 ~ 0.675
	测速	0.1 ~ 1.0	0.676 ~ 0.750
	现场	0.1 ~ 1.0	0.751 ~ 0.875
母板	母板	0.1 ~ 1.0	0.001 ~ 0.125
	样板	0.1 ~ 1.0	0.126 ~ 0.250
	首个产品	0.1 ~ 1.0	0.251 ~ 0.375
	LRIP	0.1 ~ 1.0	0.376 ~ 0.500
	测速	0.1 ~ 1.0	0.501 ~ 0.675
	现场	0.1 ~ 1.0	0.676 ~ 0.750

（续）

任务 j	任务 i	并行性	PROCYF
样板	样板 首个产品 LRIP 测速 现场	0.1 ~ 1.0 0.1 ~ 1.0 0.1 ~ 1.0 0.1 ~ 1.0 0.1 ~ 1.0	0.001 ~ 0.125 0.126 ~ 0.250 0.251 ~ 0.375 0.376 ~ 0.500 0.501 ~ 0.675
首个产品	首个产品 LRIP 测速 现场	0.1 ~ 1.0	0.376 ~ 0.500
LRIP	LRIP 测速 现场	0.1 ~ 1.0 0.1 ~ 1.0 0.1 ~ 1.0	0.001 ~ 0.125 0.126 ~ 0.250 0.251 ~ 0.375
测速	测速 现场	0.1 ~ 1.0 0.1 ~ 1.0	0.001 ~ 0.125 0.126 ~ 0.250

PROCYF：硬件过程并行性要素
构思：构思任务
模型：通过模型展示，以便获准客户支持的工作任务
母板：通过测试，以证明与原设计相同，不包括环境测试
样板：通过测试，包括环境测试，以证明与原设计相同
首个产品：用 LRIP 工装生产和测试第一个产品的工作
LRIP：低速生产
RATE：用专用工装高速（全速）生产
现场：现场收集数据

PROCYF 的值在并行度 0.1 ~ 1.0 之间，PROCYF 的值为 0.251 ~ 0.375。当并行度为 0.1 时，PROCYF = 0.251。按比例，可以得到其他值。

根据图 8-6，并行度的变化从 0.1 到 1.0。1.0 表示两个任务 100% 同时进行。假定任务 i 和 j 是生产同一产品的两种测量组件，且任务 i 要用上任务 j 的组件。

在表 8-17 中，找到任务 j 和任务 i 同时都是测速时的并行度和 PROCYF。当并行度为 0 时的 PROCYF 为 0.001，当并行度为 1.0 时的 PROCYF 为 0.125.

可以按比例得到并行度在 0 到 1.0 之间的 PROCYF。

假设任务 j 和 i 分别是 LRIP 和 RATE，且并行度为 0.4 时，根据表 8-17

找到任务 j 为 LRIP，任务 i 为 RATE。则并行度为

$$[(0.250-0.126)/0.9](0.4)=0.0551。$$

0.250 和 0.126 分别是并行度风险要素的最高和最低值，并行度的范围为 0.1~1.0，0.9 是 1.0 减 0.1 的差。

2. 软件产品风险决定因子

软件产品的风险决定因子与硬件产品的风险决定因子是类似的，也可分为十个方面。下面我们介绍软件产品的风险决定因子。

（1）管理属性，如表 8-18~表 8-21 所示。

表 8-18 软件财政预算政策检查表

1. 该政策是否要求考虑国家对本项目态度？
2. 该政策是否要求覆盖整个生产运营过程的融资活动？
3. 国家对项目的资金保证力度是否及时、充足？
4. 该生产计划是否有充分的管理内涵？
5. 在采购和安装的较长时期内，是否提供了充足的生产融资？
6. 该政策是否要求经过技术调整来作出最终的财政决策？
7. 该政策是否要求考虑其他不同的成本策略？

表 8-19 软件客户与用户政策检查表

1. 是否明确软件的使用者？
2. 是否了解用户明确的需求？
3. 是否有完善的组织机构确保软件实现？
4. 产品的质量保证是否内容清楚，无含混之词？
5. 是否与消费者服务组织联系密切？
6. 组织是否可以方便地回收残次产品？
7. 组织是否能够主动将产品的改进告知客户和用户？

表 8-20 软件工作计划连续性政策检查表

1. 政策是否能保证对长期软件产品定期做性能、进度和成本的检查？
2. 是否至少每季度要回顾一次当期业绩的详细报告？
3. 是否至少每季度要回顾一次下期业绩的详细计划？
4. 回顾内容是否覆盖所有方面，而不仅限于技术方面的？
5. 性能、进度和成本是否每周进行监督？
6. 性能、进度和成本是否每月进行量化分析？
7. 是否要求每月进行时间成本估算？

表 8-21　软件人力增长和保持政策检查表

1. 是否为工作计划实施的全过程落实了主要工作人员？
2. 经理和项目经理是否一次只负责一个主要产品？
3. 提升规定是否明确，使每个员工都知道有哪些提升机会？
4. 公司和员工是否都对培训工作感到满意？
5. 软件经理是否参与人事、培训和主要人员的保留？

（2）外在属性

表 8-22　软件外部风险调查表

1. 配套厂家是否具备软件的开发资格？
2. 配套厂家开发的软件产品是否进行过系统分析？
3. 配套厂家开发的软件产品是否进行过需求分析？
4. 配套厂家开发的软件产品是否通过自测？
5. 配套厂家交付的软件产品是否通过第三方测试？
6. 配套厂家交付的软件产品是否技术资料齐全？
7. 配套厂家交付的软件产品是否满足技术协议（合同）要求？
8. 配套厂家开发的软件产品是否按计划及时交付？

（3）产品成熟度和过程成熟度

软件产品的生产和过程成熟度要素关系到软件产品开发到某一阶段的里程碑。表 8-23 和表 8-24 用于推导软件产品的生产和过程成熟度要素的值。软件的 PRODMF 反向测量软件产品成熟度，直接测定因不够成熟所带来的风险度。

表 8-23　软件产品成熟度

PRODMF	设计成熟度水平
0.0	类似产品维护软件有效且合格
0.1	类似产品软件有效且合格
0.2	类似产品软件测试驱动程序已安装且合格
0.3	类似产品模块已安装且合格
0.4	类似产品代码和单元已安装且合格
0.5	类似产品开发模块已安装且合格
0.6	类似产品开发代码和单元已安装且合格
0.7	类似产品的功能已分配，界面已定义
0.8	程序的 HIPO 模块已确定
0.9	模块的功能要求已确定
1.0	无设计方案

表 8-24　软件过程成熟度

PROCMF	软件过程成熟度水平
0.0	类似软件产品档案已完成
0.1	类似软件产品用户手册已完成
0.2	类似软件产品产品规格已完成
0.3	类似软件产品界面控制文件已完成
0.4	类似软件产品子系统规格已完成
0.5	类似软件产品需求文件已完成
0.6	类似软件产品产品计划已完成
0.7	类似软件产品配置管理已完成
0.8	类似软件产品质量计划已完成
0.9	类似软件产品开发已完成
1.0	无类似软件产品开发

（4）软件产品质量或过程质量

软件产品开发过程的质量是质量问题的关键。因此，使用软件产品质量或过程质量要素测定产品开发和生产过程的质量控制。

PRODQF 和 PROCQF 反向测量对程序的控制程度，直接测量由于控制不够带来的风险度。表 8-25 给出了 PRODQF 和 PROCQF 的值。

表 8-25　软件产品质量或过程质量要素

风险系数	控制水平
0	乐观的，组织对软件产品不仅实现了高度控制，而且将重点放在了产品性能的提高和优化上，包括对生产过程中出错信息和成本数据进行更成熟的分析，以及错误原因分析和错误避免综合研究
0.2	管理的，组织的经营决定是在有大量数据的基础上作出的，并且在软件测试和复查时对收集到的数据进行了细致分析。使用了更多工具用来控制和管理设计过程和支持数据收集分析。组织正在学会较为精确地测算可能出现的错误
0.4	定义的，组织不仅就软件工程的标准和方法有定义，而且工程组织和方法上都有提高，包括设计和代码的复查、培训和更加关注软件工程。在控制方面的主要进步是建立和完善了软件工程，将重点集中在软件工程是否充分上
0.6	得到重视的，组织用标准方法和手段管理软件开发任务，如成本估算、工作进程、需求变动、代码变化和状态检查
0.8	初期，缺乏明确定义的工作程序和控制。组织不能对软件开发过程实现不间断管理，或没有使用现代化的工具和技术
1.0	无控制，没有明确的工作程序和控制

PRODQF 和 PROCQF 是第二级风险决定要素，而 PRODMF 和 PROCMF 是

一级要素。所以，如果 PRODQF 或 PROCQF 等于 1.0，PRODMF 或 PROCMF 等于 0.2，则后者应等于 $0.2 \times 1 = 0.2$。其中 0.1 是 K 系数。

由于软件产品质量或过程质量要素是互相依存的关系，所以要将两项相加。

两者最大可能性之和为 $1 + 1 = 2$。如果 $K \times PRODQF = 0.2$，$K \times PROCQF = 0.4$，$0.2 + 0.6 = 0.8$。综合值为 $0.8 / 2 = 0.4$。

（5）软件产品或过程复杂度要素

软件程序的大小是软件产品质量或过程复杂度要素问题的关键。因此，软件产品质量或过程复杂度要素由代码的行数而决定。PRODCF 和 PROCCF 反向测量程序的大小，直接测量由程序规模带来的风险度。表 8-26 给出了 PRODQF 和 PROCQF 的值。

必须用代码行的数量计算软件产品质量或过程复杂度要素。程序的大小是用代码行表示的，也包括空行，因为空行也是根据程序的需要设计的。代码行数量等于程序指令数。

根据表 8-26 通过代码行数得出 PRODCF 或 PROCCF。代码行通常以千行为单位（KLOC）。

表 8-26 软件产品质量或过程复杂度要素

风 险 因 子	千 行 代 码	风 险 因 子	千 行 代 码
0	0.1	0.6	100
0.1	0.5	0.7	500
0.2	1	0.8	1 000
0.3	5	0.9	5 000
0.4	10	1.0	10 000
0.5	50		

（6）软件产品或过程并行性要素

软件产品质量或过程并行性要素是任务间的同时进行。PRODYF 和 PROCYF 反向测量程序的并行性，直接测量并行性带来的风险度，是第二级风险决定要素，相对的 PRODMF 和 PROCMF 是一级要素。图 8-7 引用了图 8-4，任务 j 是独立的和任务 i 依赖于任务 j。并行度从 0% 到 100%，即 0 到 1.0。同样，我们给出了一个简单而使用的求值表，用来查询 PRODYF 和 PROCYF 的值。并行度的值就是要素风险度的值，如表 8-27 所示。

例如，任务 j 和 i 的并行度为 0，这时的 PRODYF 或 PROCYF 的值也为 0。如果任务 j 和 i 的并行度为 100%，即 1，这时的 PRODYF 或 PROCYF 的值也为 1。PRODYF 或 PROCYF 的值越大，关联要素的风险值也越大。

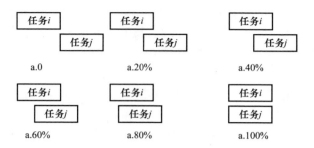

图 8-7 任务 j 和 i 的并行度

表 8-27 软件产品质量或过程并行性要素

风 险 因 子	并 行 度	风 险 因 子	并 行 度
0	0	0.6	0.6
0.1	0.1	0.7	0.7
0.2	0.2	0.8	0.8
0.3	0.3	0.9	0.9
0.4	0.4	1.0	1.0
0.5	0.5		

3. 服务产品风险决定因子

服务已经成为世界的第一大产业，各国的 GDP 中服务所占的份额也越来越大。服务产品或项目的风险也日益受到人们的关注。服务产品的风险决定因子与硬件产品和软件产品的风险决定因子是类似的，也可分为管理属性、外在属性以及产品类（4 个方面）和过程类（4 个方面）共计 10 个方面。由于管理属性和外在属性的内容与前述的内容，在此不重复，我们只介绍另外的 8 个方面。

（1）服务产品或过程成熟度因子

服务产品与过程的成熟度是相同的，我们用在需要服务时组织中所能提供有经验的服务团队来度量他们的成熟度，如表 8-28 所示。

表 8-28 服务产品或过程的成熟因子

风 险 量	有经验服务团队的数量
0	对于某一任务有多个有经验的服务团队
0.25	对于某一任务有 1 个有经验的服务团队
0.50	对于某一任务组织中有多个有经验的服务团队，但在需要时不可用
0.25	对于某一任务组织中有 1 个有经验的服务团队，但在需要时不可用
1.0	组织中没有有经验的服务团队

上表中的"多个"一般认为是 5 个，那么上表中风险量的增加率为 0.05。如果一个服务组织对于某一任务有 2 个有经验的服务团队待命，那么他的服务产品或成熟度带来的风险量为 $0.25 - 2 \times 0.05 = 0.15$。

（2）服务产品或过程质量因子

服务产品或过程的质量主要取决于服务的管理，所以我们用服务产品的管理属性来度量它们所带来的风险量。主要包括：服务的财政和预算政策、服务的用户政策、服务工作的连续性、服务项目中的人力增长和保持政策以及其他服务的用户政策，如表 8-29 ~ 表 8-32 所示。

表 8-29　服务的财政与预算政策调查表

1. 服务设施是否有充足的资金保障？
2. 预算是否包括了培训经费？
3. 预算是否考虑了每年的工资增长？
4. 组织是否能为客户延长信用期？
5. 组织是否有财力提供重复服务？
6. 服务设施折旧是否恰当？

表 8-30　服务的用户政策

组织是否在提供服务后进行客户调查？
服务产品质量的保证条款是否清楚，无含混之词？
如果需要，是否可以免费再次服务一次？
产品质量提高的信息是否能主动传达给客户？
是否每星期都进行产品性能、工作进程和成本监控？

表 8-31　人力增长和保持政策

服务人员是否有职业资格？
服务人员是否需要定期培训？
每个岗位是否有专人负责？
这个合同期所需的服务人员是否都已安排到位？
职位升迁是否规定明确，让每个员工都清楚提升机会？
组织和员工是否对培训感到满意？
服务经理是否参与人事、培训和保留员工的工作？

表 8-32　其他的用户政策

以前的合同是否已续签？
以前的合同是否已考虑续签？
提供服务是否迅速，且令人满意？

（续）

客户投诉是否处理得当，所发生的费用是否由服务提供商承担？	
每月的客户投诉量是否少于1次？	
服务项目是否清楚说明？	
您是否愿意把服务供应商介绍给其他公司？	

（3）服务产品或过程复杂性因子

服务产品和过程的重复性度量方法与前面的硬件重复性度量方法是一致的，由 GBI 来确定它们的复杂性，如表 8-33 所示。

表 8-33　服务产品或过程复杂性因子

风　险　量	GBI	风　险　量	GBI
0.1	100	0.6	600
0.2	200	0.7	700
0.3	300	0.8	800
0.4	400	0.9	900
0.5	500	1.0	1 000

（4）服务产品或过程并行性因子

服务产品和过程的并行性因子是相同的，它们均是从不同任务之间的重叠程度来度量的。下表是考虑了1个任务与另外5个任务之间有重叠时的风险量化方法，如表 8-34 所示。

表 8-34　服务产品或过程并行性

		并　行　性	风险要素
任务 j	任务 i1	0 ~ 1.0	0 ~ 0.2
	任务 i2	0 ~ 1.0	0.2 ~ 0.4
	任务 i3	0 ~ 1.0	0.4 ~ 0.6
	任务 i4	0 ~ 1.0	0.6 ~ 0.8
	任务 i5	0 ~ 1.0	0.8 ~ 1.0

上表中有1个独立工作和5个关联工作。要素的增量为0.2。如果1个独立工作和2个关联工作，则要素的值为 $0.4 + (0.5) \times (0.2) = 0.5$。

风险要素的值随关联工作的数量减少而增加。如果有2个关联工作，并行性的增量是0.5，此时1个独立工作和2个关联工作的风险要素为 $0.5 + (0.5) \times (0.5) = 0.75$。

8.2.3　工程技术风险量化

1. 风险量化的基本过程

（1）确定风险层次：根据风险因子对风险的影响程度确定风险因子的层

次，影响大的等级应高一些，权重应大一些，反之影响小的权重可以小一些。至于权重的大小取决于所选择的方法，这些方法是多样的，如头脑风暴法、德尔菲法等。

（2）选择风险度量方法：选择适当的、科学的风险度量方法，真实反映项目的技术风险状态。比较常用方法是固定加权法和二进制加权法。

（3）建立风险模型：建立进行风险度量的基本模型，主要是指确定风险因子之间的相互关系包括它们之间独立与否，风险层次如何，不同层次的风险如何进行综合等。

（4）计算风险量：根据所选择的风险度量方法分别计算出各人风险因子的风险量，再根据建立的风险模型进行各个因子的风险量的综合，最得到项目总的技术风险。

（5）估算应急储备：根据项目总的技术风险估算应准备的应急储备金，以及估算进度的拖延。

风险量化是风险管理的主要内容，现有许多方法。但由于人们对于风险本身的不同的理解，因此对于风险的量化问题也一直有不同的意见。我们着重介绍两种较为简单有效的方法：二进制加权法和固定加权法。

2. 二进制加权法

二进制加权法的基本条件是对所有风险因子应该有一个重要性的排序，将对风险影响大的因子排在最前，将影响小的因子排在后面。另外，二进制加权法还要求，对于每一个风险因子进行调查时，所有的问题都应只有两个答案：是或否。

在二进制加权法中，我们让答案为"是"对应着"1"，答案为"否"对应着"0"，那么对于某一个风险因子的调查结果而言，这样的一些"0"和"1"序列就可以构成一个二进制数，我们将这个二进制数转化为十进制数，把这个数称为该因子的实际得分。另外，所有答案为"是"同样对应着一个十进制数，我们这个数称为该因子的最大可能得分。有了这两个值以后我们就可以计算该因子的风险量了。

当该因子还包含几个因素时，我们必须考虑这些因素之间是否关联。如果这些因素之间关联，计算方法为：

$$风险量 = 1 - \frac{所有因素实际得分之和}{所有因素最大可能得分之和} \qquad (8-2)$$

当这些因素之间相独立时，计算方法为：

$$风险量 = 1 - \frac{\sqrt{所有因素实际得分的平方和}}{\sqrt{所有因素的最大可能得分的平方和}} \qquad (8-3)$$

3. 固定加权法

固定加权法也是技术风险量化中经常使用的一种方法。它与二进制加权法基本要求是一致的，即要求对所有风险因子应该有一个重要性的排序，将对风险影响大的因子排在最前，将风险影响小的排在后面。另外对于每一个风险因子进行调查时，所有的问题都应只有两个答案：是或否。

在固定加权法中，如果某一个因子（因素）的调查中共有 N 个问题，那么我们将第一个问题的权重定为 N，第二个为（N−1），…，这样依次类推，那么最后一个问题的权重就为 1。调查问卷回来以后，我们将所有答案为"是"的问题的权重加在一起，称为该因子的实际得分，把所有问题的答案都为"是"时的权重加在一起我们称为该因子的最大可能得分，这样就可以运用固定加权法来计算该因子的风险量了。

计算的方法与二进制的算法是一样的，当某一因子包含多个因素时，同样要考虑这些因素之间的关系，如果相互关联，计算方法为：

$$风险量 = \frac{所有因素实际得分之和}{所有因素最大可能得分之和} \tag{8-4}$$

如果这些因素相互独立时，计算方法为：

$$风险量 = \frac{\sqrt{所有因素实际得分的平方和}}{\sqrt{所有因素的最大可能得分的平方和}} \tag{8-5}$$

4. 风险综合

利用上面两种方法我们总是可以得到每个风险因子的风险量。但是我们对于项目的技术风险还是没有全局的把握，因此我们需要将这些因子的风险量综合到一起，进而计算出时间风险概算和成本风险概算。

首先我们引入风险层次的概念。风险层次是指风险因子对总体风险的影响程度。我们可以把前面的 10 个风险因子分为四大类两个层次，如表 8-35 所示。

表 8-35 风险层次

风 险 类 别	风 险 因 子	层 次
管理属性	融资和投资政策	1
	客户和用户政策	1
	连续性政策	1
	人员保留政策	1
产品	成熟性	1
	质量	2
	复杂度	2
	一致性	2

（续）

风险类别	风险因子	层 次
过程	成熟性	1
	质量	2
	复杂度	2
	一致性	2
外在	外在品质	1
	通货膨胀	1
	调节状态	1
	劳工关系	1
	公共关系	1
	物质条件	1

在进行风险综合时，对于二级因子我们需要考虑一个 k – 因子，一般说来对于产品类别的风险我们的 k – 因子等于产品的成熟性，对于过程类别的风险我们的 k – 因子等于过程的成熟性。

同样在进行计算总体风险时，我们同样要考虑这些因子之间的关联性，如果这些因子是相互关联的，计算方法为：

$$总体风险量 = 1 - \frac{所有因子风险量之和}{所有因子最大可能风险量之和} \tag{8-6}$$

如果这些因子是相互独立的，计算方法为：

$$总体风险量 = 1 - \frac{\sqrt{所有因子风险量的平方和}}{\sqrt{所有因子最大可能风险量的平方和}} \tag{8-7}$$

应该注意的是在上面两式中所有的二级因子都是乘了 k – 因子之后的。

这样我们可以根据下述公式近似地求出项目的风险时间概算和风险成本概算：

$$风险时间概算 = 基线时间概算 \times (1 + 总体风险量) \tag{8-8}$$

$$风险成本概算 = 基线成本概算 \times (1 + 总体风险量) \tag{8-9}$$

8.2.4 工程技术风险控制

1. 进行风险分析

首先对风险量化的结果进行分析，最简单也是最有效的方法是对风险因子的风险量进行排序。但是在排序的过程中需要注意的是二级风险因子必须乘上 k – 因子后，才能进行排序。然后，结合表 8-36 我们可以定性描述风险的程度。

表 8-36 风险的定性描述

定 性 描 述	量 化 度 量	定 性 描 述	量 化 度 量
必然	1.00	中等	0.40 ~ 0.75
高	0.75 ~ 1.00	低	0.00 ~ 0.40

2. 提出风险应对措施

风险应对可以从改变风险后果的性质、风险发生的概率和风险后果大小三个方面提出以下多种策略：减轻风险、预防风险、转移风险、回避风险、自留风险和后备措施等。对不同的风险可用不同的处置方法和策略，对同一个项目所面临的各种风险，可综合运用各种策略进行处理。

3. 评估风险措施的有效性

一般原则有三种可能：风险是可以接受的、不能接受的和不可行的。当项目整体风险小于或等于整体评价基准时，风险是可以接受的，项目可以按计划继续进行。这时如果有个别单风险大于相应的评价基准，则可以用成本效益分析或其他方法权衡，是否有其他风险小的替代方案可用。当项目整体风险比整体评价基准大出很多时，风险不能接受，因此，就要认真考虑是不是放弃这个项目。如果项目整体风险大出整体评价基准不多，则可以考虑拟定新的项目整体方案。

4. 提出最佳监控跟踪办法

不管预先计划好的策略和措施是否付诸实施，风险监视都一日不可缺。如果发现已做出的决策是错误的，就一定要尽早承认，立即采取纠正行动。如果决策正确，但是结果却不好，这时不要过早地改变正确的决策。频繁地改变主意，不仅会减少应急的后备资源，而且还会大大增加项目阶段风险事件发生的可能性，加重不利后果。

风险控制是为了最大限度地降低风险事件发生的概率和减小损失程度而采取的风险处置技术。在风险控制上，一般认为可采取以下措施：根据风险因素的特性，采取一定措施使其发生的概率降至接近于零，从而预防风险因素的产生；减少已存在的风险因素；防止已存在的风险因素释放能量；改善风险因素的空间分布从而限制其释放能量的速度；在时间和空间上把风险因素与可能遭受损害的人、财、物隔离；改变风险因素的基本性质；加强风险部门的防护能力；做好救护受损人、物的准备。恰当地采用这些措施可以使风险得到有效的控制。

5. 报批执行

全面的技术风险管理计划是进行强有力的技术风险管理的关键因素，经过风险识别、风险量化、风险分析，并提出技术风险的监控办法后，应该形成技术风险管理的报告，提出技术风险管理的方案，报批后执行。

事实上，在实践中风险识别、风险量化和风险控制均是动态的过程，不断循环进行。在风险识别的基础上，进行风险量化，进而制定有效的控制措施并实施，然后再进行风险识别和风险量化，再进行风险控制，如此反复。

为了有效地进行技术风险管理，我们应该建立风险管理的组织，负责风险管理的计划、组织与实施等工作。在风险识别、风险量化的基础上，应对量化结果进行确认，即进行审计跟踪，验证计算得出的风险量、风险成本概算和风险时间概算是否合理，根据计算的结果制定相应的风险应对措施和规避风险的办法，并准备风险储备金，全面提高项目的风险抵抗能力。

8.3 分析报告

8.3.1 工程技术风险分析报告的形成过程

技术风险分析报告形成过程的具体步骤是：

（1）确定调查范围：确定拟进行技术风险研究的范围，调查范围应明确有效的，可实施的。

（2）培训相关人员：培训与本次调查相关的人员，也可包括相关的协调人员。使他们了解调查的目的和意义，使从事调查的人员具备基本的技术风险知识。

（3）与相关人员进行交流，确定风险因子，以及风险因子的层次：与相关人员进行充分的交流，了解项目的状况，从而比较准确的确定技术风险决定因子，以及它们的层次关系，为下一步的调查工作和风险分析打下良好的基础。

（4）设计调查表格并进行调查：根据与相关人员交流的结果，科学合理地设计进行调查的表格，表格应意思清楚，没有含混之词，而且切合实际情况。

（5）回收表格并进行计算因子的风险量：收回调查表格，选择适当的方法来计算风险因子的风险量。要注意忠实于原始数据，不得随意篡改或推想。

（6）计算风险时间概算和风险成本概算：在各因子风险量的基础上，根据因子之间的风险层次，计算风险时间概算和风险成本概算。

（7）撰写技术风险分析报告：在上述工作的基础上撰写技术风险分析报告，报告应客观科学地反映项目的真实情况，并有根据地提出建议或意见，从而为决策或管理机构提供真实可信的数据和建议。下面给出了技术风险分析报告的一般格式，仅供参与。

8.3.2　工程技术风险分析报告提纲

××项目技术风险分析报告

1　××项目概况

（这一部分主要说明准备进行技术风险分析的项目的一些基本情况，内容包括：项目目标、项目的组织管理形式、产品性能特征与技术特点、产品的需求量、进度安排等）

2　技术风险研究理论基础

（这一部分是理论基础部分，不针对具体的项目）

2.1　基本定义

（主要是本报告中所涉及的技术风险管理和项目本身的一些重要的专业术语）

技术风险、风险时间、基准时间概算、风险时间概算、风险成本、基准成本概算、风险成本概算、产品成熟度、可生产性、可测试性、可靠性、维修性、产品并行度、设计成熟度、工艺成熟度、产品复杂度、工艺复杂度等

2.2　基本流程

（这一部分定性地描述技术风险的实施过程，以及每一个过程中的一些主要活动）

2.2.1　确定风险基线

（确定项目的基准风险时间和基准风险成本）

2.2.2　风险识别

（风险识别的主要工作内容）

2.2.3　风险量化

（风险度量的基本模型与工作内容）

2.2.4　风险控制

（风险控制的主要方法）

2.3　计算方法

（介绍风险量化的基本原理和方法，主要介绍固定加权法和二进制加权法）

2.3.1　固定加权法

2.3.2　二进制加权法

3　实施情况

3.1　概况

3.1.1　目标

（阐述本次进行技术风险分析的目标，以及预期的成果）

3.1.2　起止时间

（此次技术风险分析开始与结束时间）

3.1.3　组织管理

（阐明此次技术风险分析的组织方、参与方与协调方，以及组织与管理形式）

3.1.4　进度安排

（详细地分阶段说明此次技术风险分析的进度计划）

3.2 风险识别

3.2.1 调查对象的确定

（阐明在此次技术风险分析过程中调查对象确定的依据以及风险因子确定的依据和方法）

3.2.2 风险因子的确定

（说明风险因子确定的依据、思路以及方法）

3.3 风险度量

3.3.1 表格设计

（表格设计的依据、思路和过程，表格放在附件中）

3.3.2 计算及分析

（计算各因子的风险量，并进行分析和评价，最终结果为风险时间概算和风险成本概算）

4 总结及建议

4.1 结论

（结合风险量化的结果，得出关于项目风险状况的结论）

4.2 建议

（针对上述结论提出适当的风险控制措施，具体到各因子）

5 附件

（调查表格）

8.4 技术成熟度及其应用

8.4.1 技术成熟度的起源发展

技术成熟度（TRL，Technology Readiness Levels）的概念最早由 NASA 于 20 世纪 70 年代前后提出，20 世纪 70 年代到 90 年代中期，是技术成熟度理论的探索应用阶段。在这一时期，一些技术成熟度评价模型逐渐出现，如美国通用动力公司提出了较为实用的 7 级评估模型，NASA 在此基础上正式提出了 7 级技术成熟度等级（TRL），技术成熟度评价的应用实践逐步深入，技术成熟度理论也趋于成熟。1995 年，NASA 通过发布《技术成熟度等级白皮书》，对先前提出的 7 级 TRL 进行了补充完善，将技术成熟度划分为 9 级，从基本原理的发现开始，到装备成功执行任务为止，包含了技术开发的全部过程。美国审计署（GAO）在 1996—1999 年的多份研究变更中指出，鉴于 DoD 在应用新技术时的技术成熟度较低，有关研制项目所承受的风险较大，建议 DoD 在国防采购中采用 TRL 标准实施技术成熟度评价与管理。

2001 年 6 月，DoD 负责科技的副部长帮办签署备忘录，决定在新的国防重大采购项目中引入技术成熟度评价方法。2003 年 5 月，在 DoD 新发布的采办政策和指令文件中，要求在国防采购的关键里程碑节点，必须进行技术成熟度评价，为国防采办进入下一个阶段提供决策支撑。同年，DoD发布《技术成熟度评价手册》，并于2005年、2009年、2011年进行三次补充修订，其中2011年将其更名为《技术成熟度评价指南》。自2003年以来，GAO每年都对美军正在从事的重大武器系统项目进行技术成熟度评价。2006年，美国桑迪亚国家实验室采用了技术成熟度。2008年，美国能源部发布了《技术成熟度评价和技术成熟度计划过程指南》。英国、澳大利亚等国的军方和工业部门也积极引入美国的9级TRL标准，并开展和推广技术成熟度评价，2008年，ESA针对宇航项目发布了空间应用技术成熟度手册。2013年10月10日，国际标准化组织ISO制定了飞机和空间飞行器系统硬件技术成熟度等级的国际标准（ISO 16290）。

发展至今，技术成熟度理论得到了快速发展和广泛应用，并且在不断深化。除技术成熟度之外，国内外一些重要组织结构，参照技术成熟度，还拓展形成了制造成熟度、集成成熟度、系统成熟度、技术成熟困难度、航天工程产品成熟度等新概念。

8.4.2 技术成熟度的概念内涵

虽然国内外对技术成熟度（TRL）有不同的理解和定义，但从其内涵本质上来看，其含义是基本一致的，是指技术相对于某个具体项目或系统而言所处的发展状态，反映了技术对于项目或系统预期目标的满足程度。简单而言，技术成熟度就是技术满足项目或系统预期目标的衡量尺度。技术成熟度，是确定项目或系统关键技术，并对其成熟度进行量化评价的一套系统化标准、方法和工具。技术成熟度评价的本质是利用技术成熟度等级标准，对技术研究的最终成果获阶段性成果进行衡量，以确定技术研究成果的明确状态。对于技术成熟度评价过程，一般包括评价启动、评价实施和评价后续工作三大步骤。

8.4.3 技术成熟度的应用实践

技术成熟度理论成熟发展以来，已在航空航天等领域得到了较为广泛的应用实践。

一是应用技术成熟度对重大项目转阶段审查。美国国防部强调只有成熟的技术才能应用于正式采办，美军各军兵种目前已普遍将TRL应用于具体型号项目采办工作中。依据美国国防部采办文件DoDI5000.02指示、2011版《国防部技术成熟度评价指南》和2013版《国防采办指南》，TRL评价要求被教育部规范：里程碑A（进入技术开发阶段）之前达到TRL4级（简易性要求）；里程碑 B（进入工程与制造开发阶段）之前达到 TRL6 级（建议性要求）；里程碑 C（进入生产与部署阶段）之前达到 TRL7 级（强制性要求）。

二是应用技术成熟度对工程项目进行评价。GAO 每年向国会变更重大工程项目的进展情况，技术成熟度是评价工程项目的三个准则之一。自 2003 年开始，GAO 将技术成熟度作为重要审计工具。通过技术成熟度的审查，发现那些技术成熟方面存在严重问题的项目，然后采取相应的措施。典型的实例是美国国防系统的联合打击战斗机项目（JSF）项目，该项目于 1996 年开始启动并进入方案探索与关键技术开发阶段，原计划 2001 年转入工程研制与制造阶段。GAO 在 2000 年通过 TRL 分析，提出八大关键技术达不到可以接受的 TRL，建议推迟转阶段的时间，据此建议调整 JSF 采办计划。但是，美国国防部并未采纳，导致后来的项目研制进程并不顺利。2010 年，GAO 通过对包括技术成熟度在内的三个方面的审计，对九个国防重大工程项目建议取消或改变拨款方式。

三是应用技术成熟度对企业自身进行评价。波音公司非常重视对新技术成熟度的评价，并将技术成熟度水平作为企业技术发展、应用的重要标准。波音公司认为，只有技术成熟度达到 TRL6 级及以上才能被应用到产品中。对于公司的产品而言，一项重要的技术从诞生到达到 TRL6 大约需要 10 年的时间，从 TRL6 到应用该技术的飞机进入市场大约需要 3~6 年的时间。2003 年，波音公司对高超声技术进行技术成熟度评价，对其关键技术分解后再次进行技术成熟度评价，提出了发现的问题和发展建议，并以此为依据，制定了 2004—2009 年高超声技术发展计划，并根据评价结果调整经费预算以及制定技术发展路线。

目前，技术成熟度在我国也得到了广泛应用，2012 年 2 月，国防系统发布了《装备预先研究技术成熟度评价暂行办法》，并颁布了军用标准《装备技术成熟度等级划分及定义》（GJB7688—2012），我国航天工业工程管理较早开展了技术成熟度的探索实践工作，神舟飞船项目组在总结 10 多年的管理经验的基础上，开发了项目成熟度评估模型，对神舟飞船项目的运行进行管理；航空、核电等领域也在积极开展技术成熟度应用研究。如中国某导弹研究院，结合导弹研制管理情况，将技术成熟度评价方法应用到立项论证、转阶段评审、外协评审以及科研成果评价等一系列项目管理工作之中。

8.4.4 技术成熟度与项目风险管理

技术成熟度评价的结果是得到技术的成熟度，从感性认识来看，技术的成熟度与项目成功密切相关，采用成熟的技术可以减低项目风险，但不能将技术成熟度评价等同于风险管理，不能代替风险管理。技术成熟度的评价对象仅限于技术，并不考虑其他因素，而且技术成熟度评价的工作过程、工作结果以及价值作用与风险管理也有较大差异。虽然技术成熟度评价不能代替风险管理，技术成熟度不等同于风险大小，但从工程实践来看，技术的成熟度与项目能否成功密切相关，而且技术风险是项目的关键风险。在项目风险管理中，技术成熟度可以为风险管理提供有力支撑，如可以为项目风险源识别提供输入，也可将技术成熟度作为变量之一，对技术风险进行量化分析，进一步明确技术风险管理需求。随着科技创新加快，工程项目建设的大型化，特别是在军事工程领域，技术成熟度理论研究与应用实践得到了快速发展。

从上述分析可以得到，技术成熟度在项目风险管理中的应用，主要体现在两个方面：一是风险识别，二是风险量化。

1. 技术成熟度应用于风险识别

在项目实施过程中，通过对当前的技术成熟度等级与预定目标等级的比较，可以得到技术成熟度等级差距的信息，进而可以定性判断哪项技术存在风险。之所以能做出这样的定性判断，取决于在项目进展过程中技术成熟度等级目标设定的合理性和科学性。

技术成熟度虽然是简单的数字，但是其包含了丰富的信息，是多种因素的综合反映。这源于技术成熟度等级评判条件的设置。通过技术成熟度评价，可以查找出技术研究中哪些地方存在问题，这些问题是什么。因此，技术成熟度可应用于风险识别，在具体识别时，可以将与目标等级有较大差距的被评技术以及等级条件不满足的领域作为风险源。

2. 技术成熟度应用于风险量化

自技术成熟度理论提出以来，技术成熟度与技术风险的关系，一直是人们关注的重点。但是，研究表明和实践表明，技术成熟度与风险大小不能完全划等号。为了利用技术成熟度评价的结果，需要研究构建半酣技术成熟度变量的风险量化模型，曼金斯（J. Mankins）提出了技术成熟度风险评价模型（TRRA，Technology Readiness and Risk Assessment）。TRRA 重点关注关键技术性能指标，以及通过研发提升这些性能指标的过程，主要依据技术成熟度等级以及这些技术研发的困难程度，重新构建风险评价矩阵，从而计算技术的风险指数。风险指数的计算公式为

$$风险指数 = R\&D^3 \times \triangle TRL \times TNV \tag{8-10}$$

式中：$\triangle TRL$ 是指技术当前的成熟度等级与目标等级的差值；技术研发难度（$R\&D^3$）用于测量一项特定技术成熟的预期难度，又称技术创新难度，$R\&D^3$共分为 5 级；技术需求值（TNV）是评价某一特定技术重要性的最佳衡量指

标，TNV 分为 5 级。

由于项目管理的复杂性，研究借鉴国内外先进的风险管理方法，大力推进技术成熟度方法技术的应用，对于提升管理水平、保证项目成功具有十分重要的意义。

小结

本章首先介绍了工程技术风险管理的概念内涵和发展概况，在此基础上按照工程技术风险管理的基本过程讨论了工程技术风险的识别、量化与控制问题，并介绍了工程技术风险管理的基本过程、技术方法以及技术成熟度理论方法及其在装备采办管理中的应用。

复习思考题

1. 什么是工程技术风险管理？它有哪些特点？

2. 什么是技术成熟度、技术成熟度评价？其对加强装备采办风险管理有何作用？

3. 描述工程技术风险管理的基本过程。

4. 下面表 1 ~ 表 3 是某项目进行技术风险调查时对硬件产品质量的调查结果，已知生产率、可靠性和测试性是相互独立的，分别用固定加权法和二进制加权法计算该硬件产品质量的风险量，并进行分析和提出风险控制的对策。

表 1　生产率检查表

题　　目	是	否
1. 产品规格和标准是否与生产条件一致？	√	
2. 产品零部件的"三化程度"		√
3. 是否避免使用非标准零件？	√	
4. 是否使产品的设计具有适当的标准化程度？		√
5. 是否有其他设计方案可以选择以及是否选择的设计方案具有最大的生产率？	√	
6. 设计是否采用了最先进的系统工程管理方法？	√	
7. 设计是否避免使用有知识产权的产品或工艺？		√
8. 是否尽量采用简化设计设计	√	
9. 设计是否删除了不必要的功能？	√	
10. 允许的公差范围是否合适？	√	

表 2　可靠性检查表

题　目	是	否
1. 产品研制早期是否已提出可靠性要求？	√	
2. 部件的额定值是否在设计的极限值范围内？	√	
3. 通过对零部件的控制和标准化，是否已将不同零部件的使用数量减到最少？	√	
4. 是否已通过使用最少量的不同种零部件而降低了设计的复杂度？	√	
5. 是否通过散热部件降低了热应力？	√	
6. 是否有备件来替换失灵部件？	√	

表 3　测试性检查表

题　目	是	否
1. 产品设计资料是否配套齐全，符合图样管理标准的要求？	√	
2. 需要测试的部位可测试性如何？	√	
3. 是否选用标准的接插件，且数量最少？	√	
4. 对细小零件的测试是否不必在小部件中进行？	√	
5. 对小部件的测试是否不必在部件中进行？	√	
6. 对部件的测试是否不必在产品中进行？	√	
7. 对子系统的测试是否不必在系统中进行？	√	

第 9 章

项目群风险管理

在项目风险管理的实践中，特别是对大型企业或一个公司的多项目风险管理，经常会遇到同时对多个具有一定内在联系项目的风险进行管理的情况，可称之为项目群的风险管理。本章主要通过项目群风险管理的概念、组织选择、管理过程与方法等方面的系统阐述，使读者对项目群风险管理的基本内容有一个全面系统的了解，掌握必要的管理方法与技能，以提高管理效能和实战能力。

9.1　概念内涵

9.1.1　项目群风险管理的基本含义

简单地说，项目群风险管理（Risk Management of Programs）就是指项目集群的风险管理，它是为达到项目集群风险预防或消减的目的而进行的计划、组织、控制、激励和领导活动的统称，它由一系列集群风险管理技术、方法组成。项目群风险管理是项目风险管理理论在项目集群环境中的应用和体现，它不但包括传统单项目风险管理的内涵，而且由于集群项目环境的存在，使得各分项目在进度、资源、人力等方面的冲突加剧，进一步加大了项目风险识别和风险分析的复杂性，也为风险控制带来了一些新的课题。

项目群风险管理所界定的项目集群主要是指同一业务范围内的多个项目，和项目群风险管理类似的一个概念是项目组合风险管理（Portfolio Risk Management），它是指为了实现一定的企业战略目标而对正在实施的项目群、项目和其他工作进行的风险管理，项目组合风险管理重点关注由于项目优先次序、投资和资源分配等问题带来的风险。

从本质上说，项目风险管理、项目群风险管理、项目组合风险管理几种概念的内涵是项目管理、项目群管理、项目组合管理三种管理活动在风险管理领域的映射，其区别也可以从这三种管理活动内涵之间的区别进行分析，如图9-1所示。

图 9-1　三种管理活动概念之间的区别与联系

按照管理项目范围的不同，项目风险管理、项目群风险管理和项目组合风险管理具有一定的逻辑包含关系，如图 9-2 所示。

图 9-2 三个层面的风险管理

9.1.2 项目群风险管理的目的和内容

项目群风险管理研究的目的和内容主要有如下几个方面：

（1）研究企业为项目集群设立共同风险管理组织的理论与原则，即如何设计项目集群的风险管理组织才能保证企业在人力资源的约束条件下使费用最小、效益最大。

（2）项目群中在进度、费用、组织、质量等方面具有互动关系的各项目，它们之间的各种耦合关系应采用什么分析方法和手段，使得分析结果具有更强的客观性。

（3）如果把项目群看作是一个系统，该系统的风险识别、风险分析、风险评价与风险控制应如何界定，它应以什么工具和手段作为其理论支撑。

9.1.3 项目群风险管理的适用对象

项目群风险管理不直接参与每个项目的日常管理，所做的工作侧重在整体上进行风险规划、控制和协调，指导各个项目的具体风险管理工作。一般来说，具有以下特征的项目集群可按项目群进行风险管理：

（1）一个企业同时有若干个开发的项目，出于组织、费用和效率等的考虑，该企业为这些项目设立共同的风险管理组织，对各个项目的风险进行集中管理；

（2）一些大型复杂项目，含有若干个相对独立的子项目，这些项目之间有着错综复杂的包括进度、费用、组织、质量等方面的互动关系，在这些项目的管理中，风险的产生和发展会相互影响、相互制约；

（3）在一些合同管理中，甲方必须对众多乙方项目的风险管理进行监视、控制和协调；

（4）在职能型项目管理组织模式下，负责风险管理的职能部门管理着一定数量的、存在着相互依存关系的项目。

9.2　组织选择

项目风险管理需要建立专门的组织机构以执行风险管理的各项职能。在我国，传统意义上的项目管理基本上是以贯彻 TQC（进度、质量和花费）为核心的三要素管理，存在着回避甚至否定风险管理的倾向，直接的表现就是企业中缺少项目风险的分析人员和职能人员，由于缺少必要的风险预测和控制，往往造成项目在进度、质量和花费上的"拖、降、涨"现象。

推行风险管理就要求在组织上有一定的保证，按照国外流行的做法，就是设置一定数量专职或兼职的项目风险管理人员，全权、全过程地进行风险的识别、分析、评估与控制，并定期地给出风险评估报告和风险处理报告。

项目群中风险管理组织机构的设置可以采取多种不同的组织形式，这取决于项目群组织机构的规模及职权关系、各项目风险危害的规模及风险管理的思想等。和单个项目风险管理组织形式相似，项目群风险管理的组织设置一般有以下一些形式：

（1）直线制风险管理形式；

（2）职能制风险管理形式；

（3）矩阵式风险管理形式；

（4）项目式风险管理形式。

直线制风险管理形式是最早期的一种也是最简单的一种风险管理形式，它一般适用于规模很小的企业，不需要设置专门的职能部门，也没有相应的项目组织和项目风险管理组织，项目管理和风险管理的任务都用一种直线的方式进行管理和控制。在我国风险管理实践中很少有项目采用这种形式。

职能制风险管理形式与直线制风险管理形式的最大区别是通过设置各种职能部门来协助行政负责人进行管理，这种形式中，风险管理人员比较容易控制，同时项目的资源容易约束，但存在着项目凝聚力不够、项目资源不够集中等缺点。我国传统风险管理实践中采用过这种形式的项目比较多，随着现代企业制度和项目风险管理理论的逐步发展，大多数企业都抛弃了这种风险管理形式，慢慢地过渡到了矩阵式或项目式形式，但在某些项目单一的企业中仍保留着这种形式。

矩阵式风险管理形式是一次性工程项目管理中采用较多的一种形式，它可以将按工程项目划分的横向部门管理机构与按职能、专业划分的纵向部分管理机构的优势结合起来，构成矩阵风险管理系统。矩阵式风险管理形式在项目较多、结构和工艺复杂、小批生产时尤其适用。

项目式风险管理形式是项目管理的一种最理想的风险管理形式，它把项目从公司管理中分离出来，作为独立的单元，并拥有自己的技术人员和管理人员，项目经理对项目全权负责，项目风险管理人员（如风险经理）行使项目风险管理的各项职能。

项目群风险管理的组织设置不但要考虑单个项目的特点，还要考虑各个项目之间的耦合和相互关系，设置的组织形式不但要保障单个项目的资源集中，还要有利于整个项目群的资源共享和互补。比如，美国一些大型企业在风险管理中往往采用矩阵式风险管理形式，而不是理想的项目式风险管理组织形式，这主要有如下几个方面的原因：

① 企业某些项目的实施是一项复杂的系统工程（这一点与建筑行业的施工项目管理有着一定的差别），需要多部门进行交叉协作才能完成任务，整个实施过程可能涉及众多的部门。同时，项目的周期比较长，如果采用项目式形式，将使项目组相关人员的管理与控制较为困难。

② 多个项目进行过程中有许多不确定性因素，要面临许多不确定性问题。如项目可能随时停下来进行技术攻关，这将对全职的项目风险管理人员造成人力的浪费。

③ 在企业的项目集群中，许多风险的产生不是由单一项目引起的，而很可能是多个项目进展中由于进度、质量、费用的相互耦合引起的，这就要求项目风险管理的操作不应局限于单个项目内部，而应从整个项目群的范围内进行识别、分析、评估和控制，从而保证风险管理的有效性，而矩阵式项目风险管理组织可以有力地支持项目群内风险管理的各个阶段和过程。

项目群风险管理组织机构的几种形式都有各自的优缺点，也没有能适合所有风险管理情况的全能形式，对组织形式的选择，可以参考表 9-1。

表 9-1 决定项目群风险管理组织形式的主要因素

	直 线 式	职 能 式	矩 阵 式	项 目 式
技术复杂度	低	一般	高	一般
技术创新度	低	一般	一般	高
项目不确定性	很低	低	高	高
项目群规模	小	一般	大	一般
项目耦合程度	低	一般	高	一般
持续时间	短	短	中等	长

9.3　过程与方法

对于项目群的风险管理，可以按单个项目风险管理的方法进行，但在风险管理的各个阶段，有其新的管理内容和管理方法，管理阶段的划分仍可按照项目风险管理的阶段进行，但它尤其强调项目群初始时的风险规划工作。

9.3.1　项目群风险规划

项目群风险规划不但要制定各单个项目的风险管理规划，还要制定整个项目群的风险管理规划，它除具有单个项目风险管理计划的内容外，还要阐明各项目之间的风险耦合关系及其危害程度。

项目群风险规划是项目群风险管理非常重要的一个环节，它不但是管理的依据，而且还为风险管理提供策略的支持，从而保证项目群风险管理中有冲突产生时有章可循。

在制定项目群风险规划时，要考虑如下一些依据和因素：

（1）项目群风险管理所处的内外环境：如项目目标、项目规模、项目利益相关者情况、项目复杂程度、所需资源、项目时间段、约束条件及假设前提等。

（2）项目管理组织及个人所经历和积累的风险管理经验及实践。

（3）承包方及业主对项目群中风险危害的敏感程度及可承受能力。

（4）可获取的项目风险管理数据及管理系统情况。丰富的数据和严密的管理系统，将有助于风险识别、估计、评价及对应策略的制定。

（5）项目群风险管理的历史实践及历史数据。

9.3.2　项目群风险识别

项目群的风险识别是要通过分析项目之间的相互关系来进行综合的风险识别，特别要注意的是由于项目相互影响而产生的新风险，将项目群中风险的因子要素归类和分层地查找出来。风险识别包括确定风险的来源、风险产生的条件、描述其风险特征和确定哪些风险事件有可能影响项目。

对项目群可能面临的风险进行识别是风险管理的基础。项目群风险识别要回答以下问题：项目群中有哪些潜在的风险因素？这些风险因素会引起什么风险？这些风险的严重程度如何？

项目群风险识别的一个重要方面就是通过一定的方法或工具识别出项目群中各项目相互作用所引起的新的风险因子，常见的方法有德尔菲方法、头脑风暴法、情景分析法、检查表法（Checklists）和面谈法等，在使用以上方法的同时，还可以用项目风险耦合表格作为辅助的识别工具。

项目风险耦合表格是识别一个项目群中各项目由于项目要素相互影响而产生新风险的表格工具，它采用两两比较的方式来比照和判断项目之间的关系和评估两者之间互动的情景，从而给出由于两者相互影响所产生的风险识别结果。一个项目风险耦合表格的例子如表 9-2 所示。

表 9-2　某项目群进度风险耦合表格

	项目 A	项目 B	项目 C	项目 D
项目 A				
项目 B	√			
项目 C		√		
项目 D	√		√	

注：√表示项目具有进度耦合关系，在实际操作中，表格中还可以直接标记为识别出的风险因子及其危害程度等级。

9.3.3　项目群风险估计

项目群风险估计是在风险规划和识别之后，通过对项目群所有不确定性和风险要素的充分、系统而又有条理的考虑，评估项目各单个风险的大小。

和项目风险估计一样，项目群中风险估计主要有如下几方面的内容：

（1）风险事件发生的可能性大小；

（2）风险事件发生可能的结果范围和危害程度；

（3）预期发生的时间；

（4）一个风险因素所产生的风险事件的发生频率。

同时，项目群背景下的风险估计，还应在项目群统一的评估标准上对各单独项目风险进行估计和量化，尤其要考虑这些风险被同一个项目群主体所认可的程度。

9.3.4　项目群风险评价

项目群风险评价是对项目群中各风险要素的分析和评价，主要有如下一些工作。

（1）对项目群各风险要素进行比较和评价，并确定它们的先后顺序。

（2）探索风险之间的相互转化、衍生关系。如在项目群风险管理的实践中往往存在着如下情况：表面上看起来不相干的多个风险事件常常是由一个共同的风险来源造成的，在风险评价时要注意从项目群整体出发，弄清各风险事件之间确切的因果关系。

（3）项目群风险评价不仅是单个项目风险的评价，还要包括项目群内项目的综合评价，并寻找风险最严重的若干项目的风险要素，因为这些要素往往对项目群的风险影响较大。

（4）项目群风险要考虑各种不同风险之间相互转化的条件，研究如何才能化威胁为机会，还要注意原以为是机会的在什么条件下会转化为威胁。

（5）项目群风险评价要包括项目群所有阶段的整体风险，以及在这些阶段时的各项目风险之间的相互影响、相互作用。

作为风险管理中非常重要的一个阶段，风险评价是风险控制策略制定的不可或缺的环节和基础，对这样的一个重要阶段，同样离不开相应方法和工具作支撑。

对项目进行风险评价的方法很多，如故障树分析法 FTA （Fault Tree Analysis）、层次分析法（AHP）、蒙特卡罗模拟法、外推法（Extrapolation）、决策树（Decision Tree Analysis）、计划评审技术 PERT （Program Evaluation and Review Techniques）、主观概率法（Subjective Probability Method）、效用理论（Utility Theory）、灰色系统理论（Gray System Theory）、模糊分析方法（Fuzzy Analysis）、影响图分析法（Influence Diagram）等。对项目群的风险评价，可以使用或借鉴以上的各种方法。同时，它还有自己专门的分析评价方法与工具，常见的有如下两种：

1. 多层次风险因子专家评判法

多层次风险因子专家评判法是在项目集群环境下对风险进行分析和评价的一种有效方法，具体为：按照风险管理的一般程序，首先对项目群中的重大风险因子进行识别，得到一个多层次的风险因子体系，这个因子体系是把所有项目作为一个集群、一个系统而得到的，它含有所有项目的重大风险以及其之间相互影响所产生的风险，然后用比较矩阵的方法分析处于同一层次因子之间的相对权重。接下来，可以选择相当数量的专家，从型号的项目总师到一般技术人员，从生产车间的负责人到一般工人，从研制的甲方到研制乙方，让这些专家从不同的侧面来评判各风险因子的大小。最后，对应每个专家的评估，使用 AHP 方法可以得到一个项目群风险的一个特征标量。

多层次风险因子专家评判法具有操作性强、客观准确的特点。它以不同层次的各风险因子作为专家评判的单元，用 AHP 来综合权衡各位专家的最终评判结果，能尽量避免评判过程中的不客观因素，减少盲目性。同时，该方法目标明确，过程精确，在型号工程项目风险管理的实践中有较多的应用。

2. 项目群风险蒙特卡罗仿真方法

在项目群风险管理中，许多风险的产生都是由项目之间的耦合而引起的，这种耦合关系往往是非常复杂的，如一个项目进度的推迟可能导致另一个项目进度风险的加大，但前一个项目进度推迟仅仅是一种潜在的可能性，它可能发生，也可能不发生。如果它不发生，它对后一个项目的进度风险就没有影响，这种概率性的耦合关系如何来描述和分析，将是项目群风险分析中的一个重要课题。

蒙特卡罗方法是一种利用重复的统计实验来求解具有随机特性问题的方法，也称为随机模拟方法或随机抽样技术。具体来说，它是从一个概率分布中使用随机数或伪随机数来进行抽样的。这种抽样技术是完全随机的，即任一给定的样本可能落入到输入分布范围内的任何地方。当然，更多的样本是提取自有较高发生概率的分布区域内。

下面给出一个采用蒙特卡罗方法在重大型号工程进度风险评价中应用的例子。

【例 9.1】 图 9-3 是某项目群进度管理的网络图，图中的各工序表示项目群中的重大或关键工序，试用蒙特卡罗方法计算项目群总工期的风险值。

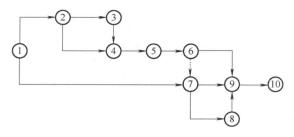

图 9-3 某项目群进度网络图

解：该项目群是一重大的型号研制工程，由于型号研制具有较长的历史，积累了较多的历史数据，根据这些历史数据分析，该项目群中各重大和关键工序工期的分布都比较理想，可以认为服从 β 分布。表 9-3 是各工序以月为单位的工期数据，其中 a 是最乐观完成时间，m 是最大可能完成时间，b 是最保守完成时间。

接下来可以对该项目群的进度风险进行分析和评价，主要是用蒙特卡罗方法通过足够多的仿真迭代来进行，每次迭代都根据进度网络图中各工序的工期分布对它们进行一次取样，寻找该次迭代的关键路线，并计算总进度工期。将多次迭代得到的总工期数据按区间统计频数，便可得到总工期近似的分布密度函数，有了总工期的分布密度函数就可以用式（9-1）计算总工期的风险值。

$$R_{T_S} = 1 - F_{T_S} \tag{9-1}$$

式中 R_{T_S}——按指定工期 T_S 完成工程的风险值；

      F_{T_S}——工期 T_S 的近似累积概率。

表 9-3   某项目群各工序进度数据

工 序	a	m	B
①－②	5	6	7.5
①－⑦	19.5	24	28
②－③	3.5	4	5
②－④	9	12	14.5
③－④	4.5	6	7
④－⑤	3	4	5.5
⑤－⑥	5.5	6	6.5
⑥－⑨	10.5	12	15
⑦－⑧	5	6	7
⑦－⑨	8.5	10	13
⑧－⑨	6.5	8	10
⑨－⑩	3	4	5.5

使用伪随机数对这些工期数据进行蒙特卡罗仿真，经过数千次的仿真后，就得到了项目总工期频率分布曲线图，如图 9-4 所示，依据此图可以知道整个型号项目在某限定时间内完成的风险值。

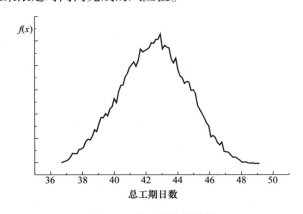

图 9-4   总工期仿真曲线

9.3.5   项目群风险应对

项目群风险应对的任务是要根据项目群中各项目风险大小和排序的结果提出不同的协调和控制策略：

（1）风险较大的项目，应采取特别措施，对项目进行综合评估，实事求是地按规律办事，该调整的要调整，该降指标的要降指标。

（2）对风险一般的项目，应该认真分析、查找原因，制定措施，努力降低风险，在计划上要控制环节，同时加强管理和指导，及时解决存在的问题，减少风险，争取按时完成任务。

（3）对风险较小的项目，要加强跟踪检查，及时发现和解决所出现的问题，力争避免风险发生。

（4）除了要考虑项目风险的大小，还要选择风险监视和控制的重点。有的项目，虽然风险很大，但对项目群总体的影响不大；有的项目，虽然风险不大，但对项目群总体的影响很大；同时，风险监控还要注意综合平衡，要根据项目群风险的规划，全面地分析各项目的风险情况，特别要注意关联部分的影响，做好综合平衡和协调。

9.3.6　项目群风险监控

项目群风险管理是一个复杂的、庞大的、动态的系统工程，涉及不同层次的多个部门、多个环节、多个领域，风险管理团队对风险的识别和分析是一个需要在实践中不断完善的过程，同时，风险因子体系及其危害程度都随着时间和项目的推移而不断发生变化，这也要求风险管理团队不能以一种静止的、一成不变的观点来看待风险的管理要素和过程。

作为一项管理活动，项目群风险控制是一个动态的过程，必须坚持不懈地跟踪项目的进展情况，重视风险的监视和反馈，逐步形成项目群风险管理的闭环体系，如图 9-5 所示。

项目群风险监控的基本目的是以某种方式驾驭风险，保证项目群可靠、高效地达到目标。由于项目群风险具有耦合性、传递性、复杂性、变动性、突发性、超前性等特点，其风险监控应该围绕项目风险的基本问题，制定科学的监控标准，采用系统的管理方法，建立有效的风险预警监控闭环系统，做好应急计划，实施高效的项目风险监控。

项目群风险监控的技术有很多，例如，核对表、挣值分析、监视单、项目风险报告、费用偏差分析等。挣值分析是将计划的工作与实际已完成的工作

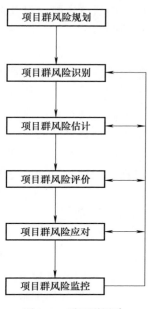

图 9-5　项目群风险
控制的动态过程

213

进行比较，确定是否符合计划的费用和进度要求。如果偏差较大，则需要进一步进行项目的风险识别、评估和量化。

与一般的项目风险监控工具类似，项目群风险监控的工具也很多，一般也采用直方图、因果分析图、帕累托图等工具。

小结

由于项目群风险管理是一个在项目实践中广泛存在的问题，而学术界对它的探讨很少，本章重点探讨了项目群风险管理的概念、理论和一些支撑工具，希望能给读者以抛砖引玉的作用。

对项目群的风险进行管理，应该先从组织和体制上提供保证，组织体制的选择可以考虑多种不同的形式，常见的有直线式管理形式、职能式管理形式、矩阵式管理形式和项目式管理形式等，管理形式的选择要考虑多方面的因素，如技术复杂度、技术创新度、项目不确定性、项目群规模、项目耦合程度以及项目持续时间等。

对于项目群的风险管理，可以参考项目风险管理的理论划分为几个阶段，它们是项目群风险规划、项目群风险识别、项目群风险估计、项目群风险分析、项目群风险应对及控制，这些阶段的管理任务共同构成了项目群风险管理的职能。

项目群风险管理可以按单个项目风险管理的方法进行，但在风险管理的各个阶段，有其新的管理内容和管理方法。如在项目群的风险分析中，不但可以使用或借鉴传统单项目风险分析的各种方法，同时，还可以使用蒙特卡罗方法对项目群的风险进行细致的仿真分析，该方法可以更好地刻画项目群中不同项目之间的关系。

同时还必须认识到，项目群风险管理是一个动态过程，必须重视风险的监视、跟踪和反馈，完善项目群风险管理的闭环体系。

复习思考题

1. 什么是项目群风险管理，它与项目风险管理有什么不同？
2. 项目群风险管理的组织形式有哪些，各有什么特点？
3. 你是如何理解项目群风险管理是个动态的过程的？
4. 请列举一个蒙特卡罗风险分析方法应用的案例。

第 10 章

项目风险管理信息系统

项目风险管理信息系统（Risk Management Information System，简称 RMIS）是管理信息系统的一种，它从项目风险管理出发，将风险管理理论运用于项目的实施和控制，目的是利用信息化手段和方法来识别、分析风险并采取科学合理的应对措施，以提高工作效率和辅助决策水平。本章主要介绍了项目风险管理信息系统的定义、功能、作用、应用情况、开发方法等内容，并以RiskMIS 系统为实例，对其功能模式和操作方法进行了介绍。

10.1 概述

10.1.1 基本概念

计算机的广泛应用是项目管理现代化的主要标志之一。在国外一些大型企业及政府机构，计算机已广泛应用于项目管理的可行性研究、计划、实时控制的各个阶段，应用于项目的成本管理、合同管理、进度管理、风险管理、工程经济分析、文档管理、索赔管理等各个方面，已成为日常项目管理工作和辅助决策不可缺少的工具。

项目风险管理信息系统属于管理信息系统的范畴，它既可以是项目管理信息系统的子系统，又可以成为独立的项目风险管理信息系统。关于项目、项目管理、项目风险管理的概念内涵，前几章已经进行了详细阐述，为了正确理解何为项目风险管理信息系统的概念，可以先了解信息系统和管理信息系统的定义。

信息系统（Information System）就是由计算机硬件、网络和通信设备、计算机软件、信息资源、信息用户和规章制度组成的，以处理信息流为目的的人机一体化系统。信息系统的五个基本功能是输入、存储、处理、输出和控制。

管理信息系统（Management Information System）就是一个以人或组织为主导，利用计算机硬件、软件、网络通信设备以及其他办公设备，进行信息的收集、传输、加工、储存、更新和维护，以企业战略竞优、提高效益和效率为目的，支持企业的高层决策、中层控制、基层运作的集成化的人机系统。其主要任务是最大限度利用现代计算机及网络通信技术加强企业的信息管理，通过对企业拥有的人力、物力、财力、设备、技术等资源的调查了解，建立正确的数据，加工处理并编制成各种信息资料及时提供给管理人员，以便进行正确的决策，不断提高企业的管理水平和经济效益。

项目风险管理信息系统就是一个由人或组织、计算机等组成的能对项目风险信息进行收集、整理、存储、传递、处理和决策分析的集成化系统，其目的是为项目风险管理人员进行项目风险的辨识、预测、分析、评估、处置和决策提供可靠的手段和工具支持，从而实现项目风险的系统化、规范化和科学化管理。

从本质上说，项目风险管理信息系统是利用信息化技术对项目活动所涉及的风险实行有效控制的一种工具。风险管理人员通过风险管理信息系统可以认识并处理已发生的或潜在的损失事件，以抵御这种损失事件所产生的不利效应，并降低风险防范的成本。因此，项目风险管理信息系统对企业进行风险管理乃至全部经营活动都有着重要作用。

项目风险管理信息系统能够完成各种统计和综合信息处理工作，为管理者提供各种及时可靠的信息，通过对风险的分析和评价，实现对计划的监督和控制，并利用各种数学模型优化决策，从而取得更多管理效益。可以说风险管理信息系统是现代项目管理不可缺少的支撑工具之一。

10.1.2　作用意义

项目风险管理的目标在于增加项目积极事件的概率和影响，降低项目消极事件的概率和影响。其管理的各个子过程不仅彼此交互作用，而且还与其他知识领域的过程交互作用。

1. 项目风险管理信息系统的作用

（1）项目风险管理信息系统能对项目整个生命周期中所产生的各种数据及时、准确、高效地进行管理，为项目所涉及的各类人员提供必要的高质量信息服务。

（2）项目风险管理信息系统能为高层的项目管理人员提供风险预测、决策时所需要的数据、手段和方法，为科学决策提供可靠支持。

（3）项目风险管理信息系统能有针对性的对项目风险进行全过程的识别、分析、评估，并监督和跟踪项目过程中的风险，达到降低项目风险、减少风险损失，甚至化险为夷，变不利为有利的目的。

（4）项目风险管理信息系统从项目风险管理的目的出发，为项目管理人员更好的认识、规划、管理和分析风险提供一套系统的、成熟的、标准化的处理风险的流程框架。

（5）项目风险管理信息系统能提供必要的办公自动化手段，使项目管理人员能摆脱烦琐的日常工作，集中精力分析、处理项目风险管理工作中的一些重大问题。

2. 项目风险管理信息系统的意义

项目风险管理信息系统的意义主要表现在：

（1）提高风险管理人员的工作效率。利用信息网络作为项目信息交流的载体，从而使风险信息交流速度大大加快，减轻了项目风险管理人员日常管理工作的负担，加快了管理过程中风险信息反馈的速度，人们能够及时查询风险管理进展情况的总体态势和详细情况，进而及时发现问题，及时作出决策，提高工作效率。

（2）提高风险管理团队的协同水平。利用共享的风险信息管理平台，方便各方进行信息共享和协同工作，在这个平台中，风险信息的透明度增加，人们可以从各个角度去查看项目的风险信息，风险管理的总目标更容易贯彻，风险经理和上层领导也更容易发现问题，并及时沟通和控制。一般的风险管理和执行人员也更容易了解和领会上层的意图，使得各方面协调更为容易。它在信息共享的环境下通过自动地完成某些常规的信息通知，减少了项目参与人之间需要人为交流的次数，并保证了信息的传递变得快捷、及时和通畅。

（3）提高风险管理的决策水平，使得决策更科学、更准确。在项目风险管理信息系统中，所有的项目相关信息及其处理过程都以系统化、结构化的方式存储起来，这些历史信息和数据是提高决策水平的重要财富，它为各项目参与人提供完整、准确的历史信息，方便浏览并支持这些信息在计算机上的粘贴和复制，使部门不同而内容上基本一致的项目风险管理工作的效率得到极大提高；同时，利用这些历史数据，可以进行更深层次的数据分析工作，从而可以为项目风险管理人员提供定量的分析数据，进而支持项目风险管理的科学决策。

总之，项目风险管理信息系统使风险管理有了高效的处理和分析平台，在这个平台上，风险管理的各项工作可以开展得更规范、更流畅、更高效，它使项目管理人员进行风险管理的能力和水平大大提升。

10.1.3　发展及应用情况

项目风险管理信息系统是随着信息处理技术和风险管理技术的发展而不断发展的，其发展过程可以总结为如下几个阶段，如图 10-1 所示。

第一阶段：简单事务处理阶段。计算机在风险管理中的最早应用开始于 20 世纪 60 年代末期的保险损失和保费的计算机管理。用以对被

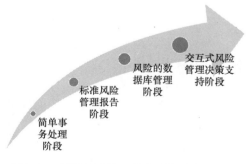

图 10-1　项目风险管理信息系统的发展阶段

保险人保险财产的损失和频繁发生的意外事故进行风险控制。但早期的简单事务处理系统有两个缺点：第一，这些系统没有充分注意到经济单位整体的风险费用（包括保险费、自留损失、风险控制费用和风险管理费用），因此风险管理与整个高层管理人员之间的交流并不完全有效；第二，系统对信息处理的不精确和不及时造成了管理决策的效率不高，正是这两个缺点，使得在当时风险管理部门的重要性不能被充分发挥，也不能给高层管理者留下深刻印象。

第二阶段：标准风险管理报告阶段。这一阶段开始于 20 世纪 60 年代末 70 年代初，风险费用的概念已经被广泛认识。在这个阶段，风险管理信息系统对于风险管理者和整个企业管理人员之间的交流有非常重要的意义。风险管理人员运用计算机搜集、分析并列出每个重要部门的风险费用数据，以月报、季报、年报等合适的形式报告给董事会。这个阶段的风险管理信息系统使风险管理人员能更快地搜集更多数据，但由于缺少比较高级和人性化的分析手段，风险数据的过多常使人陷入数据之中，却没有得到多少有用的管理和决策信息。

第三阶段：风险的数据库管理阶段。基于数据库技术的发展，一些投保人、经纪人组织和保险人在 20 世纪 70 年代中期开发出了更为灵活的风险管理信息系统。通过这一系统，他们不仅能设计特定的报告，而且能任意调用风险管理数据，使用户能找到一个文件中特定的数据条目或一个报告中的特定部分，而不必重新读取整个文件或重新打印整个报告。直接调用数据库，能给风险管理人员更大的自由，使得他们能够及时制定出适合自己的报告，对高层决策或其他管理人员的信息要求做出快速反应。

第四阶段：交互式风险管理决策支持阶段。该阶段的风险管理信息系统已发展得非常成熟，它可全过程、全方位地对项目的风险进行管理、处理和分析，并和用户有着丰富多样而又人性化的交互界面，方便风险管理人员交互式地得到管理和决策信息。在这个阶段，风险管理的智能化程度也得到了极大提高，风险管理人员可以利用数据库中已有的数据预测各种可供选择方案的可能结果，并且做出最佳选择。

当今世界大型工程项目均无一例外地采用了风险管理技术，为项目成功提供了有力保证。如：2018 年进入营运的我国港珠澳大桥项目就非常重视项目的风险管理。作为目前世界最大的桥隧结合工程，港珠澳大桥是集合了大桥、人工岛、隧道等一体化交通集群的超大型工程项目，工程预算资金超过 700 亿元资金、设计使用寿命长达 120 年，众多施工人员参与、施工工艺难度超高、施工气候条件恶劣、施工周期跨度超长等一系列世界级工程技术难题。可以毫不夸张地说，这项工程是世界上最复杂、最庞大的交通工程之一。这样的超复杂工程，其存在的技术风险、社会风险、经费风险、费用风险乃至所连接三地不同政治制度的沟通风险都是庞大而又复杂的。为此，该项目的管理人员充分利用风险管理各种技术，分阶段、分类别识别风险，并统筹规划风险应对和控制措施，确保了复杂项目的顺利实施。

在风险管理信息系统开发方面，随着信息技术的发展，人们开始利用开发平台，研发了一系列适应项目特定环境的风险管理软件：Palisade Corporation 公司的项目风险分析软件 RISK Professional for Project、Primavera 公司的 Monte Carlo for Primavera 风险管理信息系统、Marotz Inc. 的 Cost Xpert 成本管理软件 Price Systems、L. L. C 公司的 PRICE Estimating suite 等；同时，也出现了很多典型和流行的通用项目信息管理系统，如 ABT 公司的 ABT Planner、ABT REALTIME Projects 系统、Angel Group LLP 集团的 Tracking DataBase（TRDB）、Artemis Management Systems 的 Artemis Views、CA（Computer Associates International）公司的 CA-Super Project（Net）、关键技术公司（Critical Tools）的 PERT Chart EXPERT、WBS Chart for Project、IMSI 公司的 Turbo Project Professional、Primavera 公司的 Datastoretm for Primavera、SAS 研究公司的 SAS/OR Software、Scitor Corporation 公司的 Project Scheduler&Time，以及 Welcome Solutions Technologe 公司的 Open Plan Suilt 等，这些项目管理信息系统和风险分析软件都极大地丰富和提高了项目风险管理的能力。

10.2　项目风险管理信息系统开发

10.2.1　主要功能

项目风险管理信息系统是把输入系统的各种形式的原始数据分类、整理录入数据库存储，以供查询风险因素以及对风险源进行风险识别、判断，并进行分析评估和为整体项目管理提供决策依据以回避风险，趋利避害。具体地，按照项目管理知识体系中的项目风险管理流程，项目风险管理信息系统的功能有如下一些方面。

（1）完成风险项目的定义和描述操作，包括风险项目基本信息、项目人员及其他背景信息。

（2）实现风险因素事务处理，包括风险信息收集，风险因素识别、风险等级划分、风险大小排序、风险逻辑关系建立等。

（3）实现对项目风险的分析和评估，比如通过对项目风险因素危害大小和发生概率的评估，实现对项目整体风险的管理。

（4）实现对项目风险整体的控制和预警，并提供人性化的预警界面。

（5）实现对风险因素汇总和流程管理，实现风险报告、风险预测提示、安排风险控制任务。

（6）实现风险信息数据的可靠储存和便捷共享，提供查询、分析界面，并通过建立风险处理数据模型实现风险智能预警功能。

此外，风险管理信息系统还要能提供统一格式的信息和统计报表，以提高工作效率和工作质量。

10.2.2 主要开发方法

项目风险管理信息系统是风险管理领域的管理信息系统，它在开发方法上同样遵循传统管理信息系统的开发方法，只是在业务规则上，它更强调风险管理方法、过程和模式对其需求的牵引作用。目前，管理信息系统的开发方法很多，但任何一种方法都有一定的适用范围，不可能一种方法适合各种应用环境。下面介绍几种比较流行的开发方法，这些方法都可以在开发项目风险管理信息系统时选用。

1. 结构化生命周期法

结构化生命周期法简称生命周期法，是最常用且有效的一种信息系统开发方法。它将整个计算机信息系统的开发过程，从初始到结束划分成若干个阶段，预先定义好每一个阶段的任务和目标，再按一定的策略与准则完成相应阶段的任务。这种方法属于预先严格定义了用户需求和任务的一类方法。

生命周期法要求开发过程必须严格地按阶段进行，只有前一阶段完成之后，才能开始下一阶段的工作，而且其阶段是不可逆和不可跳跃的。每个阶段都有明确的标准化图表和文字组成的文档，以便于在开发中实行管理和控制。结构化生命周期法包括：规划、分析、设计、实现、运行维护等五个步骤。

生命周期法的主要特点有：强调面向用户；逻辑设计与物理设计分别进行；使用结构化、模块化方法；严格按阶段、顺序进行；文档标准化、规范化等。

该方法的主要的缺点：一是开发周期较长；二是缺乏灵活性，以及开发人员与用户的交流困难。

应用该方法进行项目风险管理信息系统开发时，一定要注意在开发前须把风险管理的业务需求、组织模式、处理流程分析清楚，并形成规范的分析文档。

2. 快速原型化开发方法

原型化方法的基本思想是试图改进生命周期法的缺点，在短时间内先定义用户的基本需求，通过强有力的软件环境支持，开发出一个功能并不十分完善的、实验性的、简易的信息系统原型，运用这个原型，结合实际系统，再不断地评价和改进原型，使之逐步完善。它的开发过程是：分析、设计、编程、运行和评价这几个环节多次反复进行，不断演进，最后生成一个较为理想的信息系统。所以，原型化方法依据的基本模型是循环或迭代模型。

原型化方法的主要优点有：

（1）加强了开发过程中用户的直接参与，减少了用户投资的不确定性和风险性。

（2）能接受不确定的需求，很好地解决项目参加者之间的通信困难。

（3）用有意识的反复迭代取代了无计划的重复和反复。

原型化方法的局限性有：

（1）使用原型法的一个前提是待开发的系统需求不确定，在这种情况下很难与用户商定开发协议。

（2）系统的设计要求有很强的可扩展性，否则可能导致许多功能模块的返工或重做，反而降低效率。

（3）系统开发的管理较困难。系统的许多方面没有明确目标，而处于不断修改的状态下，会降低开发人员的积极性。

（4）开发周期难以控制。可能会导致系统无终止的不断修改。

尽管如此，原型法在管理信息系统开发中仍然是一个较好的指导方法，相信在一些用户需求提炼困难、同时风险管理模式不太复杂的情况下，该开发方法在项目风险管理信息系统开发应用时，仍然会取得好的效果。

3. 面向对象的开发方法

面向对象的开发方法是 20 世纪 80 年代中后期随着面向对象的程序设计（OOP）而发展起来的一种系统开发方法。它的基本思想是将客观世界抽象地看作是若干相互联系的对象，然后根据对象和方法的特性研制出一套软件工具，使之能够映射为计算机软件系统结构模型和进程，从而实现信息系统的开发。

以对象为主体的面向对象方法可以简单解释为：

（1）客观事物都是由对象（Object）组成的，对象是在原事物基础上抽象的结果。任何复杂的事物都可以通过对象的某种组合构成。

（2）对象由属性和方法组成。属性（Attribute）反映了对象的信息特征，如特点、值、状态等，方法（Method）则是用来定义改变属性状态的各种操作。

（3）对象之间的联系主要是通过传递消息（Message）来实现的，传递的方式是通过消息模式（Message Pattern）和方法所定义的操作过程来完成的。

（4）对象可按其属性进行归类（Class）。类有一定的结构，类上可以有超类（Superclass），类下可以有子类（Subclass）。这种对象或类之间的层次结构是靠继承关系维系着的。

（5）对象是一个被严格模块化了的实体，被称为封装（Encapsulation）。这种封装了的对象满足软件工程的一切要求，而且可以直接被面向对象的程序设计语言所接受。

面向对象法按系统开发的一般过程可分为：

（1）系统调查和需求分析。对系统将要面临的具体管理问题以及用户对系统开发的需求进行调查研究，即先弄清要干什么的问题。

（2）面向对象分析（OOA）。是在系统调查资料的基础上，对面向对象方法所需的素材进行归类分析和整理。它建立在对象及其属性、类及其成员、整体及其部分等概念之上，以对象及其交互关系为手段，将非形式化的需求说明表述为明确的软件系统需求。面向对象分析模型从对象模型、动态模型和功能模型三个侧面进行描述，主要肩负三大任务：其一，通过对问题空间的分析，识别出问题所涉及的对象、对象间的关系和服务，建立对象模型；其二，以对象模型为基础，完成相应需求描述；其三，对需求描述进一步作需求评审。OOA 步骤为标识对象、标识结构、定义属性和定义服务。

（3）面向对象设计（OOD）。从 OOA 到 OOD 是一个逐渐扩充模型的过程，OOA 模型反映问题域和系统任务，OOD 模型则进一步反映需求的一种实现，即在 OOA 模型中，根据所应用的开发环境功能的强弱程度，填入和扩展有关实现方面的软件设计信息。OOD 工作内容主要有：主体部件设计和数据管理部件设计。

（4）面向对象编程（OOP）。OOP 任务是实现 OOD 预定各对象应完成的功能，分为可视化设计和代码设计两个阶段。可视化设计阶段主要是进行用户界面设计，将系统所有功能与界面中的控制或菜单命令联系起来，即在某一界面对象（如表单）上集合功能所需的控件对象（如按钮、编辑框、标签、组合框、库表等），设置各对象属性，布置窗口。代码设计阶段的主要任务是为对象编写所需要响应的事件代码，为对象发挥必要的功能，建立不同对象间的正确连接关系。

面向对象开发方法创造了一个为软件实现的现实世界模型。它的主要特点有：

（1）以对象为基础；

（2）利用特定的软件模块，直接完成从对象客体的描述到软件体系结构之间的转换；

（3）避免了其他方法在描述客观世界的问题领域与软件系统结构的不一致性；

（4）解决了从电子数据处理系统到软件模块之间的多次映射的复杂过程。

作为非常重要的开发方法，面向对象开发方法得到了众多软件开发平台和工具的支持，这成为其在信息系统开发中得天独厚的优势，因此，有理由相信，它应该会成为项目风险管理信息系统开发的主流方法。

10.3　项目风险管理信息系统实例分析

RiskMIS 项目风险管理信息系统是北京明天华项目管理中心开发的一个项目风险管理信息系统。该系统基于 B/S 架构进行设计，在功能结构上涵盖了项目管理知识体系指南中的核心管理流程，并充分考虑了中国企业的管理特点和习惯，实现了基于风险因素和基于风险指标体系的两种风险管理模式。

10.3.1　RiskMIS 系统的设计思路

RiskMIS 项目风险管理信息系统在技术架构上遵循 B/S 模式，在该系统中，它的主要风险管理模式被概括为两种类型，即："基于风险因素的闭环管理模式"和"基于项目群指标体系的风险管理模式"。两种风险管理模式都遵循项目管理知识体系指南中约定的项目风险管理流程，即从风险识别、估计、评价到应对控制的完整过程，如图 10-2 所示。

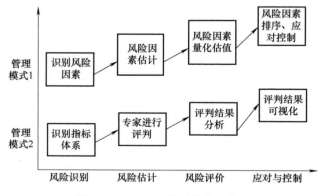

图 10-2　RiskMIS 的风险管理模式

可以从"服务层—系统运行支撑功能层—核心应用层—前端展示层"四个层次来对系统的功能进行刻画和建模，如图 10-3 所示。

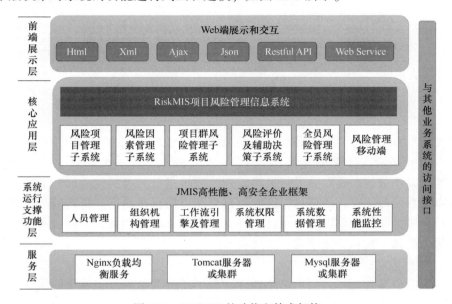

图 10-3　RiskMIS 的功能和技术架构

系统核心的功能位于系统运行支撑功能层和核心应用层。

（1）系统运行支撑功能层

该层是系统运行的共性框架，包括人员与机构管理子系统、工作流管理子系统、系统管理子系统、系统权限管理子系统和系统元数据管理及性能监控子系统等。该层功能实现系统对组织架构、用户与角色权限、数据安全备份与恢复等的统一管理。同时，系统提供数据标准发布及更新日志功能。

（2）核心应用层

该层完成风险从识别、评价、控制到应对监控的全过程管理。包括风险项目管理子系统、风险因素管理子系统、项目群风险管理子系统、风险评价及辅助决策子系统、全员风险管理子系统等功能模块，系统也支持在各种移动端上运行。

10.3.2　RiskMIS 主要功能

RiskMIS 是专业的风险管理软件，不仅能够整合企业内部的风险管理流程，并且能剖析企业的风险管理问题，系统的主界面如图 10-4 所示。

在 RiskMIS 系统中，围绕着两种风险管理模式："基于风险因素的闭环管

图 10-4　RiskMIS 主要的菜单项

理模式"和"基于项目群指标体系的风险管理模式",系统实现了如下功能。

（1）风险项目管理

风险项目管理是对要进行风险管理的项目进行归类,包括孤立的项目或者以项目群形式存在的项目,这些项目要能以项目树的形式进行管理,其中项目树中的文件夹可以是项目群文件夹或者是一般文件夹。同时,可以对项目进行管理,包括新建项目、删除项目、修改项目等。

（2）风险因素管理

风险因素管理是对项目风险管理过程中通过各种方法识别出的风险因素进行集中管理,对这些因素的管理是一个动态的、渐进式的管理过程,从风险的估计、风险的评价到风险的应对和控制。

（3）项目群风险管理

在风险管理的实践中,特别是对大型企业或一个企业的多个项目进行风险管理时,经常会遇到同时对多个具有一定内在联系的项目进行风险管理的情况。项目群风险管理是项目风险管理理论在项目集群环境中的应用和体现,它不但包括传统单项目风险管理的内容,而且由于集群项目环境的存在,使得各分项目在进度、资源、人力等方面的冲突加剧,进一步加大了项目风险识别和风险分析的复杂性。因此,项目群风险管理已成为当前风险管理研究领域的研究热点之一,RiskMIS 系统中采用层次分析法（AHP）对项目集群的风险进行管理。

（4）风险评价及辅助决策

无论是基于风险因素（风险事件）的风险评估模式还是基于风险指标体系的风险评价模式,进行风险管理的一个重要环节就是把风险估计和评价的结果进行综合分析,并以各种图表进行显示,风险评价及表示模块的功能就是要实现这样的功能。本模块可以按照风险因素（风险事件）或风险指标体系对项目进行评价,并给出风险优先度排序、多项目风险比较图和单项目关键风险分析图等可视化图表。

（5）全员风险管理

RiskMIS 的管理模式是全员风险管理，所有项目管理的团队都可以在该系统中找到自己的角色，并自主式地进行风险的识别、估计，对有权限的用户，可以对识别出的风险因素进行审核，可以对风险发生的概率及危害程度进行综合评判，系统管理员可以对风险项目、项目群、风险因素进行集成管理。

10.3.3 RiskMIS 主要使用方法

围绕系统的主要功能，RiskMIS 实现了人性化的操作界面，用户非常易于上手。下面对一些典型的功能模块的操作使用方法进行介绍。

（1）风险管理用户桌面

风险管理用户桌面是系统使用者掌握团队信息的重要地方，用户可以在此看到最新的通知、新闻、项目整体进度等信息，系统的界面主要由用户信息区、最新通知区、快捷方式区、工作信息展示区、图片新闻轮回区、项目信息显示区等部分组成。用户可以非常方便地对相关的信息进行浏览和查看。

（2）项目的管理和维护

项目管理和维护是系统的核心内容之一，它主要完成风险项目的管理和维护，包括添加、删除、修改、安排团队成员等。系统提供了项目、项目群、项目文件夹的浏览界面，在该界面中，项目、项目群、项目文件夹都是以不同的图标表示，并且以树的形式进行管理，用户可以在此方便地选择相应的项目、项目群或项目文件夹，然后可以执行相应的各种操作，比如编辑项目信息、上报项目进度、选择项目人员、筛选用户相关项目等。

（3）风险因素的管理

对于系统实现的两种风险管理模式，本模块主要实现第一种模式，即"基于风险因素的闭环管理模式"。该模块的基本操作思路是：项目团队的所有风险管理人员可以识别风险，在识别风险后，该风险需要提交给相关人员进行审核（在识别信息填写界面中指定相关的审核人），审核人在进入系统后，即可对自己需要审核的风险因素进行审核，并指定相应的审核状态，当该风险因素通过审核后，即可进入风险因素的应对策略制定和监控阶段。

（4）指标体系及其评估

本模块实现了以风险指标体系为核心的风险识别、风险评价过程。在该模块中实现了前文所说的第二种风险管理模式，即"基于项目群指标体系的风险管理模式"，该管理模式所管理的风险指标体系必须以项目群为单位进行，不能对单个项目或项目文件夹指定风险指标体系，因为对单个项目指定风险指标体系，没有评价的比对意义，而项目文件夹中的项目存在着较大差异，因此，不适宜用同样的指标体系进行管理。在该模块中，可以对指标因子进行维护、编辑、导入、导出、保存为指标模板等操作，并且可以对同层指标的权重进行自动校对，在维护完风险指标体系后，就可以由项目相关人员对项目进行多专家评判。评判完，系统将按照改进的层次分析法对不同项目的风险进行自动汇总和计算，并以直方图的形式进行可视化比较和显示。

（5）系统后台管理

系统后台管理是确保系统稳定、安全运行的重要部分，其主要有如下功能模块组成：通知公告管理、新闻发布和维护、系统代码管理、自定义快捷方式、系统权限管理等。

小结

本章从项目风险管理信息系统的基本概念出发，阐述了项目风险项目管理信息系统的作用和意义、发展及应用；从介绍项目风险项目管理信息系统的一般功能入手，介绍了风险管理信息系统开发的一般方法；以 RiskMIS 项目风险管理信息系统的实例分析，让读者对项目风险管理信息系统的功能和管理使用方法有一个初步的认识和了解。

复习思考题

1. 什么是项目风险管理信息系统，它有哪些功能和作用？

2. 项目风险管理信息系统的发展经历了哪些阶段，各个阶段取得了什么进展？

3. 你是如何理解项目风险管理信息系统在实际中的应用？

第 11 章

项目风险管理案例

项目风险管理的涉及面非常广泛，不同类型的项目需要不同的项目风险管理知识和技术方法支持，而且项目风险管理是一种实践性很强的活动，项目管理人员只有通过实践，才能真正理解和掌握项目风险管理的理论知识和技术方法。本章通过介绍国防、航天、航空、金融、IT、建设工程领域的典型案例，真实地展现项目风险管理的实践，期望对大家有所启发，把项目风险管理真正落到实处。

11.1 国防领域案例：美国国防 XYZ 项目风险管理案例

11.1.1 项目简介

XYZ 项目是美国国防部武器研制项目。该项目根据×××年××月××日的任务需求说明和×××年××月××日的使用要求文件启动，支持国防规划指南和国家军事战略规定的美国防务政策的基本目标，是一个基于对建立战场决策者之间联系的综合战斗系统的项目。

XYZ 的任务范围是：XYZ 项目将研制和采购 120 个先期平台，用以代替目前储备的老式 ABC 平台。为达到兵力结构目标，XYZ 系统必须在 2007 财年形成初始使用能力（4 个平台）。XYZ 项目已经开始为期 8 年的工程研制和制造过程确定阶段，随后还要有为期 5 年的采购阶段，其研究和研制经费上限为 3 亿美元。

1. 系统描述

XYZ 项目将是一个可承受的、有充分能力的平台，具有技术简单而先进的优势。XYZ 综合战场系统包括所有自推进能力的电子设备和武器，其分系统分别具备战场控制、电子战保障措施、防御战、导航、雷达、内部通信、监控、数据传输、战术保障设施、外部通信、敌我识别等能力。武器系统则由负责研制的各办公室提供，机电系统包括……作战系统、机电系统及各分系统向 XYZ 系统提供为实现任务需求说明和使用要求文件规定的各种使命所需要的能力和连接。

2. 采办策略

XYZ 项目的初始（采办）策略是与一位主承包商订立方案确定和风险降低阶段合同，研制两套样机系统，用于试验和设计确认。考虑实现电源系统性能水平的技术很复杂，因此主承包商选用两位转包商研制发动机，再选一位生产商负责初始小批生产前的生产，计划进度为 2004 财年。许多机构如政府研究实验室等都得到资助，以派出专家评估各具体风险区。项目定有放行准则，这些放行准则必须得到满足，项目才能进入下一阶段。

11.1.2　项目风险管理方法

XYZ 项目按综合产品和过程研制原则管理，主要是按产品工作分解结构组建项目的产品综合组，进行管理。同时也要组建有费用 – 性能和试验方面的工作层产品综合组，以便指挥系统进行垂直协调。项目主任担任项目总体产品综合组组长，负责解决工作层产品综合组无法解决的问题。

1. 相关概念

（1）风险（Risk）。风险是对在规定的费用、进度和技术约束条件内不能完成整个项目目标的一种度量。风险包括两个组成部分：第一，得不到具体成果的概率；第二，得不到这项成果的后果。从过程角度看，风险指对某一过程的实际执行情况与已知的执行该过程最佳惯例之间差异的一种度量。

（2）风险事件（Risk Event）。风险事件是指 XYZ 项目中那些一旦出错就有可能造成系统在研制、生产和部署方面出现问题的事件。风险事件应规定到工作分解结构的一定级别上，即达到这一级别风险及其致因完全可以掌握，风险可通过发生的可能性概率和后果进行准确评估确定风险等级。从过程角度看，风险事件以已知最佳惯例的过程偏差及其潜在后果进行评估。

（3）技术风险（Technical Risk）。技术风险是指 XYZ 系统在设计和生产发展过程中存在的影响性能水平的风险。这里的性能水平指满足使用要求所必须具备的性能水平。承包商和转包商的设计、试验和生产过程（过程风险）影响技术风险和工作分解结构各级产品的性质（产品风险）。

（4）费用风险（Cost Risk）。费用风险指项目在实现其寿命周期费用目标方面存在的风险，有两个方面的风险影响费用：

1）费用估算和目标在准确合理方面存在的风险费；

2）因技术风险未能缓解导致项目不能满足费用目标的风险。

（5）进度风险（Schedule Risk）。进度风险指因给系统的研制、生产和部署所估算和分配的（工作）时间不足而产生的风险。有两方面的风险影响进度：

1）进度估算和进度目标在切合实际和合理性方面存在的风险；

2）因技术风险未能缓解导致项目不能实现其进度目标的风险。

（6）风险等级（Risk Rating）。风险等级是指依据对风险事件的发生概率和后果的分析而为该风险事件（或整个项目）确定的一个数值。对于 XYZ 项目，根据下述准则确定风险等级为低、中、高。关于如何判定发生概率和后果的指导意见参见有关资料文献。如果定级过程偏离最佳惯例，则不确定发生概率和后果的等级，而是度量与最佳惯例的偏差。

1）低风险极少或不可能出现费用增长、进度中断或性能降低。只需在计划的项目范围内采取行动，进行正常的管理工作即可将风险控制在可接受的水平上。

2）中风险可能导致某种费用增长，进度中断，性能下降；可能需要采取专门的措施和管理活动才能将风险控制在可接受的水平上。

3）高风险会导致明显的费用增长，进度中断和性能下降。需要另外采取重要措施，需要管理方面的特别关注才能将风险控制在可接受的水平上。

（7）独立风险评估员（Independent Risk Assessor）。独立风险评估员是既不处在管理链中又与被评估的工作无直接关系的人员。使用独立评估员是一种有效的制度，可以确保所有风险区都得到辨识，发生概率（或过程偏离）和后果得到正确理解。该制度可用于各种场合，如项目办公室、兵种外场单位、承包商，等等。项目主任可按需要批准使用独立评估员。

（8）模板和最佳惯例（Templates and Best Practices）。"模板"是应用关键性的工程和制造过程的一种有序的工作途径。这些关键的工程和制造过程对保证绝大多数项目成功均必不可少。国防部细则 DoD4245.7-M《从研制向生产过渡求解风险方程》提供了许多模板。DoD4245.7-M 规定的每一种模板过程，NAVSOP-6071 都规定了最佳惯例信息。这些文件概述的是理想的或低风险的途径，可以作为评估 XYZ 某些过程风险的一种基线。

（9）指标（Metrics）。指标是指示进展情况或完成情况的度量。

（10）项目关键属性（Critical Program Risk）。项目关键属性是指性能、费用和进度特性或对项目成功至关重要的数值。它们来源于各种原始依据，如采办项目基线、项目下一阶段放行准则、关键性能参数、试验计划、项目专家判断等。XYZ 项目将跟踪这些属性以判断在实现最终要求值方面的进展情况。

2. 项目风险管理途径

国防部指令 DoD5000.1 规定："只有风险得到了充分的理解并确定了风险管理途径，决策者才能批准项目进入采办过程的下一阶段。"此项政策由国防部条例 DoD50002-R 实施，各军兵种的条例则提供更加详细的指导意见。《国防采办工作手册》又补充提供了风险管理方面的指导、意见、建议和知识。图 11-1 说明 XYZ 项目的风险管理工作是如何融入采办过程的各阶段和里程碑的。

XYZ 项目将集中制定贯穿整个采办过程的风险管理策略而分散进行风险

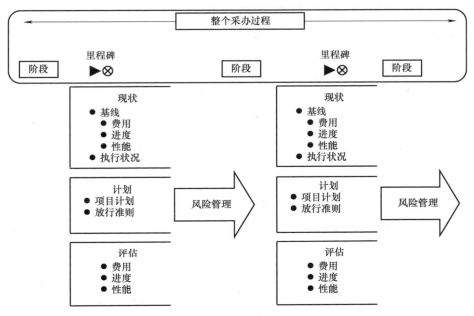

图 11-1 风险管理与采办过程

规划、评估、处理和监控。XYZ 的风险管理适用于所有采办职能部门。

项目方案探索阶段的结果辨识潜在风险事件，而采办策略则反映项目的风险处理途径。总之，XYZ 项目在里程碑 Ⅰ 的风险里被评估为中风险，但可以接受。属于中风险的有威胁、制造、费用、资金和进度，其余的技术、设计和工程（硬件和软件）、保障、（进度）一致性、人—系统综合和环境影响等则被评估为低风险。

3. 风险管理策略

风险管理的基本策略是辨识技术性和非技术性的关键风险区和风险事件，并在其成为问题，造成严重的费用、进度或性能影响之前采取必要措施处理它们。本项目所采用的风险处理措施是加大建模和仿真、技术演示和样机试验的使用力度。

风险管理工作由政府—承包商联合组成的产品综合组负责进行。这些产品综合组将采用一种完善的评估方法来辨识和分析那些对满足项目目标至关重要的过程和产品，再相应制定风险处理方案以缓解风险，同时监控所选用的风险处理方案的效果。风险管理工作成败的关键在于有无必要的资源去实施选定的风险处理方案。

风险信息由风险管理信息系统的产品综合组用标准风险信息表收集，风险管理信息系统能生成标准报告，也能编制经过剪裁的专题报告。

项目的所有审查必须审查风险信息，只要得到了新的（风险）信息，项目管理办公室和承包商就要增加一次审查，弄清是否出现了新风险。目标是始终注视那些可能对项目产生严重影响的区域。

11.1.3　项目风险管理组织机构

XYZ 项目的风险管理组织机构如图 11-2 所示，但它不是一个独立的机构。该图说明风险管理是项目现有组织机构的有机组成部分，同时说明风险（管理）与项目管理小组的关系。

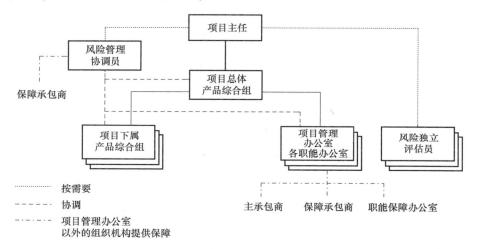

图 11-2　XYZ 风险管理组织机构

1. 风险管理协调员

XYZ 项目的风险管理协调员由该项目技术评估及研究和研制部主任担任，是风险管理工作的总协调员。风险管理协调员的职责是：

（1）维护风险管理计划；

（2）维护风险管理数据库；

（3）向项目主任简报 XYZ 项目的风险状况；

（4）跟踪风险管理工作，将中、高风险降到可接受的水平；

（5）提供风险管理培训；

（6）协助风险评估；

（7）编制项目审查和采办里程碑决策过程需要的风险简报、报告和文件。

2. 项目总体产品综合组

项目总体产品综合组负责执行国防风险管理政策，为 XYZ 项目建构有效又有用的风险管理途径。项目主任担任总体产品综合组主席。总体产品综合组的成员可以调整，但初始成立时应由项目各产品综合组组长、指定的下属产品综合组组长、项目管理办公室各职能办公室主任出任。

3. 项目产品综合组（Integrated Product Team）

项目产品综合组负责按本计划执行风险管理任务。具体职责如下：

（1）根据经验教训，对整个风险管理方法的更改进行审查，并向风险管理协调员提出相关建议；

（2）在阶段 I，按季度或根据指示修订更新风险评估；

（3）对所做的风险评估和所提出的风险缓解计划建议进行审查，并证明其是否合理合算；

（4）用风险信息表向风险管理协调员报告风险；

（5）确保每一次项目审查和设计审查都考虑了风险问题；

（6）确保项目管理组织机构职责中包括相应的风险管理任务。

4. XYZ 项目的独立风险评估员

独立风险评估员对 XYZ 项目里程碑 I 的风险评估工作有很大贡献。必要时，应坚持利用独立评估保证所有风险区域得到辨识。

5. 其他风险评估职责

其他系统司令部、军兵种外场单位、设计建造单位和承包商的风险管理职责应遵循协议备忘录、谅解备忘录、系统司令部任务书或合同的规定。

6. 用户参与

用户辨识的风险可通过作为联络点的要求提出部门（写明单位具体代码）向项目执行官或项目主任提供。

7. 风险培训

政府和承包商双方对项目班子所有成员的风险培训工作的好坏是关系风险工作成败的关键。XYZ 项目办公室在阶段 I 和阶段 II 将提供风险培训或派送班子成员进行培训。要求承担 XYZ 管理或评估责任的关键人员必须经培训合格。项目班子所有成员起码都应接受基本风险管理培训。

11.1.4　项目风险管理过程与程序

《国防采办工作手册》定义风险管理为"控制风险的行动或实践，包括风险规划、辨识风险区、制定风险处理方案、实施风险监控、判断风险的变化情况、记录全部风险管理工作"。图 11-3 概括地显示出 XYZ 项目所遵循的整个风险管理过程。该过程贯彻了国防部和军兵种的政策和指导原则并吸收其他方面有益的意见。对图中出现的每项风险管理工作下文均将展开阐述并给出具体的执行程序。

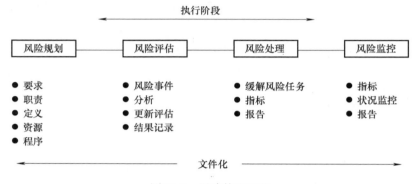

图 11-3　风险管理过程

1. 风险规划

（1）过程

风险规划包括成功进行风险管理工作所必需的各项前期活动，是项目正常规划和管理工作不可缺少的组成部分。风险规划应逐一规定其他风险管理工作，为评估、处理和监控风险形成一个完整有序的途径；还要明确各项风险管理活动的职责，规定风险报告和文档记录要求。本风险管理规划是各详细风险规划的依据。

（2）程序

职责。各产品综合组负责依据本风险管理计划进行其风险规划工作。规划应涵盖风险管理的各个方面，包括评估、处理方案和对风险缓解活动的监控。项目风险协调员负责监督各产品综合组的计划制订工作，以确保其符合本风险管理计划，同时如果产品综合组制定计划时有一些重要变化需要反映到本风险管理计划中去，则该协调员亦应保证对该计划作适当的修改。

参与 XYZ 系统或其组成部分设计、生产、使用、保障和退役处理的每一个人都是风险管理过程的一个组成部分。这种参与是持续不断的，应被视为正常管理过程的一部分。

资源和培训。有效的风险管理工作需要有资源作为制定风险规划过程的一个组成部分，产品综合组在其规划中应提出执行风险管理活动的资源要求，资源包括时间、器材、人员和费用。培训是一个重要问题，必要时产品综合组的所有成员都要接受风险管理基础知识教育和其负责区域的专门培训。

记录文档和报告。本风险管理计划提出了记录文档和报告的基本要求。

产品综合组应根据有效管理其主管风险的需要决定是否需要补充新的要求，但所提的新要求不得与本风险管理计划的基本要求相矛盾。

指标。各产品综合组均应建立指标以度量其计划的风险处理方案的实施效果。

风险规划的工具。下述工具对风险规划可能有作用。其中所提供的信息可以帮助承包商理解 XYZ 项目管理方法。这份工具清单并不排除其他可用的工具。

① 国防部细则 DoD4245.7-M《国防部评估技术风险指南》；

② 海军最佳惯例细则 NAVSOP-6071 对 4245.7-M 每个模板提出的补充意见和检查单；

③ 项目主任工作站（PMWS）软件，对某些风险评估员有用。项目主任工作站含有根据上述的模板细则和最佳惯例细则建立的风险评估模型；

④ 商业风险管理软件提供任选方案；

⑤ 政府风险管理软件，如来特公司为空军开发的风险矩阵，新的攻击型潜艇联网数据库都是极好的工具。

计划更新。如有必要，本风险管理计划应在下列时机更新：

① 采办策略发生变化或项目重点发生重大变化；

② 为重大决策点做准备；

③ 准备进行技术审核和审查以及该审核、审查刚刚结束；

④ 审查和更新项目其他计划；

⑤ 项目管理办公室准备某项呈文。

2. 风险识别与评估

风险评估过程包括辨识对项目可能产生不利影响的关键风险事件/过程并分析这些事件/过程以判定其发生概率/过程偏离及后果。风险评估是风险管理过程中一项最必要而又最耗时的活动。

（1）过程

1）辨识风险

辨识是风险评估过程的第一步。它的基本任务是搜寻整个 XYZ 项目，找出那些会妨碍项目实现其目标的关键事件。所有辨识出的风险都要记入风险管理信息系统，同时说明风险引发事件的条件和风险涉及范围。

风险可由产品综合组和参与项目工作的每个人辨识。相对于级别较高的产品综合组而言，级别较低的产品综合组可以更早地辨识重要情况，辨识关键区域内必须得到处理的事件以避免出现不良后果。同样，参与项目工作的个人一般都是从事具体的日常工作，涉及项目技术、费用和进度的方方面面，往往最了解有哪些潜在问题（风险）需要管理。

2）分析

分析过程包括：

① 确定工作分解结构单元；

② 利用风险区概念评价工作分解结构单元，找出风险事件；

③ 排出各个风险事件之间的相对次序。

风险分析要有一系列的支持手段，包括专题研究、试验结果、建模和仿真、权衡研究、资深专家的意见（包括对其判断的论证）以及其他可以接受的分析技术。评价人员应确定评估风险时所做的各种假设，适当时刻应对这些假设条件进行敏感性分析。

系统工程分析、风险评估和人力风险评估可以提供一些必须加以考虑的补充信息。其中包括环境影响、系统安全和健康分析以及安全保密问题。属于保密的项目在访问、设施和参观者控制等方面都可能遇到过难题，引入风险，因而必须加以考虑。

各项风险的分析工作由辨识该风险或指定负责该风险的产品综合组负责执行。这些产品综合组可以利用一些外部资源如外场单位，军兵种实验室和承包商进行协助。所有已辨识风险的分析结果均应记入风险管理信息系统。

（2）程序

1）评估——风险评估是一个反复迭代过程，每次评估成果都建立在前一次评估结果的基础之上。现行的基线评估是承包商在阶段 0 所做的风险评估，项目办公室在里程碑 I 之前所做的过程风险评估和签约后基线综合审查三者的结合。

对项目办公室而言，除非具体任务另有指示，否则项目级风险评估情况均应在各次项目审查会议上作介绍，并在下一次里程碑决策前 6 个月内进行最后更新。下一次评估的主要信息源是这一次评估的基线和已有的文件。诸如阶段 0 的研究结果，在阶段 0 建立的设计任务剖面，阶段 I 合同签订后立即进行基线综合审查。作为基线综合审查一部分的合同工作分解结构，项目主任工作站知识库中介绍的工业最佳惯例，使用要求文件，采办项目基线以及承包商的设计文件。

产品综合组应不断地评估其责任区域的风险，审查风险缓解活动和凡需评估进展情况的关键风险区，承包商的风险评估（结果）应按需要进行更新。

风险评估过程应有充分的灵活性，使外场单位、军兵种实验室和承包商可以凭借自身的判断去建立他们认为最能成功地辨识和分析所有风险区的程序。

2）辨识程序的各个步骤为：

步骤1：理解项目的要求和性能目标，后者规定为若干个门限值和目标值。描述使用条件（功能条件和环境条件）以及在这些条件下必须由有关设计文件实现的上述值。使用要求文件和采办项目基线包含关键性能参数。

步骤2：确定为设计、研制、生产和保障系统所需要的工程过程和制造过程，寻求这些过程的工业最佳惯例。

步骤3：确定（包括产品和过程）的合同工作分解结构单元。

步骤4：对照防务系统管理学院《风险管理指南》所示风险区/风险源，评价每个工作分解结构单元。

步骤5：判定每个风险事件的发生概率和后果。

步骤6：排出风险事件的顺序。

3）下面这些征兆可帮助产品综合组辨识和评估风险：

① 要求不够稳定、明确或不易理解。要求驱动着系统的设计，更改要求或陈述要求不明必然引入性能、费用和进度问题。

② 没有运用最佳惯例。不运用最佳惯例，项目肯定会遇到风险，承包商偏离最佳惯例越远，则风险越高。

③ 新过程，新过程总应受到怀疑。有的与设计、分析有关，有的与生产有关，在新过程得到确认之前、使用它的人积累经验能熟练掌握它之前，始终存在风险。

④ 过程不严密。过程不严密也应受到怀疑，因为它包含固有风险。一个严密的过程必须是成熟的形成了书面文件，并已得到承认，因而被严格遵循的过程。

⑤ 资源不足。人员、资金、进度和工具对成功执行过程必不可少，缺少其中任何一项如合格人员不足，都会有风险。

⑥ 试验失败。试验失败可能表示需要采取纠正措施，而有些纠正措施可能受到现有资源或进度安排方面（或有其他原因）的限制，也就包含着风险。

⑦ 合格供应商情况。未经历过具体产品的设计和生产过程的供应商不是合格的供应商，是一个风险源。

⑧ 负面趋势或预测。负面趋势和预测是事件（风险）的致因，可能需要采取专门措施。

有许多技术和手段可以辨识风险，其中有：

① 最佳判断。多学科成员组成的综合项目组的集体智慧和经验，有关专

家的意见，是辨识风险最通行的手段。

② 经验教训。从类似过程吸取的经验教训可为实现要求的成功方法提供一种借鉴。脱离了这个成功方法，就有可能出现风险。

③ 国防部细则 DoD4245.7-M《从研制向生产过渡》这份细则经常被称为"模板手册"。它可以帮助辨识风险区并以简洁的形式提出避免这些风险的建议。它注意的重点是产品设计、试验和生产的技术细节以帮助管理人员积极管理风险。细则还设章论述设施、后勤和管理问题，因而成为及早辨识 XYZ 项目各预期过程薄弱环节，采取必要措施避免出现不利后果的一种有效工具。

④ NAVSOP-6071 "最佳惯例细则" 是由海军编写的一本细则，是对 DoD4245.7-M "模板手册" 的进一步细化。

⑤ 项目关键属性。这是项目办公室为衡量项目进展情况是否达到目标而制定的一组指标。项目班子成员、各产品综合组、职能部门主任、承包商等都可为支持这些度量工作而制定各自的指标。这些属性可以成为规范的要求或合同的要求，也可成为其他某项协议书或任务书的度量参数。它的原意是提供一种度量手段，据以判断项目是否正沿着实现其目标的道路前进。

⑥《产品成功的方法和指标》。这是海军助理部长办公室（属海军产品综合局）出版的一本手册，书中指出在设计、试验和生产过程中，哪些区域最易出问题，用什么指标去度量这些过程的效果。书中还介绍了软件工具和项目主任工作站。

⑦ 项目主任工作站。项目主任工作站拥有风险管理软件，"技术风险辨识和风险缓解系统及知识库"。它们提供一种以 NAVSOP-6071 和 DoD4245.7-M 为依据的可供剪裁的管理系统。项目主任工作站提供一张 CD，其中有评估项目风险的必要程序和项目管理软件。

⑧ 新核潜艇联网风险数据库。该数据库是一种软件工具，可用来支持 XYZ 的风险管理过程。它可以帮助产品综合组辨识和评估风险以及管理风险处理工作。

⑨ 风险矩阵。风险矩阵是又一种可供项目管理办公室使用的自动化工具，是由来特公司开发的。它提供一种结构完备的途径，用于辨识风险，评估其对项目的潜在影响，对风险排序尤为有用。

⑩ 需求文件。需求文件描述工作的输出。产品综合组的工作需要得到持续监控，以确保按时按预算额度实现各项要求，否则，就会有风险。

⑪ 签订风险管理合同。签订风险管理合同有助于保证参与设计、试验和生产技术过程具体工作人员都能参与管理风险，理由是这些从事具体技术工作的人员一般最先了解什么时候会出现风险。

⑫ 质量标准，如 ISO 9000，ANSI/ASQC 9000、MIL-HDBK 9000 以及其他规定研制和生产优质产品过程的标准。以这些标准为依据，对照本项目的过程，可弄清哪些方面需要更改才可能避免风险。

⑬ 利用独立风险评估员。这种方法有助于确保所有风险都能得到辨识。这些人员知识渊博，经验丰富，与被审查的过程和程序的管理和执行无关。独立评估可以促进发现疑问，提出意见，这是使用其他方法所不及的。

4）分析

风险分析是对已辨识出的风险事件进行评价，确定可能出现的情况、关键过程对最佳惯例的偏离以及风险事件的发生概率和后果。这些信息一旦确定，就可以根据项目自身的准则确定风险事件的等级，即做出总体评估：属于低风险，中风险还是高风险。图 11-4 是风险分析的过程和程序。

等级	过程偏离/发生概率
a	最小/遥遥无期
b	小/不太可能
c	可接受/可能发生
d	大/很可能发生
e	重大/几乎肯定会发生

过程偏离指偏离了最佳惯例；
可能性/概率指风险事件

	1	2	3	4	5
a	Y	Y	R	R	R
b	G	Y	Y	R	R
c	G	Y	Y	R	R
d	G	G	G	Y	R
e	G	G	G	Y	Y

后果

风险等级
R 高风险。对费用、进度、性能有重大影响；需要采取重大行动，管理工作中要予以优先注意。
Y 中风险。有某种影响；可能需要采取专门措施；管理工作可能需要格外注意。
G 低风险。影响极小；需要进行一般监督，使风险始终保持为低风险。

等级	技术性能 和/或	进度 和/或	费用 和/或	对其他工作组的影响
1	影响极小或无影响	影响极小或无影响	影响极小或无影响	无
2	余量有些减小可以接受	需要另增资源要求完成日期不能满足	<5%	有一些影响
3	余量大大减小，可接受	离关键里程碑稍稍延误，要求完成日期不能满足	5%~7%	有中度影响
4	余量不再存在，可接受	离关键里程碑明显延误或关键路径受到影响	>7%~10%	有重大影响
5	不能接受	关键班子的任务完不成或项目的关键里程碑通不过	>10%	不能接受

图 11-4 项目 XYZ 风险评估过程

关键过程偏离：对每个已辨识出的过程风险事件，都必须确定其对已知标准或最佳惯例的偏离情况。如图 11-4 所示，XYZ 风险评估过程分 5 个等级

（$a \sim e$），其相应的判断标准分别为最小、小、可接受、大、重大，如没有偏离，就说明没有风险。

可能性/概率：对每个已辨识出的风险区，必须确定风险发生的可能性/概率。如图 11-4 所示，XYZ 风险评估过程分 5 个等级，其相应的判断标准分别为遥遥无期、不大可能发生、可能发生、很可能发生和几乎肯定会发生。如某个事件的发生概率为零，则按本计划的定义，没有风险。

后果：对每个已辨识出的风险区都必须回答下述问题，假设事件发生，后果将会怎样？如图 11-4 所示，后果分为 5 级（1-5）。后果是一个多侧面的问题。对本项目而言，在判定后果时，应对四个方面进行评价：技术性能、进度、费用及其他工作组。其中至少有一方面要作为有风险来考虑。如任何方面都没有不利影响，则说明没有风险。

技术性能。技术性能指后果表中其他三项指标均未包括的各项要求。每一级别的文字描述都面向设计过程、生产过程、寿命周期保障以及系统退役。例如"余量"可能表示设计过程中的重量余量，试验期间的安全余量，也可能表示生产期间的机械性能余量。

进度。后果表中进度栏内的文字描述与其他各栏内的一样，都表示通用的含义。之所以将后果等级无一遗漏地列出，是考虑它与各综合组的定义不一定协调。换言之，词组"要求完成日期""关键里程碑""关键路径""关键班子里程碑"的含义适用于所有产品综合组。

费用。由于费用会随组成部分和过程的不同而变化，图 11-4 所给的百分数标准可能不完全适用于较低级别的工作分解结构。因此负责这些较低级别的产品综合组领导人可另定百分数标准以准确反映其本身的情况，但当费用在较高级别（如项目级）累计时，则应采用下述定义：1 级，无变化；2 级，变化小于 5%；3 级，变化为 5% ~ 7%；4 级，变化为 7% ~ 10%；5 级，变化大于 10%。

对其他方面的影响。无论是风险后果还是为降低该风险而采取的缓解行动都会影响到其他方面。这可能要求额外的协调或管理工作，从而可能加大风险等级。这对通用技术过程尤其适合。

风险等级。概率和后果并非总是相当的。例如，某项后果很严重以致划归高风险，但其达到某一具体结果的概率却很低。过程偏离概率（$a \sim e$）和后果等级（$1 \sim 5$）确定后将其填入图 11-4 的评估指南部分，便可得出一个风险等级（低，中，高）。例如后果过程偏离概率等级 2b 对应低风险，3d 对应中风险，4c 级则对应高风险。得出风险等级后，应将风险事件与图 11-4 中相应的风险等级定义进行对照（如高 = 不能接受、重大中断等）。对照结果应两相吻合，如不吻合，则应考虑重新评价概率或后果的等级。那些经过评估而被认定为中风险高风险的事件需填入风险信息表，报 XYZ 风险管理协调员。

图 11-4 对向决策者传递信息十分有用，其主旨亦在于此。

3. 风险处理

（1）过程

项目的风险经过辨识和评估后，凡属重大风险均必须制定处理方法。基本的风险处理技术或方案有四种：避免、控制、转移和接受，对已辨识出的所有风险进行处理时，都应从可行性、预期效果、费用和进度要求以及对系统技术性能的影响几方面对各种处理技术进行评价，从中选出最适用者。对风险处理技术的评价和选择结果要填入风险信息表，纳入风险管理信息系统。记录时应写明必须做些什么处理工作，工作量有多大，需要什么器材，执行计划估计要多少费用，还要提出进度安排开始日期的建议，重要风险降低活动的时间阶段划分，完成日期以及它们与项目的重要活动/里程碑的关系，用于跟踪风险处理活动的指标建议，各项假定条件一览表以及负责实施和跟踪选定方案的人员姓名。

（2）程序

评估风险的产品综合组负责为项目主任评价和推荐最适合本项目情况的风险处理方案，得到批准后，即根据情况纳入项目的采办策略和管理计划。对每项选定的处理方案，责任产品综合组要提出其实施处理风险的具体任务。说明各项具体任务的内容，工作量和资源要求。同时也要提出完成各项活动的进度建议，内容包括的开始日期，重要风险降低活动的时间阶段划分，完成日期以及它们与项目重要活动/里程碑的相互关系，还要提出费用估算。说明风险处理方案时要列出规定处理任务时使用的所有假定条件，假定条件应记入风险信息表。推荐的风险处理活动所需要的资源超出合同范围或官方下达任务范围的应明确说明，可能受此影响的产品综合组、风险区或其他处理计划亦应列出。降低要求以避免风险的做法只能作为最后的手段，而且需要用户代表的参与和批准。

DoD4245.7-M 模板和 NAVSOP-6071 最佳惯例对确定设计—试验式制造过程方面风险的风险处理活动很有用。

4. 风险监控

（1）过程

风险监控是对风险处理活动执行情况有计划地实施跟踪和评价。它是项目管理办公室职责的一部分，不能成为一项独立的职能部门。实质上，风险监控是将计划活动的预期结果与实际达到的结果作比较以判定状况，确定是否需要改变风险处理活动。风险监控过程的效果如何取决于所制定的管理指标系统能否以明确易懂的形式提供准确、及时、关联性更大的风险信息。为监控项目状况而选用的指标必须准确反映风险事件和处理活动的真实情况。否则，这些风险指标就有可能造成问题，且不易觉察。

为确保重大风险得到有效监控，应使风险处理活动（包括具体事件、进度以及成败"判据"）在项目的综合计划和进度中得到反映。根据工作分解结构单元确定风险处理活动和事件可使风险处理活动和事件同具体工作包建立联系，更便于确定风险处理活动对费用、进度和性能的影响。对每个已辨识出的风险，其风险处理活动和事件的详细信息均应填入风险信息表，并纳入风险管理信息系统。

（2）程序

产品综合组工作好坏直接关系到风险监控的效果。它们处在第一线，可以掌握风险处理活动是否获得预期效果的各种迹象。各产品综合组负责监控并报告指定风险的风险处理活动的效果。整个 XYZ 项目的风险评估报告由 XYZ 风险管理协调员会同有关产品综合组共同编写。

监控风险处理活动效果的技术和手段有多种，产品综合组应保证从中选用最适合其需要的。没有一种技术或手段可以包治百病，必须将一些技术和手段结合起来使用，产品综合组要握有已辨识出的高排序风险的检查单。

中、高级风险应向 XYZ 风险管理协调员报告，该协调员亦利用相关产品综合组提供的信息跟踪这些风险，直至其成为"低"风险并建议"解除"为止。最初报告某项风险的产品综合组应始终负责报告该风险的状况，并保证数据库始终现行有效。就是说该产品综合组要负责实施该风险的处理计划，定期报告该风险的状况和处理计划的实施状况。风险要成为每次管理审查或设计审查的候审项目，也是所有有关人员提出最佳风险管理方法建议的机会。通报风险情况能提高项目的可信度，便于及早采取措施将不利后果降至最低程度。

风险管理过程是连续不断的。从监控过程获得的信息又反馈回来，帮助进行再评估并评价风险处理活动。如果某个风险区变为"低"风险区，则风险管理协调员应将其归入"历史文档"，XYZ 项目管理办公室对其不再跟踪。而所有低风险区的"拥有者"（承包者）仍须继续监控低风险，确保其始终处于"低"风险状态。

风险状况和风险处理活动的效果应向风险管理协调员报告。需报告的情况有：每季度一次；产品综合组认为风险区发生重大变化例如风险由高风险变为中风险，再由中风险变低风险或相反时；项目主任有要求时。

11.2 航天领域案例：航天器研制项目风险管理

由于航天器具有性能高、数量少、成本高、技术新、仿真难、天上运行等不同于一般项目的特点，整个项目寿命期可以说是充满各种风险。稍有不慎，轻则影响研制费用和进度，重则使整个任务失败，甚至造成人员伤亡。为了保证航天任务的成功，必须把风险降低到最低限度，力求不出或少出问题。国外从 20 世纪 60 年代初开始就在一些型号研制中开展风险管理，特别是"阿波罗计划"风险管理取得巨大成功。喷气推进实验室（JPL）在 1994年对"火星全球勘测者"制定了风险管理计划；1996 年在卡西尼土星探测器计划中分别对航天器、整个计划和地面系统制定了风险管理计划。1998 年对"火星勘测者"制定了风险管理计划。在这些管理计划中将风险管理基本分四个步骤，即风险计划制定、风险识别和描述、风险分析、风险的减轻和跟踪。信息的交流和文件编制工作则贯穿在整个过程中。此外，计划中还规定了风险管理中的职责问题。NASA 在 1998 年 4 月发布的 NASA 规程和指南《计划和项目管理过程与要求》中指出，计划或项目主管人员应将风险管理作为决策工具来保证在计划和技术上的成功。2002 年 4 月，NASA 又颁布了文件《风险管理规程和指南》，更详细地阐明了风险管理的基本过程以及风险管理计划制定和实施的基本要求。

目前，风险管理已被国外纳入各航天型号研制工作中，形成了一整套较系统的做法，在国外航天器研制中已成为一项重要的管理工作。我国最近几年越来越重视风险管理工作，但是尚未形成风险管理的规范。本案例试图总结我国多年的航天器工程研究与实践，论述航天器研制项目风险管理，包括对航天器研制中可能出现的风险进行分类和定义，如何建立风险管理组织，怎样进行风险识别和分析，如何应对各种风险，给出可供参考的项目管理案例。

11.2.1 航天器研制风险管理的基本概念

1. 航天器研制风险的定义与分类

（1）航天器研制风险的定义

航天器研制风险是一种不确定的事件或情况，这种事件或情况一旦发生，就会对航天器研制的目标产生某种影响。风险事件往往具有不确定性，但它发生后对研制的成本、进度、质量性能或规模的影响是肯定的。针对航天器研制，具有以下特征之一的事件即为风险事件：

1）未确定的技术状态；

2）新研制未经过飞行试验的设备；

3）影响研制进度、成本；

4）影响航天员安全或飞行任务成功。

（2）航天器研制风险的分类

风险分类方法多种多样，可以按来源、性质、领域、状态、影响范围、发生概率、损失程度、发生后果等各种方法进行分类。根据航天器研制实际，按照领域来分类比较容易进行管理，按照领域可以分为以下几大类：

1）技术风险（含新技术选择、技术指标风险、新设备或技术状态更改风险、设计缺陷、工艺缺陷、星船上危险源等）。

2）进度管理风险（不良的进度管理、强加任务周期、项目进度的压缩等）。

3）成本管理风险（成本计划粗放、成本控制不严）。忽略时间与成本的关联、滞后的经费支付、错误的成本预测、价格估算不准和通货膨胀等。

4）技术安全风险（研制过程中设施安全和人为操作错误导致不利的结果、管理不到位）。

5）组织风险（任务分工不合理、型号资源的冲突、元器件引进）。

6）外部风险（用户范围的变更、用户或大总体技术要求、外系统接口的变更、接口的变更、国家政策的变化等）。

2. 航天器研制风险管理的任务与内容

（1）风险管理的目标和任务

每个项目经理都理解风险是每个航天器研制所固有的，不可能消除所有的风险。无论怎么计划都不能克服所有风险。在以往的研制计划中往往缺少对潜在项目风险的认真考虑。项目风险事件典型地会对项目进度、成本和规模上的目标产生负面影响（具有正面影响的风险事件也存在，但是项目经理主要关心的往往是负面影响）。

研制队伍风险管理的任务是通过积极主动而系统地对项目风险进行全过程的识别、评估及监控，以达到将正面的计划最大化，将负面的影响最小化的目的。

航天器研制风险管理的一般目标为，使用风险管理方法，开展风险管理活动，使发射前影响进度、质量、成本目标的风险得到规避，残余风险大总体或用户可以接受，飞行出现故障时有有效的风险应对措施。

（2）风险管理的程序

风险管理贯穿型号研制的全过程，从风险管理专业来讲，主要的风险活动和程序如图11-5所示。

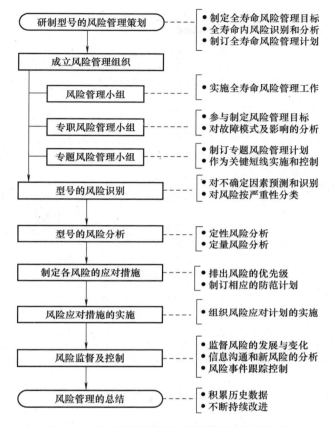

图 11-5　航天器研制项目风险管理活动及程序

在型号研制周期较长时，立项后要成立风险管理组织，进行项目全寿命的风险识别和分析，制定粗线条的应对措施。在研制的每一阶段还要制定阶段管理目标，修订管理组织，详细识别分析阶段风险，制定应对措施，进行风险监控，阶段结束进行阶段总结。在项目结束后进行全面总结。

型号研制各阶段风险管理的主要内容对应于航天器研制全过程的各个阶段：方案论证、方案设计、初样阶段、正样阶段、发射阶段、发射和天上运行阶段、收尾阶段。各研制阶段风险管理主要开展的工作如表 11-1 所示。

表 11-1　航天器研制各阶段风险管理主要内容

序号	阶　段	主　要　内　容	备注
1	论证阶段	列举研制过程中可能出现的进度、技术、成本、人员、物资保障和外部风险等并进行分析，论证解决的可行性（技术、进度、成本、组织或人员），找出解决各种风险的途径	

（续）

序号	阶　段	主　要　内　容	备注
2	方案阶段	通过分析不同方案的风险来优选确定技术方案。制定全寿命风险管理目标，成立风险管理组织，识别全寿命周期内各种风险，提出应对措施，形成全寿命的风险管理计划，作为指导型号全寿命周期风险管理的依据性文件	
3	初样阶段	在技术上主要是进行各种验证性试验，以降低正样生产和发射飞行阶段的风险。在进度和成本上要跟踪和监测进展数据，进行绩效测量，利用挣值分析找出进度和成本上的问题，采取一定的纠偏措施，降低风险	
4	正样阶段	进一步识别风险，特别是要定期和定环节利用挣值分析法对成本和进度进行分析，识别出影响进度和成本的风险，采取有效措施，降低风险。在技术风险上，重点是在生产中落实方案阶段和初样阶段已经提出的降低风险的措施，详细制定发射和运行阶段的风险（故障）预案。出现风险时，采取措施进行处理。出现质量问题时，严格做好归零，研制过程中严格控制技术状态的变化	
5	发射和天上运行阶段	主要进行星船上数据的监测和分析，出现故障，按照规定程序和预案进行处理	
6	收尾阶段	要对风险管理进行全面的总结，包括取得的经验和教训，为以后本系列研制队伍持续改进奠定基础，也为其他型号的风险管理提供借鉴	

11.2.2　航天器风险管理组织的设置与职责

为系统有效地开展风险管理工作，根据型号进展情况，择机成立柔性的专门风险管理组织。此组织成立得越早越有利于型号风险管理。一般应在论证和方案阶段就初步组建，项目立项后正式纳入研制体系，研制过程中随着两师（总师、总指挥）的系统调整和任务的深入，逐步调整完善。

1. 风险管理组织的职责

（1）制定风险事件的定义，制定风险事件评分和解释办法；

（2）对输入信息进行整理和分析，召集风险事件相关负责人进行讨论，对各种事件进行风险事件定性判断，确定风险等级，对有关风险事件进行定量分析；

（3）对达到风险等级的事件确立风险应对措施并进行书面报告，列入项目研制计划或更改项目研制计划；

（4）对风险进行监督和控制。

2. 风险管理组织的组成

风险管理小组一般要设组长 1 名、副组长 2 名，吸收型号项目计划经理、产品保证经理、物资经理、合同经理、总体主任设计师、风险分析员、可靠性安全性工程师等作为成员，分别负责各自领域的风险管理。风险管理小组接受型号总设计师、型号总指挥的领导。

11.2.3 航天器风险识别方法

1. 风险的特点

（1）航天器研制项目的风险具有不确定性，每个风险事件的发生都是偶然的；

（2）航天器研制和发射具有高发生概率性；

（3）风险的发生具有渐进性和阶段性等统计规律；

（4）绝大部分航天器研制风险具有可控性，能够规避、化解；

（5）随着项目的进展，风险概率渐少，处理风险的成本渐高。

风险事件随研制进程的变化如图 11-6 所示，航天器研制各阶段容易出现的典型的风险事件如表 11-2 所示。

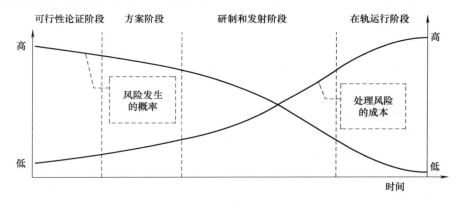

图 11-6　研制过程风险事件变化规律

表 11-2　航天器研制各阶段的典型风险事件

序号	阶　　段	典型风险事件
1	可行性论证阶段	对用户需求界定不清 缺少相应的专家 缺少管理层的支持 政治影响 竞争对手的活动
2	方案阶段	没有风险管理计划 拙劣的时间和成本估计 项目队伍没有经验 职能界定不清 关键技术攻关

（续）

序号	阶　段	典型风险事件
3	研制和发射阶段	队伍技术和管理成熟度不足 元器件和单机的采购不满足进度 技术状态的变更 多项目型号冲突 不良的项目管理 技术安全管理不到位 质量预防不足 经费不到位 子承包商的违约
4	在轨运行和回收阶段	功能性失效事件的发生 在轨运行技术支持不足 故障预案不足 用户不能接受成果

2. 风险识别的有效方法

风险识别的方法多种多样，根据作者的经验，在目前的航天研制管理环境下，航天器研制风险识别常用的有效方法有以下几种。

（1）假设条件分析法

我们在做项目计划，特别是策划进度管理计划时，往往对一些尚未完全确定的前提输入条件进行假设，对这些假定进行分析是风险识别的重要途径。

（2）WBS 或计划流程图核检法

依据型号研制相应层次、相应阶段的 WBS 和计划流程图，识别每一项任务在人员、技术、管理、资金、合同、物资、外协、组织保障等方面，是否存在进度、质量、成本等风险，填写风险识别单，汇总形成项目风险清单。这种方法系统性强、结构化程度高，对于识别项目的系统风险和各种风险要素是非常有用的。

（3）专家面谈或会议法

在型号技术和管理各专业上具有丰富知识和实践经验的专家，能够提出型号研制的风险，客观地评估其可能性和严重性。项目风险管理小组可以通过与专家的面谈或会议，从而完成风险的识别。

（4）情景分析法

通过对项目未来的某个状态或某种情况（情景）的详细描述并分析描绘情景中的风险与风险要素，从而识别风险。一般是先给出项目情景描述，然后变动项目某个要素，再分析变动后项目情况变化和可能的风险与风险后果。对分析和识别风险后果、影响范围以及研究某些关键因素对项目风险的影响特别有用。

11.2.4　航天器风险分析方法

1. 定性分析

使用定性术语将识别出的风险的概率及其后果描述为高、中、低三档。风险概率是指某一风险发生的可能性。风险后果是指某一风险事件发生对项目目标产生的影响。对每一项风险综合考虑概率和影响，给出定性评估结果。

2. 定量分析

不同的风险对项目的影响是不同的，可以通过计算风险重要值来衡量风险的重要性。

有三个因素决定风险重要值，一是风险发生的概率；二是风险如果发生对项目影响的严重程度；三是是否可以在风险发生之前监测到它。这种风险管理方法源于一种名为失效模式分析（Failure Mode Effect Analysis，FMEA）的设计原则。在设计一种产品时，设计师要明确各个部分可能出现的各种失败，以及这种失败的严重性有多大，是否可以进行监测。

航天器研制的风险严重度一般可以分为 5 级，具体可以按照表 11-3 进行赋值。发生的概率一般分为 5 级，详细参照表 11-4。

表 11-3　风险影响严重程度分值表

影　　响	进　　度	成　　本	技 术 指 标	质　　量	取值
灾难的（极高）	整体进度拖延大于 20%	成本增加大于 20%	技术指标超标不能发射	不能发射或飞行失败	5
危险的（高）	整体进度拖延 10%～20%	成本增加介于 10%～20%	技术指标的超标不被大总体接收	质量的降低不被大总体批准	4
重大的（中）	整体进度拖延 5%～10%	成本增加介于 5%～10%	技术指标的主要部分受到影响	质量的降低需要得到大总体批准	3
显著的（低）	进度拖延小于 5%	成本增加小于％%	技术指标的次要部分受到影响	只有某些非常苛求的工作受到影响	2
可忽略的（极低）	不明显的进度拖延	不明显的成本增加	技术指标减少几乎察觉不到	质量等级降低几乎察觉不到	1

表 11-4 风险发生概率的取值表

发生的可能性	可能的发生率	排序和取值
极高	肯定发生，1 个项目可能发生 1 次以上	5
高	经常发生，10 个项目发生 1 次	4
中等	有时发生，100 个项目发生 1 次	3
低	很少发生，1 000 个项目发生 1 次	2
极低	几乎不可能发生，10 000 个以上项目发生 1 次	1

能否监测到的问题，在航天器的研制中，很难进行量化，可以分为可监测和不可监测两种情况。

航天器研制项目对进度、成本影响的风险使用矩阵分析法，概率用 5/4/3/2/1 分别代表极高/高/中/低/极低概率，用 5/4/3/2/1 分别代表极高/高/中/低/极低等级，建立概率 – 影响（P – I）矩阵。矩阵表见表 11-5 所示。

表 11-5 概率-影响矩阵表

一个具体风险的风险值					
概率	风险值 = 概率（P）×影响（I）				
5	5	10	15	20	25
4	4	8	12	16	20
3	3	6	9	12	15
2	2	4	6	8	10
1	1	2	3	4	5
	1	2	3	4	5
	对某一项目目标（如成本、时间）的影响（比值）				

注：每一风险的值是根据其发生的概率和它如果发生将会产生的影响来计算的。

经过分析，可以形成风险事件分析表和风险事件汇总表。对应不同的风险指数的风险，建议采取表 11-6 给出的措施。

表 11-6 对各级风险事件的措施建议

风险指数	风险大小	建议措施
R≥20	极高风险	不可接受的风险：执行新的过程或更改基线，寻求上级关注，制订管理计划
15≤R<20	高风险	同上
10≤R<15	中风险	不可接受的风险：积极管理，考虑变更过程和基线，寻求上级关注，制订管理计划
4<R<10	低风险	可接受风险：控制、监测，要求有关工作包执行者的注意
R≤4	极低风险	可接受风险：控制、监测，要求有关工作包执行者的注意

作为一条总的原则，对任何严重程度在 4 ~ 5 之间的风险，你都应当采取措施加以管理。尤其是当这种风险的可能性较低时，更应当注意。人们总是

容易忽略那些他们认为可能性很小的风险。

挑战者号航天飞机灾难就是一个很好的例子。事件发生之前，发射小组中的许多成员都认为 O 型密封圈失败的可能性极小。也许确实是这样，但是，这个失败的严重程度却是 5 分，毕竟那次爆炸夺去了机上全部宇航员的生命。如果发射小组当时考虑到风险的严重性，并遵循这一原则，他们也许就会推迟发射，等待温度升高一些。

当一个团队在压力下工作时，就特别容易忽视风险，就像挑战者航天飞机例子一样。当时，有一名航天员（克里斯塔·麦考利夫）本来是准备从太空向国会发表演说的。这是一个很大的政治事件，所以整个小组都能感受到按时发射的强大压力。

11.2.5　航天器风险监督和控制方法

1. 建立关键项目监控表

对关键风险项目及风险项目造成的影响建立跟踪控制表，包括风险控制责任单位和责任人、风险诱因和后果、风险严重度和发生概率、综合值、风险种类、控制方案和验证手段、控制目标（严重度、概率、综合值）、控制过程记录、风险控制结果等内容的表格，并进行周期性动态评估，对风险项目进行适应性的增加、删除、修改。

2. 制定应对措施

侧重于某一项风险项目中某些因素发生导致的应急情况，制定应对措施。

3. 建立风险报告制度

在研制过程中风险发生时，低风险报风险管理小组决策，中高风险由风险管理小组报领导和用户决策。

4. 进行风险处置

在研制过程中，风险发生时根据应对措施进行风险控制，未预见的风险由风险管理小组临时决策处理，高风险报上级领导和用户决策。

5. 风险监控成果的处理

消除风险事件采取的未事先计划到的应对措施，有效记录，并融入项目风险应对计划中；实施应对计划导致的变化形成项目变更需求。

11.2.6　神舟 × 号飞船的风险管理措施

在神舟飞船的研制中，项目队伍成立了风险管理组织，对风险事件进行了识别和分析，进行了风险排序，制定了风险管理措施，研制过程中对风险进行监控和处理。表 11-7 给出了神舟 × 号的风险分析和风险应对措施。

表 11-7　神舟×号风险分析、排序及措施

序号	风险类别	风险事件	内　　容	风 险 分 析	排序	应 对 措 施
1	技术指标风险	重量指标超标	减重措施不能充分实施，整船超过8吨	重量指标影响为"高"4，概率为极高5，风险值为20	2	制订专题计划，实施减重方案，制定和执行严格的重量控制方法，最终重量指标在超标一定范围内，请求大总体接受
2		着陆冲击环境满足不了航天员医学要求	力学环境需要进行大量的试验、改进，导致进度推迟和资源投入增大	影响为中3，概率为高5，风险值为12，综合为中风险	5	列为关键短线项目，制订专题计划
3	质量问题风险	历史故障归零	历史质量问题，用户决心在出厂彻底解决。将影响进度和成本	影响为高4，概率为高4，风险值为16，综合为高风险	3	对历史问题归零风险，成立专题小组，作为关键短线项目进行控制，通过充分的地面试验，严格归零后生产上天产品
4		载荷与飞船接口	目前载荷与飞船的接口设计还后确定还要进行试验确定，影响飞船的状态确定	影响为非常高5，概率为极高高5，综合为高风险为25	1	确定和验证风险，为系统外带来的风险，对目标进度和成本转移到外系统
5	新研制设备和技术状态变化风险	新结构设计生产	因具有一定程度的更改，试验后如果出现反复，将严重影响进度和成本	影响为非常高5，概率为低1，综合为低风险为5	8	列为短线项目，设计进行严格的设计评审和力学分析，制订专题计划
6		新设备研制	新设备研制项目，可能严重影响进度和成本	影响为中3，概率为高4，风险值为12，综合为中风险	6	列为关键短线项目，成立专题小组管理，吃透技术，加强合作

（续）

序号	风险类别	风险事件	内　容	风险分析	排序	应对措施
7	新研制设备和技术状态变化风险	新器件的引进	器件新选用的品种，没有储备，重新进口元器件订货情况，采取调拨、代购、调剂、替换等各种手段保证整船进度不受影响	影响为高 4，概率为高 4，综合为高风险，风险值为 16	4	再一次清理新增品种进口元器件订货情况，采取调拨、代购、调剂、替换等各种手段保证整船进度不受影响
8	操作风险（技术不安全风险）	操作或使用设备不当造成人员伤害	研制试验的技术与转运，包括产品吊装、总装、供配电与接地、电性能测试、火工品安装、液体推进剂加注、高压气体加注，及辐射源安装	影响为高 4，概率为低 1，综合为极低风险，风险值为 4	10	制定安全控制点，提出安全控制措施，并落实到人
9	船上危险源风险	船上危险源危害航天员，影响航天任务完成	船上危险源，为影响航天员的风险	其中的关键项目影响为高 4和极高 5，概率为极低 1，综合为关键项目都为极低风险为 4 和 5。非关键项目都为极低风险	9	对船上危险源风险，根据风险等级确定关键项目清单，制定措施降低风险，严格执行、检查落实
10	项目管理风险	不良的项目管理目标影响完成	不良的进度控制、成本控制、质量管理、物资管理、人员管理、沟通管理等将引起进度的拖延、质量不足、成本超支等风险	影响为中 3，概率为高 4，综合为低风险，风险值为 12	7	对不良项目管理风险，制订规范的项目管理计划，在实施中严格实施，对项目管理的各项指标的关键环节及时进行动态评估，采取纠偏措施，确保每项的拖延不影响整体目标的实现
11	组织风险	组织原因造成资源冲突或经费投入不足等	由于型号繁多，在总装、试验人员和设备上可能与其他型号发生冲突，在经费上也可能投入不足	影响为中 3，概率为极低 1，综合为极低风险，风险值为 3	11	先在院和总体部综合计划中进行平衡，项目进展过程中保持综合部门和其他型号项目办的沟通，在资源无法满足时，请求组织和用户接受

11.3　航空领域案例

11.3.1　案例 1：航空新产品开发的风险管理

本案例系统介绍某一航空新产品的甲方风险管理过程案例。

某公司开发一航空型号产品，是国家的指令性项目。在项目论证时，就一致认为该产品开发的制约关键是 A 型探测舱。项目团队确定，对 A 型探测舱进行重点风险管理。下面是在航空产品开发初始阶段，对 A 型探测舱的风险管理过程。

项目背景：航空产品型号项目是一个复杂的系统工程，整个项目既是一个整体，又相互交叉、互相影响，涉及国防高科技领域、技术创新能力、国内相关技术的水平、科研试验能力、国内工业水平、项目管理水平、生产制造能力和水平，同时还包括国际环境等方方面面的影响。A 型探测舱是该项目的探测系统，也是关键部件，但预研基础薄弱，国内材料不达标，技术能力不强，经验缺乏。项目总目标是 3 年航空型号产品设计定型，2 年内 A 探测舱达到鉴定状态。

1. 风险规划

风险规划就是制定风险规避策略以及具体实施和手段的过程。这个阶段要考虑两个问题：一是风险管理策略本身是否正确、可行；二是实施风险管理策略的手段和措施是否符合项目总目标。

项目班子经过论证分析，在现有的条件下，制订了风险管理规划，主要有以下内容：

（1）风险管理目标。围绕实现项目总目标，提出 A 型探测舱风险管理目标。

（2）风险管理组织。成立以 A 型探测舱总师为负责人和 A 型探测舱研制相关单位人员组成的风险管理团队，指定专人进行风险管理。

（3）风险管理计划。

1）A 型探测舱研制风险等级为 1 级，风险度为 Ⅱ 级。

2）考虑该舱段的重要性，研制方案有三种同时展开，视发展情况确定最终方案。三种方案是：引进整舱段使用；对外技术合作开发；引进关键器件自研。开发成功后，最终都要转入自行生产。

3）确定三种方案的经费、时间、技术指标和质量的目标。

4）初步制定风险管理的 WBS。

（4）风险管理方法。识别阶段主要用专家调查法和头脑风暴法，量化阶段统一打分标度，评价计算用层次分析法，应对策略具体情况具体对待，监控每 2 个月为一个循环，阶段性里程碑也进行重新评估。

（5）风险管理要求。实行目标管理负责制；制定风险管理奖机制；制定风险管理的日常制度。

2. 风险识别

A 型探测舱在开发初期，从顶层角度用专家调查法和头脑风暴法得出两级 WBS 基本情况如下：

一级因子分 6 大类，主要风险为：引进风险，研制风险，制造风险，进度风险，经费风险和不可预测风险，具体如表 11-8 所示。

表 11-8　各类风险因子

一级风险因子	二级风险因子
引进风险（4 项）	立项风险
	考察风险
	签约风险
	合同执行风险
研制风险（9 项）	战技指标的可达性风险
	技术难点风险
	系统复杂程度风险
	团队风险
	科研保障能力风险
	重大试验风险
	系统研制跨部门跨行业管理风险
	引进技术及关键器件的风险
	配套成品研制风险
制造风险（6 项）	技术改造风险
	生产制造能力风险
	质量保障体系的风险
	系统生产跨部门跨行业管理风险
	引进关键器件的风险
	配套产品风险
进度风险（6 项）	单项进度计划的风险
	达到项目群目标的风险
	研制进度风险
	制造进度风险

（续）

一级风险因子	二级风险因子
经费风险（6 项）	项目经费的满足度的风险
	研制经费风险
	制造经费风险
	研制条件保障经费风险
	制造技术改造经费风险
	项目经费使用状况的风险
不可预见风险（6 项）	研制阶段的不可预测风险
	制造阶段的不可预测风险
	发生空中飞行事故和颠覆性事故的风险
	其他不可预见风险

3. 风险估计

用主观概率法确定 A 型探测舱计量标度，结果如表 11-9 所示。

表 11-9　风险评级打分

风 险 评 级	打　　分	说　　明
极高	91 ~ 100	极有可能出问题，风险极大
很高	81 ~ 90	很有可能出问题，风险很大
高	71 ~ 80	有可能出问题，风险较大
较高	61 ~ 70	出问题可能性较小，有风险
一般	36 ~ 60	不会出大问题，风险较小
低	21 ~ 35	不会出问题，基本无风险
很低	0 ~ 20	即将使用的系统，无风险

打分原则采用主观评价法。考虑到 A 型探测舱的复杂性和项目管理及研制程序的多样性，在确定概率时，分别采取了：①小中取大原则，又叫悲观原则；②大中取大原则，又叫乐观原则；③遗憾原则，又叫最小后悔原则；④最大数学期望值原则；⑤完全情报的价值；⑥不完全情报的价值。

4. 风险评价

风险评价包括项目所有阶段的整体风险，各风险之间的相互影响、相互作用以及其对项目的总体影响和项目主体对风险的承受能力。

层次分析法（AHP），是系统工程中对非定量事件做定量分析的一种简便方法，也是对人们的主观判断作客观分析的一种有效方法。它具有简单、易操作和判断结果客观等优点，A 型探测舱采用 AHP 方法的计算过程：

（1）通过专家打分，得到一级风险因子的判断矩阵，如表 11-10 所示。

表 11-10 一级风险因子判断矩阵

	引进风险	研制风险	制造风险	进度风险	经费风险	不可预见风险
引进风险	1	0.33	0.5	0.33	1	1
研制风险	3	1	2	1	2	3
制造风险	2	0.5	1	1	2	2
进度风险	3	1	1	1	2	3
经费风险	1	0.5	0.5	0.5	1	1
不可预见风险	1	0.3	0.5	0.33	1	1

（2）按工程方法求得一级风险因子的权重，如表 11-11 所示。

表 11-11 一级风险因子的权重

一级因子	$M_i = \prod_{j=1}^{6} U_{ij}(i,j = 1,2,\cdots,6)$	$\overline{W} = \sqrt[6]{M_j}$	权重
引进总风险	0.055 544	0.617 694	0.093 049
研制总风险	36	1.817 121	0.273 728
制造总风险	4	1.259 921	0.189 793
进度总风险	18	1.618 87	0.243 864
经费总风险	0.125	0.707 107	0.106 518
不可预测风险	0.055 544	0.617 694	0.093 049

（3）用同样的方法求得一级因子下的二级因子的权重，并计算相应一级因子的加权分值，如引进风险的总分值为

$$\overline{R}_{引进} = \sum_{i=1}^{n} WiRi,(i = 1,2,\cdots,n) \tag{11-1}$$

（4）用一级因子的权值和分值，得到 A 型探测舱的综合评判分值如表 11-12 所示。

$$\overline{R}_{总} = \sum_{i=1}^{n} W_i R_i = W_1 R_1 + W_2 R_2 + W_3 R_3 + W_4 R_4 + W_5 R_5 + W_6 R_6$$

A 型探测能的综合评判分值 $\overline{R}_{总}$ 为 86.594，属于高风险。

表 11-12 综合评判分值

一级因子	i	分值 W_j	权值 R_j
引进总风险	1	66.75	0.093 049
研制总风险	2	86.65	0.273 728
制造总风险	3	85	0.189 793
进度总风险	4	95.7	0.243 864
经费总风险	5	82.5	0.106 518
不可预测风险	6	90.35	0.093 049

5. 风险应对

规避风险，可以从改变风险后果的性质、风险发生的概率和风险后果大小这三个方面提出多种策略。A 型探测舱我们主要采取减轻风险、预防风险、转移风险、回避、接受、后备措施等策略。

A 型探测舱中一般项目的各二级风险因子，可以使用的策略或策略组合如表 11-13 所示。

综合对 A 型探测舱的风险控制策略的分析，可以提出相应的决策建议。

表 11-13　应对二级风险因子的策略和策略组合

风 险 要 素	减轻风险	预防风险	转移风险	回避风险	接受风险	后备措施
立项风险	√	√			√	√
考察风险	√	√			√	√
签约风险	√	√		√		√
合同执行风险	√	√	√		√	√
战技指标的可达性风险	√	√	√		√	√
技术难点风险	√	√	√		√	√
系统复杂程度风险	√	√	√		√	√
团队班子的水平能力风险	√	√	√		√	√
科研保障能力风险	√	√	√			√
重大试验风险	√	√	√		√	√
系统研制跨部门跨行业管理风险	√	√	√		√	√
引进技术及关键器件的风险	√	√	√	√		√
配套成品研制风险	√	√	√		√	√
技术改造风险	√	√	√			√
生产制造能力风险	√	√				√
质量保障体系的风险	√	√				√
系统生产跨部门跨行业管理风险	√	√				√
引进关键器件的风险	√	√	√	√	√	√
配套产品风险	√	√	√		√	√
完成规定的进度计划的风险	√	√	√		√	√
达到总目标的风险	√	√	√		√	√
研制进度风险	√	√	√		√	√
制造进度风险	√	√	√		√	√
项目经费的满足度风险	√	√			√	√
研制经费风险	√	√			√	√
制造经费风险	√	√			√	√
研制条件保障经费风险	√	√			√	√

（续）

风 险 要 素	减轻风险	预防风险	转移风险	回避风险	接受风险	后备措施
制造技术改造经费风险	√	√			√	√
项目经费使用状况的风险	√	√				
研制阶段的不可预测风险	√	√	√		√	√
制造阶段的不可预测风险	√	√	√	√	√	√
飞行和颠覆性事故	√	√		√	√	√

（1）从项目总风险看，对打分在 85 分以上的风险较大、不能按时完全实现目标的因子，应采取特别措施，进行综合评估，实事求是地按规律办事，该调整的要调整，该降指标的要降指标，管理问题大的要下决心解决；对打分在 61～84 分风险一般、经过努力基本可以达到目标的因子，应该认真分析，查找原因，制定措施，努力降低风险，力求按时完成任务；对 60 分以下的风险较小、可以达到目标的因子，要加强跟踪检查，及时发现和解决出现的问题，确保完成任务。

（2）从 6 大类项目风险评价看，引进类要特别关注签约因子；研制类要特别关注技术难点因子；制造类要特别关注质量因子；经费类要特别关注使用状况因子；进度类要特别关注达到总目标的因子；不可预见类要特别关注发生颠覆性事故的因子。

（3）从 6 大类项目风险相互关系看，一是要特别重视研制风险类的项目，因为研制风险大，必然带来制造、经费和进度风险的加大；二是要注意项目的经费风险，计划上要加强控制，合理分配，必要时必须申请追加经费；三是要关注重点风险因子，抓住了这些风险因素，就抓住了重点。

6. 风险监控

风险监控是项目实施过程中的一项重要工作。监控风险实际是监控项目的进展和项目环境，即项目情况的变化。一般说来，风险的不确定性会随着时间的推移而减小。随着项目的进展和时间的推移，有关项目风险本身的信息和资料会越来越多，对风险的把握和认识也会变得越来越清楚。

A 型探测舱的风险监控，利用管理体系和明确的报告制度，建立有效的风险监控机制，并且，随着型号项目的深入，项目的风险管理越来越显得必要。A 型探测舱的风险管理，经过几轮的实践，坚持不懈地跟踪项目的进展情况，重视风险的监视和反馈；同时，还对风险管理提供组织和制度的保证，在项目风险管理的相关单位中，从上到下层层建立风险管理机制，逐步形成风险管理体系，项目风险因子也不断完善，确保了项目的顺利实施。

A 型探测舱最终用了一年零八个月提前实现了项目总目标。

11.3.2 案例 2：某型民用飞机技术成熟度评价

本案例以某型民用飞机在立项论证阶段的技术成熟度评价为案例进行介绍，主要侧重于评价流程和评价结果的介绍，其中所提供的飞机编号、数据等均为示意性内容，不具针对性和代表性。

1. 项目概况

某型民用飞机（以下简称 C-7101）是客货两用的多用途飞机研制项目，总体性能达到当前国际同类飞机的水平，旨在满足客货运输、抢险救灾等实际需求。其主要技术指标如表 11-14 所示。

表 11-14　C-7101 飞机主要技术指标

项　　　目	指　　　标
最大起飞重量	45 000 千克
使用空重	28 900 千克
最大平飞速度	650 千米/小时
最小平飞速度	260 千米/小时
经济巡航速度（9 500 米）	520 千米/小时
使用升限	10 000 米
最大航程	50 000 千米
最大载荷量	14 000 千克
机体结构寿命	20 000 飞行小时/30 000 起落/20 日历年
出勤可靠度	96%
翻修间隔时间	5 000 飞行小时

2. 识别关键技术元素

（1）构建技术分解结构。C-7101 的 TBS 共分为 5 层，其中第一层为 C-7101 飞机；第二层包括总体技术、结构系统、飞控系统、动力系统、航电系统、环控系统、任务系统等 11 项；第三层包括气功外形布局技术、防雷击与电磁防护技术、T 型尾翼结构、起落架、飞行操纵系统、发动机等 52 项；第四层包括系统电磁兼容性技术、收放机构技术、钢索张力调节技术、搜索子系统等 110 项；第五层包括 ××控制技术等 232 项。具体如图 11-7 所示。

（2）技术单元分析。针对 TBS 中的每个技术单元，逐项进行分析，根据技术描述，结合 CTE 识别的重要性和新颖性原则，梳理出初始的关键技术元素（CTE，Critical Technology Element）候选清单。

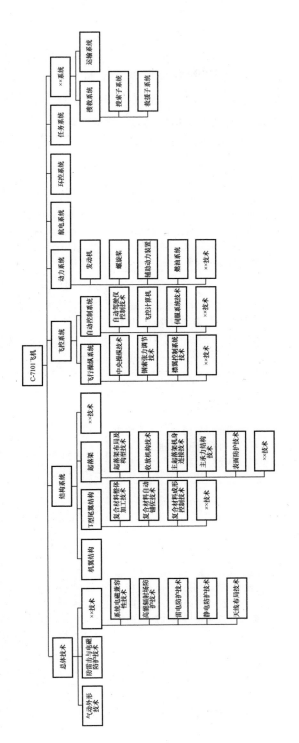

图 11-7　C-7101 飞机技术分解结构（TBS）示意

下面以结构系统为例进行说明。结构系统技术要素共 62 个子项，根据识别 CTE 的原则与方法，逐一对其进行分析，分析结果如表 11-15 所示。其中，新型复合材料整体加筋壁板、复合材料变形控制技术等被列为 CTE 候选项，其他为非 CTE。

表 11-15　结构系统中的主要技术元素分析

序号	名　　称	技术简要描述	综 合 分 析
2	结构系统		
2.1	结构综合技术		
2.1.1	抗鸟撞结构技术	通过飞机结构部件（主要包括驾驶舱前风挡、机翼前缘和尾翼前缘）强度设计和结构保护措施，保证飞机在经受飞鸟或其他离散源撞击后仍可安全飞行	非 CTE 选项 理由：该项技术已在国内多个型号得到应用，相关结构研制时将与具有研制经验（某大型民用飞机等）的单位合作
2.1.2	风挡密封结构技术	在保证基本结构布置的基础上，实现飞机的结构密封要求，以保证总体技术要求的密封指标	非 CTE 选项 理由：①属于常规飞机结构设计技术，国内有比较成熟的技术及经验； ②可借鉴某大型民用飞机设计经验
2.1.3	（略）		
2.2	机身		
2.2.1	舱门	设计满足适航及功能要求的诸多舱门：外侧有 4 个侧舱门、4 个顶部应急出口	非 CTE 选项 理由：拟采用与具有相关经验（某大型民用飞机）的厂家联合设计的形式进行设计
2.2.2	（略）		
2.3	（略）		
2.5	T 型尾翼复合材料结构技术		
2.5.1	新型复合材料整体加筋壁板	运用复合材料整体化设计概念和自动化铺设制造技术，采用 U 型、T 型或 Z 型组合，将盒段和舵面的蒙皮与长桁设计制造为整体壁板	CTE 选项 理由：该技术运用于飞机的主承力结构，直接影响 C-7101 飞机的安全性能及研发进度。该技术首次运用于国内民用飞机
2.5.2	复合材料接头	垂尾与机身的连接以及平尾与垂尾的连接，主要传力接头都直接设计在蒙皮板件上，传力效率高；多接头破损安全设计	CTE 选项 理由：该技术运用于飞机的主传力接头，直接影响 C-7101 飞机的安全性能。该技术首次运用于国内民用飞机

（续）

序号	名　称	技术简要描述	综 合 分 析
2.5.3	（略）		
2.6	大型两用起落架技术		
2.6.1	飞机布局重心优化设计技术	飞机布局重心对起落架的要求是防倒立角、防侧翻角满足设计要求。防倒立是保证飞机在地面停放和运动时都是稳定的。防侧翻是保证飞机滑行时急剧转弯不致于翻倒危及飞机安全	CTE 选项 理由： ①飞机布局重心直接关系到飞机的侧翻安全性； ②总体技术指标中起落架的要求高于以往任何型号，技术风险较大
2.6.2	（略）		

经过初步筛选，共筛选出 T 型尾翼复合材料技术、大型两用起落架技术等 12 项初选 CTE，经过专家评审、协调、确定出 T 型尾翼复合材料技术等 7 项技术作为最终的 CTE 清单，如表 11-16 所示。

表 11-16　C-7101 飞机最终的 CTE 清单

编号	CTE 名称	CTE 简要描述	入选理由综述
1	T 型尾翼复合材料结构技术	T 型尾翼复合材料结构技术主要用于 C-7101 飞机尾翼结构（减重 10%），改善全机重量重心分布和尾翼疲劳性能，提高 T 尾颤振性能。该技术主要包括复合材料加筋整体壁板、复合材料结构防雷击技术、复合材料自动铺设技术、复合材料成型变形控制技术等几个方面	重要性： T 型尾翼复合材料结构技术能够使尾翼结构满足总体重量指标要求。该技术涵盖了复合材料在 C-7101 飞机应用的主要技术难点，其成熟度将对型号研制周期以及飞机性能带来很大影响 新颖性： T 型尾翼复合材料在世界范围内首次应用于民用飞机。该技术具有国际先进性，是 C-7101 飞机的重大技术难点
2	大型两用起落架技术	大型两用起落架是 C-7101 飞机能够实现陆地起飞、降落，以及在自身动力作用下实现多用途的关键系统 满足一般陆上飞机所要求的起飞、着陆、地面滑跑、地面机动等要求；能在规定坡度的跑道上依靠自身动力安全滑行；保证飞机在地面运动时有良好的稳定性、操纵性和适应性；有良好的刹车性能以减小着陆滑跑距离，缩短所需跑道的长度；与飞机机体结构的连接应合理、可靠	重要性： 起落架是 C-7101 飞机结构的重要组成之一，其成熟度直接影响飞机的使用模式及型号研发进度 新颖性： 由于飞机采用特殊布局形式，使得起落架布置困难，具有外伸高支柱、承力双插销下位锁等特点，为静不定结构、收放形式及空间也受外形性能影响而不同于常规飞机。上述在国内都是首次应用

（续）

编号	CTE 名称	CTE 简要描述	入选理由综述
3	飞机操纵系统	（略）	
4	任务系统技术	（略）	
5	辅助动力装置技术	（略）	
6	机载保密通信技术	（略）	
7	气动外形技术	（略）	

3. 技术成熟度评价标准

技术成熟度评价标准包含 TRL 定义和 TRL 评价细则，其中 TRL 定义主要用于初判，TRL 评价细则用于详判。为方便项目人员和评价人员更直观、准确地开展评价工作，根据通用 TRL 定义，结合 C-7101 飞机自身特点，从技术载体、验证环境和测记—试验的角度，制定 C-7101 飞机的 TRL1－TRL9级具体化定义，如表 11-17 所示。

表 11-17　C-7101 飞机具体化 TRL 定义

TRL	通用 TRL 定义	具体化 TRL 定义	具体化描述
1	发现和报告技术基本原理	深入研究并掌握技术原理和相关理论	载体：纸面研究 环境：无 测试/试验：无
2	阐明技术概念和用途	基于基本原理，经过初步理论分析和简单的试验研究，提出了技术概念和 C-7101 飞机应用设想	载体：研究报告、论证报告 环境：无 测试/试验：无
3	验证技术概念的关键功能和特性	通过详细分析研究，模拟仿真和实验室试验，验证技术概念的关键功能和特性，验证具有转化为实际应用的可行性	载体：实验室模型或软件模块 环境：实验室环境或数字仿真测试环境 测试/试验：关键状态试验或关键功能演示
4	在实验室环境下完成基础部件/原理样机验证	明确技术转化方案和途径，实验室模型或软件功能模块通过实验室环境下的验证	载体：实验室模型或软件模块 环境：实验室环境或数字仿真测试环境 测试/试验：完成主要功能试验
5	在相关环境下完成部件/原理样机验证	通过模拟使用环境条件下的部件/原理样机集成试验验证（如实验室试验和地面联试等）	载体：实现特定功能集成的实验室模型或软件模型 环境：实验室环境或半物理实验环境 测试/试验：完成规定的测试项目（功能）

（续）

TRL	通用 TRL 定义	具体化 TRL 定义	具体化描述
6	在相关环境下完成系统/子系统模型或样机验证	系统/子系统的工程可行性在模拟使用环境中得到充分验证	载体：演示样机或它机搭载的子系统 环境：模拟使用环境（如体现一定使用要求的飞行环境） 测试/试验：完成演示验证试飞科目考核
7	在使用环境下完成系统样机验证	完成全系统样机集成，并在使用环境中进行取证验证	载体：工程样机 环境：典型飞行环境 测试/试验：完成调整试飞和验证试飞科目考核
8	完成实际系统试验验证	完成 C-7101 飞机试验验证	载体：生产样机（小批生产） 环境：模拟任务环境 测试/试验：完成所有试飞和试用考核
9	完成实际系统使用验证	完成 C-7101 飞机使用验证	载体批：生产飞机 环境：任务环境 测试/试验：成功完成多次任务考核

4. 判定 CTE 成熟度

评价过程中，针对各项 CTE 逐一通过具体化 TRL 定义和评价细则进行判定，得出其 TRL。这里从诸多 CTE 中选取 T 型尾翼复合材料结构技术为例，进行评价过程的说明。

（1）技术描述。T 型尾翼复合材料结构技术主要用于 C-7101 飞机尾翼结构减重（约 10%），改善全机重量童心分布和尾翼疲劳性能，提高 T 尾颤振性能。该技术主要包括复合材料加筋整体壁板、复合材料结构防雷击技术、复合材料自动铺设技术、复合材料成型变形控制技术、复合材料大厚度板接头成型及钻孔技术等方面。

1）复合材料加筋整体壁板。运用复合材料整体化设计概念和自动化铺设制造技术，采用 U 型、T 型或 Z 型组合，将盒段和舵面蒙皮与长桁设计制造为整体壁板。

2）复合材料结构防雷击技术。采用金属钢网与蒙皮一起固化成型，将复合材料结构表面金属化，并与其他金属结构电联通。

3）复合材料自动铺设技术。根据复合材料自动铺带机的技术参数和能力，与复合材料零件的 CPD 模型相协调，在平板件和合适的曲率由面件上利用自动铺设技术实现复合材料的自动铺设、成型。

4）复合材料成型变形控制技术。考虑复合材料和成型工装的热变形系数的差异和固化前后的温度差异，通过工装材料选择和设计来控制复合材料件的成型变形。

5）复合材料大厚度板接头成型及钻孔技术。复合材料大厚度接头区域的固化成型技术以及厚板的钻孔控制技术。

（2）环境描述。T 型尾翼复合材料结构技术当前的试验环境和最终的使用环境相比，主要有以下几种区别：

1）温度、湿度环境对比。在试片级、元件级试验中得出低温干态、室温干态以及高温湿态三种环境对材料以及结构性能的影响。在细节件、组合件以及部件的试验中，考虑试片、元件力学试验得出的环境因子，并转换为载荷放大系数。通过以上过程，能够保证试验的温度、湿度环境与最终温度、湿度环境相同或更为严酷。

2）载荷环境对比。实验室环境的载荷为极限载荷，比使用载荷高 70%，实验室环境更为严酷。

3）外部损伤环境对比。实验室考虑了飞机可能遭受到的雷击、鸟撞、冰雹以及其他外来损伤后对飞机性能的影响。

与最终使用环境相比，T 型尾翼复合材料结构技术的试验环境与最终使用环境相似，能覆盖飞机的最终使用环境。

（3）初步分析。该 CTE 当前发展状态主要表现在以下几个方面：

1）确定了结构形式，并完成初步建模工作；

2）确定了主要的材料体系，并按照适航要求完成 23 批次的试验，已经取得了基本力学性能数据；

3）根据结构设计方案和材料的力学性能数据，建立了初步的有限元模型，分析计算结果表明主要结构设计方案和所选取的材料体系可行；

4）正在制定 C-7101 飞机结构试验规划，拟采用的复合材料结构试验均为适航当局认可的成熟的试验方法。

通过分析，确定 T 型尾翼复合材料结构技术的成熟度等级为 4 级。

（4）详细判定。T 型尾翼复合材料结构技术的技术载体为 T 型尾翼复合材料结构，其中不涉及软件部分，因此，评价细则中 S 项（软件类）无须考虑，定为不适用项。下面对第 4 级、第 3 级、第 5 级评价细则进行详细分析。

1）第 4 级满足情况说明。在这一等级中，评价细则共 29 项（如表 11-18

所示），适用20项，满足19项，满足率95%。

表 11-18　第 4 级评价细则判定表（样例）

CTE 名称	T 型尾翼复合材料结构					TRL4	
序号	是否满足？	H/S/B	T/M	TRL 评价细则	评价细则解释	满足情况说明	支撑信息
1	是	B	T	充分识别与其他技术的交叉效应（如果有）	充分识别复合材料 T 型尾翼对气动和操纵性能的影响以及在适航方面的变化	已经考虑到采用复合材料对尾翼刚度的影响，确定了按刚度设计的原则	（40）
2	是	H	M	用特定、可用的实验室部件代替系统部件	是否有可用的实验室试件替代真实的飞机结构零部件	元件级和细节件级试验采用标准试件进行试验，已经有大量的标准试件可用	（41）
3	是	H	T	对部件和部件间的接口进行建模与仿真	对 T 尾连接进行建模与分析	已经利用 CATIA 软件对 T 尾与外部机身连接、T 尾内部垂尾和平尾连接等进行建模与分析	（43）
4	不适用	S	T	开始研发正式的系统架构			
5	不适用	S	M	通过正式检验过程验证设计			
6	否	H	M	制造缩比技术样机	全尺寸复合材料 T 尾部件样件的制作	尚未制造全尺寸复合材料 T 型尾翼	
7	是	B	M	开始关注部件集成问题	考虑复合材料 T 尾的部件集成问题	已经利用 CATIA 软件对复合材料 T 尾集成仿真	（48）
…	（略）						
…	（略）						
…	（略）						

（续）

CTE 名称				T型尾翼复合材料结构			TRL4
序号	是否满足？	H/S/B	T/M	TRL 评价细则	评价细则解释	满足情况说明	支撑信息
28	是	H	M	确定弥补生产能力/制造能力不足的策略	针对生产能力的不足，提出弥补方案	已经补足了相应的生产、制造能力	(49)
29	是	B	T	完成功能工作分解结构	制定项目功能分解结构	完成项目功能分解结构制定，共分3层，26个子项	(50)

2）第3级满足情况说明。在这一等级，评价细则共23项（如表11-19所示），适用16项，满足16项，满足率100%。

表11-19　第3级评价细则判定表（样例）

CTE 名称				T型尾翼复合材料结构			TRL3
序号	是否满足？	H/S/B	T/M	TRL 评价细则	评价细则解释	满足情况说明	支撑信息
1	是	B	T	已经具备支撑研究的学术环境	具备支撑研究的人才储备、工艺制造设备、相关试验硬件等	××公司在材料、设计、制造、外部供应商管理等方面积累了成熟的经验。已经组建了一支成熟的设计研发队伍，满足从事型号研究的软硬件条件	(48)
2	是	H	T	预测的技术能力要素已经通过分析性研究获得确认	复合材料T型尾翼结构设计是否通过分析获得确认	已经通过计算分析得到确认，相关过程和结果已记录在论证报告中	(40)
3	不适用	S	T	通过分析研究确认各种预测。生成算法			

（续）

CTE 名称	T 型尾翼复合材料结构					TRL3	
序号	是否满足？	H/S/B	T/M	TRL 评价细则	评价细则解释	满足情况说明	支撑信息
4	是	H	M	通过基础的实验室设备，而不是真实的系统部件验证物理原理	通过工艺试验件对典型结构进行原理性验证	已经通过加筋板、梁、肋等典型零件的制造试验验证	（42）
…	（略）						
…	（略）						
…	（略）						
22	是	B	T	科学可行性经过充分演示验证	复合材料 T 型尾翼的科学可行性验证	复合材料 T 型尾翼已经得到成功运用	
23	是	B	T	分析表明现有技术能满足一定需求	复合材料结构设计、强度分析、制造技术和试验能力能满足 C-7101 飞机的研制需要	通过分析表明复合材料尾翼结构设计能够满足该型号飞机的研制需要	（40）

3）第 5 级满足情况说明。在这一等级，评价细则共 29 项（如表 11-20 所示），适用 18 项，满足 12 项，满足率 67%。

表 11-20　第 5 级评价细则判定表（样例）

CTE 名称	T 型尾翼复合材料结构					TRL5	
序号	是否满足？	H/S/B	T/M	TRL 评价细则	评价细则解释	满足情况说明	支撑信息
1	是	B	T	分析确定与其他技术的交叉效应（如果有）	是否认识到复合材料垂尾和金属机身连接的热环境影响	已经认识到复合材料结构与金属材料热膨胀系数的差异，正在准备相关的数据和分析方法	（41）
2	是	H	M	预生产硬件可用	现有复合材料主要工艺设备的生产能力能否满足复合材料 T 尾翼的制造要求	现有主要设备有自动铺带机、热压罐、下料机以及激光定位系统等能够满足 T 型尾翼的制造要求	（54）

（续）

CTE 名称	T型尾翼复合材料结构					TRL5	
序号	是否满足？	H/S/B	T/M	TRL评价细则	评价细则解释	满足情况说明	支撑信息
3	不适用	S	T	建立系统软件架构			
4	否	H	M	已完成重大的工程和设计更改	复合材料T型尾翼结构外形以及主要结构参数是否存在重大更改的可能性	T尾方案尚有重大更改的可能，目前总体外形以及相关技术要求尚未冻结	
5	否	B	T	完成高逼真度的子系统/系统集成，为在实际/仿真环境中试验做准备	完成复合材料T型尾翼各部件的生产制造以及装配工作是否完成，是否能够满足全机试验要求	尚未完成复合材料T型尾翼各部件的试制	
6	是	B	M	已考虑质量与可靠性，但还未提出具体的目标	是否考虑质量和可靠性问题	已考虑复合材料制造工艺的质量和可靠性问题	(47)
…	（略）						
…	（略）						
…	（略）						
28	是	B	T	确定带有门槛和目标的需求矩阵	明确总体设计对复合材料T型尾翼设计提出的要求	明确复合材料结构设计的总体要求	(40)
29	是	B	T	物理工作分解结构可用	制定C-7101飞机项目的工作分解结构	已制定C-7101飞机的WBS，共5层，1 223子项	(55)

5. 评价结果小结

根据国家民机研制相关法规要求，结合C-7101飞机前期已开展的可行性论证工作，中航工业组织完成了C-7101飞机技术成熟度评价工作。首先制定了C-7101飞机的TBS，针对TBS中的各项技术元素进行了遍历分析，依据CTE筛选方法与原则，结合前期型号研制积累的技术基础和经验，以及当前立项阶段项目的进展情况，从405项技术元素中遴选出T型尾翼复合材料结构技术等 7 项技术作为参评对象。其次，在充分考虑我同民机研制流程的基础上，参照 NASA、DoD 的 TRL 定义，制定了适用于 C-7101 飞机的 TRL 具体化定义和评价细则。最后，参照形成的评价标准，对每个 CTE 开展了技术成熟度评价工作，通过与评价细则的逐项比较，最终确定了 T 型尾翼复合材料结构技术等 7 项 CTE 的技术成熟度，如表 11-21 所示。

表 11-21 C-7101 飞机技术成熟度评价结果小结

编号	CTE 名称	TRL	细则满足情况	简要说明
1	T 型尾翼复合材料结构技术	4 级	3 级 16/16 = 100 % 4 级 19/20＝95% 5 级 12/18＝67%	T 型尾翼复合材料结构技术主要用于 C-7101 飞机尾翼结构减重（10%），改善全机重量重心分布和尾翼疲劳性能，提高 T 尾颤振性能。该技术主要包括复合材料加筋整体壁板、复合材料接头等技术 目前，确定了复合材料 T 型尾翼的主要结构形式和主要传力路线，完成初步建模，确定了主要的材料体系；按照适航要求完成了材料性能试脸，已经取得材料性能数据；建立了有限元模型，分析计算结果表明设计可行；正在制定 C-7101 飞机结构试验规划。根据 T 型尾翼复合材料结构技术的研究进度，结合初判和详判的情况，综合判定技术成熟度等级为 4 级
2	大型两用起落架技术	5 级	（略）	—
3	飞行操纵系统	5 级	（略）	—
4	任务系统技术	4 级	（略）	—
5	辅助动力装置技术	6 级	（略）	—
6	机载保密通信技术	5 级	（略）	—
7	气动外形技术	4 级	（略）	—

6. 评价建议

本次评价出的 7 项 CTE 的 TRL 介于 TRL 4～THL 6 之间，基本符合立项要求，为保证项目立项后研制工作顺利开展，建议针对技术成熟度较低的 3 项 CTE（T 型尾翼复合材料结构技术、任务系统技术、气动外形技术）进行重点关注，结合实际工作进展，制订出下一步的重点攻关计划。

具体内容略。

7. 支撑材料

材料1：C-7101飞机立项论证报告。

材料2：C-7101飞机尾翼三维模型（CATIA）。

材料3：C-7101飞机强度计算分析报告。

材料4：大型两用起落架落震试验报告。

……

11.4　金融领域案例

11.4.1　风险投资项目的风险管理

本案例介绍武汉科地光纤器件风险投资项目成功的风险管理实例。

武汉科地光通讯器件有限责任公司是由武汉东湖科技创新投资有限公司、江汉钻石集团公司和以刘森博士为代表的留美归国创业团队投资4 326万元创建的高科技风险投资企业，公司位于我国具有"光谷"之称的武汉东湖高新技术产业开发区。近年来，随着互联网的普及和发展，宽带网所用的光通讯材料——光导纤维器件的需求量在迅速增长，科地光通讯器件项目正是瞄准这一目标市场而发起的。公司年产DWDM（波分复用器）、PUMP（激光发生器）等各类有源器件100万件，年创产值1亿多元，利润2 000多万元。

1. 公司组织结构和风险管理职能定位

科地光通讯器件有限公司的三家股东及股权比例分别为：武汉东湖科技创新投资有限公司以现金出资1 200万元，占总投资的31.2%，江汉钻石集团公司以现金出资200万美元，占总投资的35%，归国创业团队（10人）以专有技术、专利等自主知识产权作价出资1 466万元，占总投资的33.8%，公司以总投资全额注册。公司的股权结构属标准的"三驾马车"式的结构，股权分散且较为均衡，风险投资公司、战略投资者、风险企业家各占一方。

公司的法人治理结构按现代企业制度的要求设置董事会、监事会和经理层，依照《公司法》和《公司章程》运作。公司一开始就非常重视风险管理工作，在公司内部设立风险管理委员会，属董事会下属机构，对董事会负责。人员由各部门负责人组成，由一名董事任主任，并设风险管理经理一人，专职负责风险管理的各项工作，制订风险管理计划，落实董事会对风险防治措施的决策，对各项施的落实情况和实施效果进行督察和评估。风险管理组织在公司中的地位如图 11-8 所示。

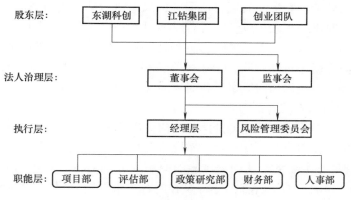

股东层：　东湖科创　　江钻集团　　创业团队

法人治理层：　董事会　　监事会

执行层：　经理层　　风险管理委员会

职能层：　项目部　评估部　政策研究部　财务部　人事部

图 11-8　科地光纤器件公司组织结构图

2. 风险分析

科地光纤器件项目创办之初就对项目所面临的各种风险进行了全面的分析，归纳如下：

（1）技术风险。以刘森为代表的创业团队是否真正能够掌握有源光纤器件的生产制造技术，该技术的先进性如何，后续技术的研发能否得到强有力的支持，这些都是技术风险的关键点。

（2）生产风险。该公司的日常运作主要由创业团队负责，这些归国创业人员有较强的技术研发能力，但缺乏高技术企业的生产管理经验，实践经验不足。如何解决这一问题是规避生产风险的关键。

（3）市场风险。目前国内外光纤器件市场中的高端产品主要由国外几家大的跨国公司垄断，如朗讯科技、美联讯等，该公司新产品面世后，能否从这些大的跨国公司手中抢占应得的市场份额，能否成功地开辟新的市场是规避市场风险的关键。

（4）资金安全风险。资金的安全使用是项目财务风险中最关键的因素，如何保证资金的安全使用而又不会束缚经营者的手脚是规避资金安全风险的关键。

（5）信誉风险。归国团队的业务能力和资信背景如何，需要进一步调查落实。

（6）竞争风险。项目建成后如何防止掌握核心技术的人员把技术泄露给竞争对手，保持技术的领先地位是规避竞争风险的关键。

（7）退出风险。风险资本的最终出路是退出投资领域，实现增值。如何设计退出渠道，能否成功地实现退出是风险投资能否最终取得成功的关键。

3. 风险规避措施

经过风险管理委员会对项目所面临的风险进行认真的分析，首先将这些风险分为暂时风险和永久风险，接着对不同类型的风险采取不同的防范措施。暂时风险为信誉风险、退出风险、生产风险，这些风险存在的时间是暂时的，经过一段时期就会自动解除；永久风险长期存在，如市场风险、资金安全风险和竞争风险；技术风险既属于暂时风险又属于永久风险。

（1）暂时风险的对策措施

1）建立"三权分立"式的股权结构，避免一股独大造成的对中小股东权益的损害，注册资金一次到位，解除了项目资金不足的风险。

2）聘请有实际生产及经营经验的原深圳五洲通电子技术有限公司的总经理出任公司的首席运营官，并将原有的客户带到新公司来，解决了创业团队生产经验不足、初期市场开发困难的风险。

3）制定风险资本退出计划，主要内容是：①3～5 年内争取公司上市；②如果上市不能成功，由公司回购风险资本股权；③如果以上措施都无法实现全部退出，风险投资者可向第三方寻求股权转让。

4）对创业团队的个人业务能力进行全面考察，对其资信背景进行调查。

5）在工程建设过程中建立规范的现代项目管理体制，落实招投标制、工程监理制、完善业主负责制等规章制度，减少建设中的风险。

（2）永久风险的对策措施

1）聘请双方认可的会计师事务所出任财务总监，使合作各方相互信任，以保证资金安全使用。

2）对作价出资的技术进行高新技术认证和评估。

3）与项目团队主要负责人签订五年以上技术服务协议，与所有员工签订技术保密协议。

4）在美国建立研发中心，保证后续技术的领先水平。

4. 风险措施的跟踪评估

科地公司主要采取以下措施对风险措施实施后评估：

（1）及时收集各职能部门对各项措施的执行情况的反馈，发现问题，及时纠正。

（2）定期召开专家评议会，请专家帮助寻找风险源，研究对策。

科地公司投产运行一年多来，生产经营状况良好，当年建设，当年投产，第一年就达到了设计生产能力的 80%。目前公司正稳步健康地发展。

11.4.2　利用衍生工具管理风险

一个企业或组织，在识别和衡量项目所面临的风险之后，一般首先考虑风险能否采用控制型的技术来处理，如果不能控制或不能完全控制，则需要结合财务型风险处理手段，即采用适当的风险融资手段，以实现项目风险管理目标。近年来，运用衍生工具来管理项目风险，既有成效显著的一面，也有争议的一面。衍生品市场本质上既是一个专门买卖风险的市场，也是一个风险管理的市场。⊖

1. 利用期货管理风险

作为国内铜工业的领头羊，江西铜业参与期货市场以来的这 10 多年，是其发展最快的时期。期货市场对于江西铜业跻身国际一流企业起到了巨大的推动作用，期货已经成为江西铜业确保目标利润顺利实现的风险管理工具：2003 年、2004 年销售收入分别达到 106 亿元和 164 亿元，实现利润分别达到 86 亿元和 21 亿元。2003 年、2004 年通过期货运作，江西铜业实现了外购原料套期保值收益 12 亿多元。1997 年下半年东南亚金融危机之后，铜价持续走低，从 1995 年的高点 32 000 元/吨跌到 1997 年的 20 000 元/吨左右。到 1998 年上半年，铜价大幅下跌，江西铜业利用套期保值化解了风险。"9·11"事件之后，铜价更是跌至 5 年来的最低点 14 000 元/吨左右，江西铜业在这一国际铜价最低的时期，由于充分利用期货市场的套期保值功能避免了价格风险，实现了最快速度的发展。在 2005 年上半年现货升水高企、铜价一路上涨的市况下，尽管对冲让公司少盈利 2.48 亿元，但整体上仍取得丰厚利润，中期净利润增长 55%，达到 9.75 亿元。

2. 利用远期管理风险

【实例 1】上海联合汽车电子公司的原材料的 80% 左右来自欧洲，而产品却有 80% 在国内销售。公司的销售收入是人民币，支出的却是欧元，汇率变化对公司经营的影响不言而喻。2002 年 1 月，公司与中行上海市分行做了一笔 6 个月的欧元远期售汇交易，当时远期售汇价为 7.289，半年后欧元大幅上涨，对人民币即期汇率为 8.226，此时公司却仍可以按 7.289 的价格购汇，大大降低了财务风险。

【实例 2】绍兴锦丰纺织品公司在 2005 年 6 月 3 日，签了一份为期 1 年的远期结售汇合同。当时的美元兑人民币平均价是 8.28，锦丰以 8.01 的价格签订了一份 1 年后交割的金额为 800 万美元的人民币兑美元合同。这样，如果人民币升值的空间在合约的预期空间内，企业通过远期结售汇交易可以规避有关的汇率风险。

⊖ 本系列案例选取于《企业风险管理》（胡杰武、万里霜编著，清华大学、北京交通大学出版社，2009）一书。

3. 利用期权管理风险

【实例1】Hartmarx公司是美国最大的男用成衣制造商和零售商。自20世纪80年代后期以来，Hartmarx通过兼并和开设新店面开始扩张行动，直接导致其银行短期贷款从1987年的5 700万美元上升到1989年的2.67亿美元。贷款的增加使公司管理层开始关注其贷款的利率风险。为此，公司面临3种对冲策略的选择：A. 将短期债务置换成长期债务；B. 通过利率掉期交易将利率锁定；C. 进行利率上限、利率下限和利率上下限交易。通过比较分析，Hartmarx认为，一方面利用长期贷款和利率掉期这两种方式所能锁定的长期利率没有吸引力；另一方面，Hartmarx预计，其贷款总额会随时间的推移逐渐下降，目前并不希望将长期利率锁定而导致今后的借款过多。通过这些分析，Hartmarx最终决定采用C策略实施对冲。1989年，Hartmarx购买了5 000万美元的利率上限。1989年10月，收益率曲线反转，短期收益率超过了长期收益率，并使利率下限合同价格上升。Hartmarx卖出利率下限，与年初卖出同样的利率下限相比，得到了更高的超额收益。这样，Hartmarx创建了一个无代价的利率上下限，并使其借入资金成本控制在8.75%，利率下限控制在75%。

【实例2】美国政府于1993年开始鼓励农场主参与政府农业期权交易试点。具体做法是：美国农业部确定部分小麦、玉米和大豆的生产者自行选购相当于保护价格水平的看跌期权，政府代为支付购买期权合约的权利金和交易手续费。从1993年开始，美国农业部鼓励伊利诺伊州、俄亥俄州和印第安纳州的部分农场主进入芝加哥期货交易所期权市场购买玉米、大豆和小麦的看跌期权，以维持这些农产品的价格水平，从而替代政府的农业支持政策。根据美国农业部统计，1993年农场主参与期权交易的数量为956家，1994年为1 285家，1996年达到1 569家，呈明显上升态势。

4. 利用互换管理风险

【实例1】1981年8月，美国所罗门兄弟公司为IBM公司和世界银行安排了一次货币互换。当时IBM公司绝大部分资产以美元构成，为避免汇率风险。希望其负债与之对称也为美元；而世界银行希望用瑞士法郎或西德马克这类绝对利率最低的货币进行负债管理。同时，世界银行和IBM公司在不同的市场上有比较优势：世界银行通过发行欧洲美元债券筹资，其成本要低于IBM公司筹措美元资金的成本；IBM公司通过发行瑞士法郎债券筹资，其成本也低于世界银行筹措瑞士法郎的成本。于是，世界银行将其发行的29亿欧洲美元债券与IBM公司等值的西德马克、瑞士法郎债券进行互换，各自达到了降低筹资成本的目的。据《欧洲货币》（1983年4月号）测算，通过这次互换，IBM 公司将 10% 利率的西德马克债务转换成了 8.15% 利率（两年为基础）的美元债务，世界银行将 16% 利率的美元债务转换成了 10.13% 利率的西德马克债务。

【实例 2】我国某企业 1992 年 7 月获得某国贷款 5 000 万美元，期限 3 年，从 1993 年 7 月至 1996 年 7 月，借贷成本为美元 6 个月 LIBOR + 0.65%，利息每半年计息付息一次。当时美元的市场利率处在 3.3% ~ 4% 的历史低水平，但是该公司认为未来 3 ~ 5 年中，美元利率有上升的趋势，担忧如果持有浮动利率债务，利息负担会越来越重。同时，由于利率水平起伏不定，公司也无法精确预测贷款到期的利息负担，难以进行成本预算与控制。因此，该公司希望能将此贷款的浮动利率固定下来。中国银行及时为公司做了利率互换的交易，于 1993 年 5 月将该公司的浮动利率债务转换成美元固定利率债务。经过互换，在每个利息支付日，该公司只需向中国银行支付固定利率 5%，而收入的 USD6M LIBOR + 0.65% 正好用于支付外国政府贷款利息，于是该公司将自己今后 3 年的债务成本一次性地固定在 5% 的水平上，从而达到锁定债务成本、管理债务利率风险的目的。在该贷款存续期间，美联储曾于 1994 年连续 7 次加息，最高至 7% 左右，其后至贷款期结束，一直未低于 5.3%。该公司由于做了利率互换，一直以 5% 的固定利率偿还本息，不但成功地固定了债务成本，还减少了债务利息将近 300 万美元。

5. 利用衍生工具管理风险的特点

通过上述多个运用衍生工具管理风险相关案例的概要分析，作为一种新型风险管理手段，衍生工具的特点主要有以下几点。

（1）日益重要和成熟。经过 30 余年的发展，衍生产品对经济和金融的促进作用，更多地表现为风险管理。美国农产品，每笔大宗国际贸易都要通过相关期货市场进行相应的套期保值交易，以规避价格风险。贸易商的这种通行做法不仅是获得银行贷款的基本条件之一，而且已经成为通行的国际惯例。我国 80% 的铜生产企业和贸易商都利用铜期货交易来管理财务风险，最为典型的就是江西铜业。随着规模的扩大，其套保水平和保值量不断提高。1995—2004 年，江铜期货铜每吨的平均价位比现货高出 100 ~ 200 元，也高出交易所当月结算平均价，如图 11-9 所示。

（2）使用范围广泛。2003 年 4 月 9 日，世界掉期与衍生品协会公布了他们的研究成果，世界 500 强中有 92% 的公司有效地利用衍生品工具来管理和对冲风险，这些公司分布于全球 26 个国家，从宇航业到办公与电子设备批发业，涉及行业十分广泛，如表 11-22 所示。此外，风险管理功能也为实施政府宏观调控政策提供了绝佳工具。美国政府农业期权试点的实质是对农业政

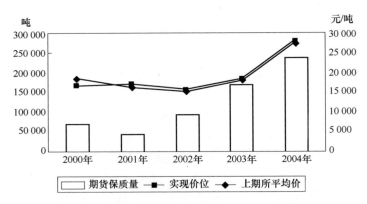

图 11-9　江西铜业期货保值量与实现价位、上期所平均价变化趋势

策的深化改革，政府对农业生产的补贴通过期权市场直接与农场主发生紧密联系，不仅使政府粮食价格政策更具合理性，政府补贴最小化，而且恰好能够起到保护农业生产者利益的作用。

表 11-22　2003 年公布的世界 500 强公司运用衍生品的情况

国　别	世界 500 强中的公司数	运用衍生品工具控制风险的比例
美国	196	94%
日本	89	91%
法国	37	92%
英国	35	100%
德国	34	94%

（3）具有低成本优势。这是源于衍生工具的保证金交易所具有的高杠杆性。保证金一般在 5% 甚至更低，风险管理者只需动用少量资金就能获得大量相关资产的控制权，从而实现以较小的代价、较小的资金支出对较大规模的资产进行风险管理。而且，衍生工具的交易佣金是相关现货交易的几十分之一、几百分之一甚至几千分之一，由于其交易大部分是通过固定的法律程序，经公平报价或询盘而达成的，其谈判成本几乎为零。哈佛大学教授罗伯特·默顿（Robert Merton）认为："使用金融衍生工具进行资产负债风险管理的成本只相当于使用现货的 1/20 ~ 1/10。鉴于金融衍生工具低成本的特征，我们不可能再回到过去，金融衍生工具将成为全球金融市场的主流。"

（4）更为灵活方便。一般来说，衍生交易控制风险的方法并不改变原有基础业务的风险暴露趋势，而是在表外建立一个风险暴露趋势与原有业务刚好相反的头寸，从而达到表外业务与表内业务风险的完美中和，克服了资产负债管理为了达到资产负债在结构上的均衡所付出的种种代价，对表内业务基本没有影响。同时，衍生品市场的流动性可以对市场价格变化作出灵活反应，并随基础交易头寸的变动而随时调整，较好地解决了传统风险管理工具管理风险时的时滞问题。

（5）具有更高的准确性。衍生产品具有很大的灵活性，可以根据不同投资者的需要进行组合，将标的资产和衍生工具分别定价，从而分离风险，有助于投资者认识、分离各种风险构成和正确定价，使其能根据各种风险的大小和个人偏好更有效地配置资金。而在金融衍生产品交易出现之前，所有的企业只能通过对应融资、借贷外汇、海外迁移和其他资产负债表上的方式来管理金融风险，有成本过高和被卷入另一种风险的可能。衍生产品交易时已将交易对象的未来价格锁定在某一点（远期、期货）、某一区间（期权）或将债务成本锁定（互换）。

11.4.3 美洲银行的全面风险管理文化

美洲银行于 1929 年成立，总部设在美国北卡罗来纳州的夏洛特，是全球最大的金融机构之一。

1. 美洲银行全面风险管理文化

美洲银行实行全面广泛的风险管理，风险计划包括战略、财务、客户和公司计划，以使目标和责任贯穿整个公司。风险管理在全行范围内系统地展开，包括个人业务单元、产品、服务和交易。在风险管理过程中这种方法需要团结协作，每个员工都是风险经理。

（1）美洲银行奉行的经营理念是要在风险和收益之间取得平衡，风险管理的目标是使得长期收益最大化。

（2）美洲银行风险管理文化的基础是员工的责任感。每个员工都必须意识到自己在风险管理中的角色，并不断履行自己的责任。风险管理应成为绩效评估的重要组成部分。

（3）合规文化是美洲银行风险管理文化的核心。由于所有对法律、监管、道德规范要求和内部政策程序的违反都会对财务和声誉产生严重影响，因此合规文化需要所有员工遵循相关法规、道德标准和内部政策程序。合规是各种风险的核心，美洲银行不仅将合规当作法律风险，更是将其作为业务经营的一种方式。

2. 美洲银行风险管理流程

为确保风险与收益适当平衡，美洲银行采用完整、广泛的方式在全行范围内设立识别、计量和监管风险的管理流程，如图 11-10 所示。

（1）识别和计量。确保了解全行的风险要素。

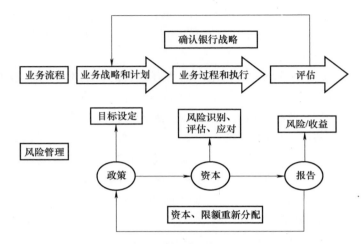

图 11-10 美洲银行风险管理流程示意图

（2）决策和审批。将每日的决策与全行风险管理目标不同程度地联系起来。

（3）缓解和扩大。管理并化解风险。

（4）报告和评估。持续评估风险和合规。

（5）培训和认知。确保所有员工了解并执行问责制度。

3. 美洲银行治理结构及风险管理组织结构

美洲银行的公司治理结构支持风险和收益的积极联结，清楚地阐明了监管团体的角色和授权。

美洲银行治理结构，如图 11-11 所示。

（1）董事会。通过监督公司的治理架构有效管理公司事务。董事会对管理委员会授权，然后由这些委员会在合适的情况下向附属委员会及管理层授权。

（2）资产质量委员会。通过审查信贷资产质量和变化趋势，判断监管是否遵循谨慎、健全的信用政策，提供信用风险总体评价。此外，委员会同时会审查某项市场风险报告。

（3）审计委员会。协助董事会对内部控制、整体财务状况的完整性、法律和管理要求的有效性进行监控，审查公司自我审计和外部会计事务所审计的能力，并牵头负责审查操作风险。

（4）财务委员会。为管理信用风险、市场风险和操作风险出台有关政策和战略，以使公司盈利并获取资本。财务委员会将董事会的授权（包括政策和限额的审批）向附属委员会及管理层进一步授权。

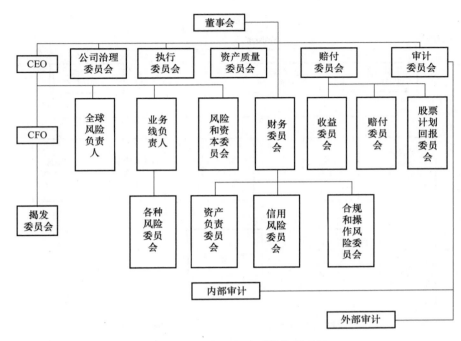

图 11-11 美洲银行治理结构示意图

（5）资产负债委员会。审定确保市场风险稳定和资产负债平衡。

（6）信用风险委员会。审定公司对于谨慎、稳健的信用风险管理政策的遵循。

（7）合规和操作风险委员会。审定确保公司稳健经营的操作风险政策。

（8）风险和资本委员会。评价公司战略与目标，并在全行范围内对主要业务分配资本。

（9）内部审计。直接向审计委员会提供评价公司绩效和控制情况的全行性审计报告。

美洲银行风险管理组织结构如图 11-12 所示，其具体职责如下：

（1）首席执行官。在考虑整体业务战略的基础上批准风险取向。

（2）首席风险官。将董事会和首席执行官对风险的要求落实为银行集团的风险标准和政策；对银行集团风险管理流程的充分性和适用性负责；审核全部业务单元的总体风险，并在宏观层面对业务组合的风险构成和质量进行评估；批准具体业务的风险管理政策；确保所有业务单元都在风险限额内运营；审核并决定具体业务风险政策的例外情况；批准所有独立风险管理经理的任命等。

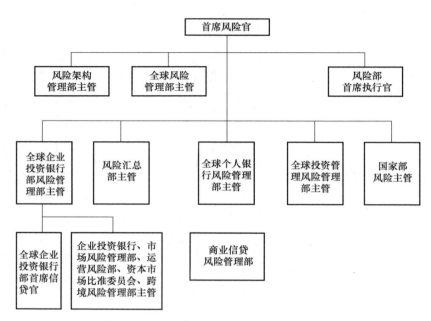

图 11-12　美洲银行风险管理组织结构示意图

（3）风险架构管理部主管。遵循银行的风险管理和监管标准，监督独立风险管理所要求的核心管理架构，负责管理银行集团整体的市场风险、流动性风险和操作风险；建立风险系统的基础架构，以确保及时识别、衡量和汇总银行各业务单元内或业务单元之间的风险敞口；通过业务单元内和业务单元之间的充分沟通以保证承担风险的透明度等。

（4）业务单元风险主管。制定与银行集团整体风险标准相一致的针对特定业务的风险管理政策；确保相关业务单元遵守为其制定的风险管理政策；向业务单元具体提出其面临的风险，并负责制定消除这类风险的战略；在银行接受的风险范围内批准各业务风险部门的风险限额；对资产组合构成和质量在业务单元的层面上进行评估；设立为业务目标提供支持和独立监督的业务风险管理机构等。

4. 美洲银行风险管理的三层防御体系

美洲银行的风险管理结构和流程建立在三层防御体系基础上，其中的任意一层对确保经营活动中风险和收益的合理识别、计量和管理都有重要意义。三层防御体系需要有效的团队，每个角色都应对自己的岗位负责。

如图 11-13 所示，在第一层防御体系中，业务单元负责人对业务单元内的所有已经存在和未来可能发生的风险负责；业务单元的联合负责人和业务单元配合来识别、评估并降低风险。在第二层防御体系中，企业职能部门识别、评估并应对风险。在第三层防御体系中，审计部门和审计委员会测试、确认并评估风险管理控制措施。

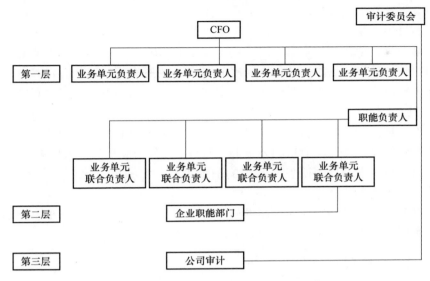

图 11-13　美洲银行风险管理的三层防御体系

5. 美洲银行有效的风险管理技能与工具

美洲银行采用了一套有效的风险管理技能与工具，使产品的价格能够覆盖可能的风险从而实现盈利。尤其令人称道的是，通过有效运用银行内部各种工具、模型来计量评估客户风险，美洲银行已经大大减轻了对社会征信系统的依赖。美洲银行研究出了一套根据信用卡客户行为预测其风险的行为模型（Behavioral Model），运用这个模型，即使在社会征信体系不完善或不敷使用的国家和地区（如其新进入的爱尔兰、西班牙、加拿大及中东欧等市场），仍然能够健康快速地推动信用卡业务发展。

11.5　IT 领域案例：联想集团新产品开发风险管理案例

11.5.1　项目背景及管理步骤

联想集团从 2000 年开始在新品研发中系统地引入项目管理理论和思想，规范产品开发过程。在项目的生命期中，进行项目策划、范围划分、计划制订、实施控制、收尾总结和项目后评价。通过实行项目管理，联想开发的产品出错率降低，缩短了产品投入市场的时间，增加了顾客的满意度。

在新产品开发的项目管理实践中，风险管理的效果尤显突出。作为高科技企业，在项目运作中随时会遇到新技术的引入以及其他各种不确定性的因素，会影响到项目的运作，如何将项目中的损失降为最低，是联想风险管理追求的目标。联想采取三个重要的步骤如下：

第一步，项目过程中BUG（偏向于技术的问题）的管理。联想普遍遇到的问题是，如何解决测试过程中出现的BUG，为顾客提供高质量的产品，并且保证项目能按时发布。联想提出了如何在设计前端即考虑到某些可能会出现的BUG。

第二步，在项目中引入风险管理策略。特别是规避措施的引入，使风险管理不会仅停留在风险信息的公布上，而是在如何减少损失上做更多的工作。

第三步，借助自主研发一系列的辅助平台，实施风险信息的实时提交、状态变更和信息共享。

以上的风险管理措施在产品的研发中取得了一定的成效。下面，通过具体的实例来介绍联想风险管理的方法。

11.5.2　风险管理流程及计划

风险管理流程如图11-14所示。以A项目为例，联想将项目划分为概念阶段、开发阶段、实施阶段和收尾阶段，在项目的不同阶段，对应的不同情况，应该采取不同的风险管理措施。

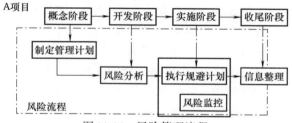

图11-14　风险管理流程

项目经理拿到项目后的第一步是规划项目范围，并制订风险管理计划。制订管理计划的意义在于在项目前期规划具体操作方法，并规范项目中各成员的风险管理职责和权利。要完成的内容包括：

（1）项目中各环节风险的评估责任人。

（2）规划风险分析周期。

（3）确定风险量化的基准。

（4）确定参与评审专家范围。

（5）监控原则。

11.5.3　风险识别及分析

风险分析是风险管理的重点。A 项目主要是在对项目风险进行辨识的基础上，进行定性分析、定量分析。

1. 风险识别

A 项目在开发阶段，项目组共识别风险因子 5 类 20 项。对重要的因子进行了重点分析，如：有工程师提出了新技术引入可能会带来开发时间延长的问题，引起了项目组的重视。为进一步识别该风险，项目组将它在以下三维空间进行分析，如图 11-15 所示。其中，程度和可能性维度秉承业界普遍适用的（可能性影响度）二维矩阵思想，风险状态和时间挂钩，亦即认为风险分当前风险和已注销风险。时间、程度、可能性共同决定了一个风险目前的属性。

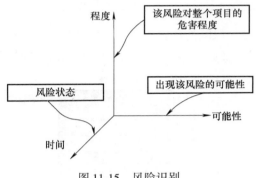

图 11-15　风险识别

2. 定性分析

先采用定性思想规划风险程度。一般而言，定性了解一个问题会比量化的数据印象深刻。项目组认为，在 A 项目中，新技术的引入会给项目带来非常大的风险，稍有不慎，可能会导致项目失败。所以，新技术的引入使项目风险增大。

3. 定量分析

以新技术引入因子为例，A 项目组采用主观概率法，认为本风险发生的可能性为 90%，对整个项目的影响度为 5。对风险发生可能性分析如表 11-23 所示。

表 11-23　风险发生可能性

发生可能性	说　明
90%～99%	很高，几乎是不可避免的，需引起项目监控组的高度重视
80%～89%	极高，几乎是不可避免的，需项目经理及项目组内高度重视
70%～79%	较高，很可能发生，需引起项目经理的注意
60%～69%	高，很可能发生，填写人注意掌控，酌情通报项目经理
40%～59%	中等，可能发生，填写人注意风险的监控
20%～39%	低，发生可能性较小，酌情关注
1%～19%	极低，发生的可能性极小

对风险的危害程度细分，如表 11-24 所示。

表 11-24 风险影响程度

影 响 度	说 明
5	很高，会危及整个项目的完成，需通报项目监控小组
4	高，对本模块及相关联模块的完成造成影响，需引起项目经理的高度重视
3	中等，影响到本模块的顺利完成，需通报项目经理
2	低，影响度极小，酌情关注
1	极低，有影响

风险的危害程度（可能性取值为 1% ~ 100% /危害程度取值为 1 ~ 5），量化的结果得到如图 11-16 所示的风险矩阵。

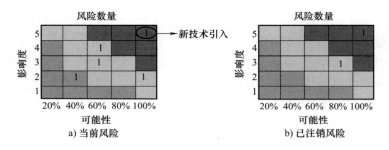

图 11-16 风险矩阵

11.5.4 风险评估

风险的评估排序部分确定项目中提出的所有风险的紧急程度先后次序。表 11-25 显示了 A 项目的风险列表。

表 11-25 A 项目风险列表 时间：2003 年 8 月 13 日

序号	详 细 描 述	可能性	影响度	负责人	状态
1	新技术引入和研究可能会造成发布时间的延迟	90	5	技术负责人	当前风险
2	项目中资源投入不够	90	4	项目经理	当前风险
…	…	…	…	…	…

11.5.5 规避策略

风险规避策略的制定是风险分析的关键，因为风险提出后必须要预先考虑到问题的解决方法才有意义。规避策略应该具体落实到任务、责任人和完成时间。表 11-26 为新技术引入风险的规避措施。图 11-16 中深色部分显示高风险信息，必须提交项目干系人注意，并协调资源，将风险造成的损失减至最小。我们通过召集项目监控人员和高级行政人员召开风险决策会议，讨论该风险对项目的影响，决定加强该部分资源的投入对策。

表 11-26 风险规避措施

步骤	详细描述	责 任 人	完 成 时 间	完成情况
1	提供详细的新技术评估报告，并提交专家审核	技术负责人	2003-5-1	完成
2	新旧两套方案同时实施，但注意切换时间	项目经理	2003-8-10	未开始
3	预留新技术测试时间	项目经理	2003-11-8	未开始

11.5.6　执行规避计划 & 风险监控

在 A 项目运作期间，项目经理务必随时注意监控新技术引入对项目的影响，并根据前期制定的规避措施，建立 3 个里程碑检查点，检查规避计划完成情况，并及时针对实际情况制定应对措施。密切关注规避的效果和风险是否可以注销，使项目成员的精力集中到最重要的问题上去。

11.5.7　总结

在项目收尾阶段和后评价时，我们整理库中的风险信息，总结风险策略的合理性，分析风险定性定量结果与执行的偏差，研究项目中常出现的风险信息并归类整理，为以后的项目运作提供风险知识和经验的储备。

目前联想除了有一整套风险管理策略外，还研制了风险管理平台，用于风险信息的提交和跟踪。例如对于 A 项目中的风险，在平台中提交后，系统自动将消息发布给项目相关人员。风险的变更和注销也可以通过信息提醒项目成员，使风险信息实时、透明。

11.6　工程建设领域案例：包西铁路通道建设项目风险管理

11.6.1　项目背景

包西铁路通道（陕西段）北起包西线省界（DK177 + 080），南至西延铁路的张桥车站（K774 + 600），线路正线全长 624.589 千米。沿途主要经过陕西省的榆林、延安、渭南、西安四市，自北向南依次经神木、榆林、米脂、绥德、清涧、子长、延安、甘泉、富县、黄陵、白水、蒲城、渭南等市县。

包西铁路通道进入陕西省神木县境内线路先后在锦界井田、红柳林井田、梓条塔井田西侧设中鸡站、神木西煤炭装车站，再向南经瑶镇东侧跨河则沟、秃尾河、袁家沟、黑龙沟，再跨S204公路引入神延线大保当站，一次新建双线62.945千米。

大保当至延安为既有线增建第二线段，线路从大保当引出后主要经过神木县、榆林市、绥德县、清涧县、子长县和延安市，至神延线延安站，增建第二线线路全长322.688千米。

延安至张桥段一次新建双线，主要经过延安市、渭南市，最后引入张桥车站，新建双线线路全长238.956千米。西安枢纽内张桥至新丰镇段双线电气化改造40.71千米，新设何寨至郑西客专新临潼站的客车联络线7.99千米，钟家村至张桥疏解线7.78千米。

包西铁路通道是国家十三个大型煤炭基地中的陕北、黄陇煤田煤炭外运的重要通道。本项目的实施对促进陕北、黄陇两大煤炭基地大规模综合开发利用，加快陕西、蒙西能源化工基地建设，缓解电力紧缺状况，保障我国能源供应安全，保证国民经济和社会持续稳定发展，全面建设小康社会等方面均具有重要的现实意义和作用。

包西铁路通道（陕西段）改建是适应包柳通道发展总体规划的要求，对尽快形成包柳快速大能力通道、改善和优化铁路生产力布局、提高运输质量和效率、充分发挥通道整体路网功能均具有重要的意义。同时，该段南北向纵贯陕北煤田，向北与包西线包神段相接，向南与西康线、宁西线相连，是陕西、蒙西煤炭外运的重要通道。因此，本段的改建对强化煤运通道建设，增强陕西、蒙西地区煤炭的铁路外运能力，充分发挥包西、西康、宁西、襄渝铁路的运输潜力等方面具有重要的意义。

11.6.2 项目风险识别

根据项目风险管理理论，风险有不同的分类标准。分类标准不同，分类结果将会出现很大的差异，但各种风险分类汇总可能存在一些重叠。运用风险调查法，借鉴以往成熟的风险指标体系，结合铁路工程项目的特点，铁路工程项目风险因素集包括政治风险、金融风险、管理风险、技术风险、市场风险、环境风险等。但包西铁路通道（陕西段）项目有其自身特点，各风险因素的影响程度与发生概率不尽相同，所以应有效识别该项目的核心风险因素。本案例通过对参与该项目的监管人员、施工人员、运营人员等发放问卷来识别项目风险因素。

首先，本着相关、简洁、礼貌、定量准确、方便等原则，依据铁路工程项目的风险因素集，制定调查问卷。调查问卷由两部分内容构成：一是风险因素的影响程度，反映的是如果该风险因素发生，对项目的影响程度；二是风险因素发生的可能性，反映该风险因素发生可能性的大小，了解各因素对项目的影响程度及发生概率的高低。问卷采取 Likert-Type 七点量表形式。

其次，选择合适的测试人员使用预测试问卷进行调查。测试人员的选择对答题质量有着重要影响，因此必须选择有经验的包西铁路通道（陕西段）人员进行预测试。本案例选择了 11 个参与该项目站前工程与站后工程的建设单位，2 个设计单位，西安铁路局包西铁路工程指挥部、西延铁路公司、陕西政府等单位，共发放问卷 50 份，收回 33 份，其中有效问卷 29 份，有效回收率为 58%。无效问卷主要是因为答题者未按照要求作答或者出现答案完全相同的问卷（视为 1 份）。问卷回收后，按照风险因素的发生可能性和影响程度进行分别统计，剔除重复数据，结果参见表 11-27。

表 11-27 包西铁路通道（陕西段）项目风险值

风 险 因 素	指 标 体 系	影响程度均值	影响程度方差	可能性均值	可能性方差	风险值
政治风险 U1	收费政策风险 X_1	2.52	1.37	3.29	1.23	8.29
	税收政策风险 X_2	3.26	1.53	1.83	1.26	5.97
	行业管制风险 X_3	3.91	1.47	3.48	1.44	13.61
	社会动荡风险 X_4	5.03	1.43	0.58	1.23	2.95
金融风险 U2	利率变动风险 X_5	2.97	1.31	3.15	0.96	9.36
	汇率变动风险 X_6	0	0	0	0	0
	通货膨胀风险 X_7	3.59	0.87	4.58	1.31	16.44
管理风险 U3	施工管理风险 X_8	3.28	1.51	3.22	1.10	10.56
	运营管理风险 X_9	3.64	1.21	4.68	0.99	17.04
	监督管理风险 X_{10}	2.17	1.10	4.97	0.94	10.78
	财务管理风险 X_{11}	3.28	1.70	2.75	1.08	9.02
	人力资本风险 X_{12}	3.28	1.50	3.22	1.10	10.56
技术风险 U4	设计技术风险 X_{13}	3.71	1.26	3.63	1.34	13.47
	施工技术风险 X_{14}	3.62	1.87	3.34	0.92	12.09
	维护技术风险 X_{15}	3.35	1.24	3.35	1.08	11.22
市场风险 U5	收费价格风险 X_{16}	3.67	0.75	4.79	0.83	17.58
	客、货运量风险 X_{17}	3.67	1.40	3.20	1.21	12.06

（续）

风险因素	指标体系	影响程度均值	影响程度方差	可能性均值	可能性方差	风险值
环境风险 U6	建设期环境风险 X_{18}	3.58	1.22	3.87	1.19	13.85
	运营期环境风险 X_{19}	3.46	1.25	3.46	1.20	11.97
	不可抗力风险 X_{20}	3.23	1.28	2.71	1.45	8.75

说明：风险值是影响程度与发生可能性的乘积，由于本项目不涉及汇率风险，所以汇率风险值为 0。

数据来源：通过调查问卷整理获得。

11.6.3　项目风险分担

包西铁路通道（陕西段）项目的施工单位包括中铁十九局、十五局、十七局、二十一局、十四局、十二局、十一局、中铁电化局、中铁建电化局、中铁十二局电务处等单位，这些单位都是业内综合能力较强的铁路建设单位，相互之间具有竞争效应，在完全竞争条件下，各路局承担同类风险的成本趋同，为简化模型，假设各局承担各类风险的成本相同，将各建设单位统称为施工单位，记为参与方 1；包西铁路通道（陕西段）项目的勘察、设计工作由中铁第一勘察设计院、中铁工程设计咨询集团有限公司承担，记为参与方 2；包西铁路通道（陕西段）项目的管理职能由西安铁路局包西铁路工程指挥部承担，记为参与方 3；包西铁路通道（陕西段）项目由陕西西延铁路有限责任公司出资建设，记为参与方 4；包西铁路通道（陕西段）项目的运营工作由西安铁路局承担，记为参与方 5；原铁道部工程质量安全监督总站西安站、兰州铁道学院工程建设监理公司大保当监理站、北京铁城监理公司绥德监理站、西安铁一院监理公司子长监理站、铁科院工程咨询有限公司洛川监理站、陕西同大铁道建设监理有限公司监理总站等负责项目的监督、监理工作，记为参与方 6；政府的政策、监督职能影响着铁路工程项目的建设，记为参与方 7；其他参与方还包括各保险公司、担保公司，由于这些参与单位与前面各参与方签订合同，作用是分担前 7 类参与方承担的风险，这里将保险公司、担保公司承担的风险统一视为前 7 类参与方承担的风险。

在风险识别的基础上，将风险值作为各风险的回报值，将各参与方历史业务成本作为本次承担相应风险的成本，以推算各参与方承担各类风险的成本，得到收益矩阵 B_{ij}。通过风险分担模型，计算得到最优风险分担方案。该项目的风险最佳分担矩阵如表 11-28 所示。

表 11-28 包西铁路通道（陕西段）风险最佳分担矩阵

	收费政策风险 X_1	税收政策风险 X_2	行业管制风险 X_3	社会动荡风险 X_4	利率变动风险 X_5	汇率变动风险 X_6	通货膨胀风险 X_7	施工管理风险 X_8	运营管理风险 X_9	监督管理风险 X_{10}
施工单位（参与方1）	0	0	0	0	0	0	0	1	0	0
勘察、设计单位（参与方2）	0	0	0	0	0	0	0	0	0	0
项目管理单位（参与方3）	0	0	0	0	0	0	0	0	0	0
投资方（参与方4）	0	0	0	0	1	0	1	0	1	0
运营单位（参与方5）	0	0	0	0	0	0	0	0	0	0
监督管理单位（参与方6）	0	0	0	0	0	0	0	0	0	1
政府（参与方7）	1	1	1	1	0	0	0	0	0	0

	财务管理风险 X_{11}	人力资本风险 X_{12}	设计技术风险 X_{13}	施工技术风险 X_{14}	维护技术风险 X_{15}	收费价格风险 X_{16}	客货运量风险 X_{17}	建设期环境风险 X_{18}	运营期环境风险 X_{19}	不可抗力风险 X_{20}
施工单位（参与方1）	0	0	0	1	0	0	0	1	0	0
勘察、设计单位（参与方2）	0	0	1	0	0	0	0	0	0	0
项目管理单位（参与方3）	0	0	0	0	0	0	0	0	0	0
投资方（参与方4）	1	1	0	0	1	1	1	0	1	1
运营单位（参与方5）	0	0	0	0	0	0	0	0	0	0
监督管理单位（参与方6）	0	0	0	0	0	0	0	0	0	0
政府（参与方7）	0	0	0	0	0	0	0	0	0	0

注："1"代表参与方承担该风险，"0"表示参与方不承担该风险。

数据来源：通过风险承担模型计算获得。

从表 11-28 项目最佳风险分担矩阵可以发现，最优风险分担组合为施工单位承担施工管理风险、施工技术风险、建设期环境风险；勘察、设计单位承担设计技术风险；项目管理单位（西安铁路局包西铁路工程指挥部）与运营单位（西安铁路局）不承担任何风险，相当于西安铁路局不参与包西铁路通道（陕西段）项目的投资建设工作，只是履行相应的行政职能；投资方（陕西西延铁路有限责任公司）凭借其优越的技术、管理等能力承担利率风险、通货膨胀风险、运营管理风险、财务管理风险、人力资本风险、维护技术风险、收费价格风险、客货运量风险、运营期环境风险、不可抗力风险等；

监督管理单位承担监督管理风险；政府承担政策变动风险。

11.6.4　项目风险评价

包西铁路通道（陕西段）项目包括站前工程与站后四电工程，共涉及投资额221亿元。站前工程中，中铁十九局负责正线165千米（金额33亿元），中铁17局负责正线113千米（19亿元），中铁十五局负责正线113千米（21亿元），中铁十二局负责正线125千米（49亿元），中铁二十一局负责正线45千米（19亿元），中铁十四局负责正线29千米（19亿元），中铁十一局负责正线50千米（33亿元），中铁电化局负责正线9千米（6亿元）。站后四电工程中，中铁建电化局负责正线376千米（11亿元），中铁12局电化公司负责正线128千米（5亿元），中铁电化局西安电化公司负责正线127千米（6亿元）。包西铁路通道（陕西段）项目的施工任务由中铁十九局等建筑公司承担（多个建筑公司的参与，分散了项目的施工风险），中铁十九局等建设公司承担项目的施工管理风险、建设期环境风险。

通过对包西铁路通道（陕西段）项目参与方在该项目建设中的职能定位和任务分工，中铁咨询设计院、中铁第一勘察设计院承担包西铁路通道（陕西段）项目的设计技术风险；西安重点工程指挥部承担项目的财务管理风险、人力资本风险；政府承担收费政策风险、税收政策风险、行业管制风险、社会动荡风险；西延公司承担利率变动风险、汇率变动风险（本项目不涉及汇率变动风险）、通货膨胀风险、不可抗力风险等；西安铁路局负责包西铁路通道（陕西段）项目的运营管理工作，承担项目的运营管理风险、维护技术风险、客货运量风险、运营期环境风险等。

中国铁路货运和客运运价一直实行国家定价制，由国家发展和改革委员会（国务院的宏观经济管理部门）负责管理。国家发改委负责管理中国铁路以及跨省铁路合资企业和地方铁路的运价。政府（国家发展和改革委员会）承担着包西铁路通道（陕西段）项目的收费价格风险。

通过上述分析，可以得到包西铁路通道（陕西段）项目风险实际承担矩阵，如表11-29所示。

表11-29　包西铁路通道（陕西段）风险实际分担矩阵

	收费政策风险 X_1	税收政策风险 X_2	行业管制风险 X_3	社会动荡风险 X_4	利率变动风险 X_5	汇率变动风险 X_6	通货膨胀风险 X_7	施工管理风险 X_8	运营管理风险 X_9	监督管理风险 X_{10}
施工单位（参与方1）	0	0	0	0	0	0	0	1	0	0
勘察、设计单位（参与方2）	0	0	0	0	0	0	0	0	0	0

（续）

	收费政策风险 X₁	税收政策风险 X₂	行业管制风险 X₃	社会动荡风险 X₄	利率变动风险 X₅	汇率变动风险 X₆	通货膨胀风险 X₇	施工管理风险 X₈	运营管理风险 X₉	监督管理风险 X₁₀
项目管理单位（参与方3）	0	0	0	0	0	0	0	0	0	0
投资方（参与方4）	0	0	0	0	1	0	1	0	0	0
运营单位（参与方5）	0	0	0	0	0	0	0	0	1	0
监督管理单位（参与方6）	0	0	0	0	0	0	0	0	0	1
政府（参与方7）	1	1	1	1	0	0	0	0	0	0
	财务管理风险 X₁₁	人力资本风险 X₁₂	设计技术风险 X₁₃	施工技术风险 X₁₄	维护技术风险 X₁₅	收费价格风险 X₁₆	客货运量风险 X₁₇	建设期环境风险 X₁₈	运营期环境风险 X₁₉	不可抗力风险 X₂₀
施工单位（参与方1）	0	0	0	1	0	0	0	1	0	0
勘察、设计单位（参与方2）	0	0	1	0	0	0	0	0	0	0
项目管理单位（参与方3）	1	1	0	0	0	0	0	0	0	0
投资方（参与方4）	0	0	0	0	0	0	0	0	0	1
运营单位（参与方5）	0	0	0	0	1	0	1	0	1	0
监督管理单位（参与方6）	0	0	0	0	0	0	0	0	0	0
政府（参与方7）	0	0	0	0	0	1	0	0	0	0

数据来源：项目资料总结所得。

根据包西铁路通道（陕西段）项目风险实际承担矩阵，计算风险评价指标体系，可得到 $C = (1\ 1\ 1\ 1\ 1\ 1\ 1\ 1\ 4.08\ 1\ 2.86\ 2.50\ 1\ 1\ 6.67\ 1.82\ 4.44\ 1\ 1.18\ 1)^T$，分别利用层次分析法和模糊综合评价法模型对对包西铁路通道（陕西段）项目风险水平进行评估。

运用层次分析法，以特征向量作为权重向量求出该过程项目风险综合水平 $R = 3.1024$，处在 7 级风险等级第 3 级，风险为可容许的风险，需要跟踪风险变化，提出风险控制措施。

运用模糊综合评价模型，计算得到评价结果 $V = 3.1055$，项目的风险水平总体偏低，处于 7 级评价体系的第 3 级。

层次分析法模型与模糊综合评价模型的评价结果均处于 7 级评价体系的第 3 等级，风险水平偏低，层次分析法模型与模糊综合评价模型结果一致。

通过对包西铁路通道（陕西段）项目的分析，获得项目的实际风险分担矩阵。将实际风险分担矩阵与最佳风险分担矩阵比较得到项目的风险评价指标体系，分别利用层次分析法和模糊综合评价法计算得到项目的风险值。结果显示，包西铁路通道（陕西段）的风险水平偏低，需要持续关注风险，并提出相应的风险控制措施。

11.6.5　项目风险控制

以风险控制模型为指导，从风险分担角度控制项目风险，核心思想就是将风险分担到最适合的参与方手中，公共部门（政府）应将 $u_1(x_i)$ 小于 $u_1(x_i)(c_i)$ 的风险转移给私营部门，将实际风险承担无限接近最佳风险分担模型，以实现风险分担的帕累托最优。从收益矩阵发现，公共部门（政府）承担收费价格风险、客货运量风险、维护技术风险、运营管理风险等是，净收益小于零，应将这些风险转移出去。具体到包西铁路通道（陕西段），应将收费价格风险从政府（发展和改革委员会）转移到投资方（西延铁路有限责任公司），即改变现有的客货运定价模式，增加运价的灵活性，同时改变现有清算系统，建立中立的清算体系；将客货运量风险、维护技术风险、运营管理风险等从西安铁路局转移出去，由西延铁路有限责任公司或其他经营性组织承担，铁路局应下放所有权、经营权，鼓励企业承担铁路经营任务。将财务管理风险与人力资本风险转移给投资方（西延铁路有限责任公司），鼓励民间资本进入铁路，拓宽融资渠道。

小结

项目风险管理的应用范围广泛，涉及不同的行业领域，贯穿项目的寿命周期全过程。本章从国防、航天、航空、金融、工程等不同的行业领域选择了一些具有一定代表性的风险管理案例。案例的价值就在于展示项目风险的实际管理过程，从而加深对项目风险管理理论知识的掌握，增强实际的操作和运用能力。

案例讨论与分析

2006 年，中国工商银行以"A＋H"方式在上海证券交易所和香港联交所首次公开发行股票，创下世界 IPO 规模新高。

中国工商银行成立于 1984 年 1 月 1 日，目的是作为国家专业银行承担中国人民银行的所有商业银行职能。从成立至今，其间经历了由国家专业银行向国有商业银行转型，然后再改制为股份制商业银行。中国工商银行是中国规模最大的国有股份制商业银行。至 2005 年年底，该行拥有员工 361 623人，拥有境内机构 18 764 家，境外机构 106 家。2005 年中国工商银行各项业务经营态势良好，财务实力大幅增加，资产质量显著提高。2005 年年底，中国工商银行拥有资产人民币 64 541 亿元，净利润 337 亿元，不良贷款率4.69%，资本充足率 9.89%。中国工商银行也获得了媒体的高度评价：2005年被《环球金融》杂志评为中国"最佳银行"；2005 年被《亚洲货币》杂志评为"中国最佳零售银行"；2006 年被《亚洲银行家》杂志评为"中国国有最佳零售银行"……

　　中国工商银行取得的辉煌成绩与它良好的风险管理是分不开的。2006 年的《招股说明书》中，工商银行将"全面的风险管理和内部控制"定位于其七大竞争优势之一。试根据项目风险管理理论，围绕以下几个方面的问题，剖析中国工商银行的成功之道。

　　问题：

　　（1）企业风险管理与公司治理之间有什么关系？

　　（2）为什么风险管理能为企业创立竞争优势？企业管理层如何通过企业风险管理建立可持续的竞争优势？

　　（3）企业风险管理的三道防线如何建立？各道防线在风险管理方面的主要作用是什么？职责如何设计？

　　（4）如何建立有效的项目风险管理组织体系以防范项目风险？

参 考 文 献

[1] 沈建明. 项目风险管理 [M]. 北京：机械工业出版社，2004.

[2] 沈建明. 项目风险管理 [M]. 2版. 北京：机械工业出版社，2010.

[3] 项目管理协会. 项目管理知识体系指南（PMBOK）[M]. 5版. 北京：电子工业出版社，2015.

[4] 中国（双法）项目管理研究委员会. 中国项目管理知识体系（C-PMBOK 2006）[M]. 北京：电子工业出版社，2006.

[5] 国际项目管理协会. 国际项目管理专业资质认证标准 [M]. 中国（双法）项目管理研究委员会，译. 北京：电子工业出版社，2006.

[6] 太萍. 航天项目风险管理 [M]. 北京：中国宇航出版社，2008.

[7] 邱志明，等. 武器装备研制风险分析 [M]. 北京：兵器工业出版社，2009.

[8] 王健康. 风险管理原理与实务操作 [M]. 北京：电子工业出版社，2008.

[9] 克里斯·查普曼，等. 项目风险管理过程、技术和洞察力 [M]. 李兆玉，等译. 北京：电子工业出版社，2003

[10] 郭波. 项目风险管理 [M]. 北京：电子工业出版社，2013.

[11] 符志民. 航天项目风险管理 [M]. 北京：机械工业出版社，2005.

[12] 张新国. 新科学管理 [M]. 北京：机械工业出版社，2013.

[13] 邱菀华. 现代项目管理导论 [M]. 北京：机械工业出版社，2009.

[14] 丁荣贵. 项目治理——实现可控的创新 [M]. 北京：电子工业出版社，2006.

[15] 马旭晨. 现代项目管理评估 [M]. 北京：机械工业出版社，2008.

[16] 沈建明. 中国国防项目管理知识体系 [M]. 北京：机械工业出版社，2017.

[17] 沈建明. 现代国防项目管理（上下册）[M]. 北京：机械工业出版社，2017.

[18] 杨保华. 神舟七号飞船项目管理 [M]. 北京：航空工业出版社，2010.

[19] 张新国. 国防装备系统工程中的成熟度理论与应用 [M]. 北京：国防工业出版社，2013.

[20] 李长江，等. 项目群管理理论与实践——北斗导航卫星系统项目群管理最佳实践 [M]. 北京：电子工业出版社，2014.

[21] 中国项目管理委员会. 中国项目管理知识体系与国际项目管理专业资质认证标准 [M]. 北京：机械工业出版社，2001.

[22] 卢有杰，卢家仪. 项目风险管理 [M]. 北京：清华大学出版社，1998.

[23] 邱菀华，沈建明，杨爱华，等. 现代项目管理导论 [M]. 北京：机械工业出版社，2002.

[24] 伊莱恩·霍尔. 风险管理——软件系统开发方法 [M]. 王海鹏，等译. 北京：清华大学出版社，2002.

[25] 拉尔夫·克莱因，欧文·路丁. 减低项目风险 [M]. 唐健，译. 北京：宇航出版社，2002.

［26］ Bennet P. Lientz，Kathryn P. Rea. Project Management For the 21st Century，Third Edition. California：Academic Press，2002.

［27］ 严武，等．风险统计与决策分析［M］．北京：经济管理出版社，1999.

［28］ 毕星，翟丽．项目管理［M］．上海：复旦大学出版社，2000.

［29］ 白思俊．现代项目管理［M］．北京：机械工业出版社，2002.

［30］ 白思俊．项目论证［M］．西安：陕西人民出版社，1998.

［31］ 邱菀华，等．项目管理学［M］．北京：科学出版社，2000.

［32］ 约翰·拉夫特里．项目管理风险分析［M］．李清立，译．北京：机械工业出版社，2003.

［33］ 郑子云，司徒永富．企业风险管理［M］．北京：商务印书馆，2002.

［34］ 甘应爱，等．运筹学［M］．北京：清华大学出版社，1990.

［35］ 郭仲伟．风险分析与决策［M］．北京：机械工业出版社，1987.

［36］ 李怀祖．决策理论导引［M］．北京：机械工业出版社，1993.

［37］ 联合国工业发展组织．工业可行性研究编制手册［M］．北京：中国财政经济出版社，1999.

［38］ 阎文周．工程项目管理实务手册［M］．北京：中国建筑工业出版社，2001.

［39］ 丛培经．实用工程项目管理手册［M］．北京：中国建筑工业出版社，1999.

［40］ 吴之明，卢志杰．项目管理引论［M］．北京：清华大学出版社，2000.

［41］ 冯之楹．项目采购管理［M］．北京：清华大学出版社，2000.

［42］ 世界银行．采购指南［M］．北京：清华大学出版社，1997.

［43］ 詹姆斯·克莱门斯，杰克·吉多．成功的项目管理［M］．张金成，等译．北京：机械工业出版社，1999.

［44］ 袁义才．项目管理手册［M］．北京：中信出版社，2001.

［45］ 王超．项目决策与管理［M］．北京：中国对外经济贸易出版社，1999.

［46］ 代凯军．决胜项目管理［M］．乌鲁木齐：新疆人民出版社，2000.

［47］ 张三力．项目后评价［M］．北京：清华大学出版社，1998.

［48］ 许晓峰．技术经济学［M］．北京中国发展出版社，1996.

［49］ 王立国，等．投资项目评估学［M］．大连：东北财经大学出版社，2000.

［50］ 王维才，等．投资项目可行性分析与项目管理［M］．北京：冶金工业出版社，2000.

［51］ 苏伟作．项目策划与运用［M］．北京：中国纺织出版社，2000.

［52］ 陈放，项目策划［M］．北京：知识产权出版社，2000.

［53］ 卢向南．预测与决策分析［M］．杭州：浙江大学出版社，2000.

［54］ 林义．风险管理［M］．成都：西南财经大学出版社，1990.

［55］ 陈学楚．装备系统工程［M］．北京：国防工业出版社，1995.

［56］ 汪应洛．系统工程［M］．2 版．北京：机械工业出版社，1995.

［57］ 赵少奎，等．系统工程导论［M］．北京：国防工业出版社，2000.

［58］ 谭跃进，等．系统工程原理［M］．北京：国防工业出版社，1999.

［59］张连超．美军高技术项目的管理［M］．北京：国防工业出版社，1997.

［60］GJB2993．武器装备研制项目管理，1997.

［61］防务系统管理学院．国防采办风险管理［M］．军用标准化中心，译．北京：军用标准化中心，2001.

［62］曹元坤，王光俊．企业风险管理发展历程及其研究趋势的新认识［J］．当代财经，2011（1）：85-92.

［63］邵丹．企业风险管理研究综述［J］．学术交流，2014（4）：18-19.

［64］张子剑．复杂装备研制风险管理研究［D］．天津：天津大学，2007.

［65］卢新来．论技术成熟度评价和风险管理在装备研制中的关系［J］．南京航空航天大学学报（社会科学版），2014（1）：54-57.

［66］蒋多，陈雪玲，李斌．风险决策研究评述［J］．华中师范大学研究生学报，2009（2）：114-119.

［67］严复海，党星，颜文虎．风险管理发展历程和趋势综述［J］．管理百科，2007（2）：30-33.

［68］陈勇强，顾伟．工程项目风险管理研究综述［J］．科技进步与对策，2012（18）：157-160.

［69］叶秀东．铁路工程项目风险鼓励研究——基于风险分担视角［D］．大连：东北财经大学，2014.